Die Untreuestrafbarkeit des Wirtschaftsprüfers

Europäische Hochschulschriften
Publications Universitaires Européennes
European University Studies

Reihe II
Rechtswissenschaft

Série II Series II
Droit
Law

Bd./Vol. 4590

PETER LANG
Frankfurt am Main · Berlin · Bern · Bruxelles · New York · Oxford · Wien

Wiltrud Seiler

Die Untreuestrafbarkeit des Wirtschaftsprüfers

PETER LANG
Internationaler Verlag der Wissenschaften

Bibliografische Information der Deutschen Nationalbibliothek
Die Deutsche Nationalbibliothek verzeichnet diese Publikation in der Deutschen Nationalbibliografie; detaillierte bibliografische Daten sind im Internet über <http://www.d-nb.de> abrufbar.

Zugl.: Berlin, Humboldt-Univ., Diss., 2007

11
ISSN 0531-7312
ISBN 978-3-631-56907-8

www.peterlang.de

Die Arbeit ist denen gewidmet,
die mich gefördert und gefordert haben.

Vorwort

Die vorliegende Arbeit wurde dem Juristischen Fachbereich der Humboldt-Universität zu Berlin im August 2006 als Dissertation vorgelegt. Neuauflagen konnten bis einschließlich Juli 2006 berücksichtigt werden.

Mein Dank gilt den Personen, ohne deren Förderung diese Arbeit nicht entstanden wäre. In erster Linie meinem Doktorvater, Prof. Dr. Bernd Heinrich, für seine hervorragende, weil überaus engagierte fachliche Unterstützung. Eine bessere Betreuung ist nicht denkbar.

Bei Herrn Prof. Dr. Hans-Peter Schwintowski bedanke ich mich für die zügige Ausfertigung des Zweitgutachtens.

Für die Ermöglichung meines Studiums und die finanzielle Unterstützung während der Erstellung der Arbeit sei meinen Eltern herzlich gedankt. Ihre treusorgende Begleitung hat den langen Weg oftmals erleichtert.

Herrn Dipl.-Ing. Stephan Riedel danke ich für seine Hilfe bei Fragen rund um den Computer.

Viele Freunde und Verwandte haben die Entstehung der Arbeit mit Interesse begleitet und standen mir mit Tips und Hilfe stets zur Seite. Ihnen allen ein herzliches Dankeschön.

Inhaltsverzeichnis

Abkürzungsverzeichnis

a. A.	andere Ansicht
Abs.	Absatz
ADS	Adler/Düring/Schmalz; Rechnungslegung und Prüfung der Unternehmen
aE	am Ende
AG	Aktiengesellschaft, Amtsgericht Zeitschrift: Die Aktiengesellschaft, zitiert nach Jahrgang
AktG	Aktiengesetz
Allg. Teil	Allgemeiner Teil
Alt.	Alternative
Anwaltkomm.	Anwaltkommentar
AöR	Archiv des öffentlichen Rechts, zitiert nach Band und Jahrgang
APAG	Abschlußprüferaufsichtsgesetz
APAK	Abschlußprüferaufsichtskommission
Art.	Artikel
AT	Allgemeiner Teil
BayObLG	Bayerisches Oberstes Landesgericht
BB	Betriebs-Berater, zitiert nach Jahrgang
BFH	Bundesfinanzhof
BGB	Bürgerliches Gesetzbuch
BGBl	Bundesgesetzblatt, zitiert nach Band und Jahrgang
BGH	Bundesgerichtshof
BGHSt	Amtliche Entscheidungssammlung des BGH in Strafsachen, zitiert nach Band
BGHZ	Amtliche Entscheidungssammlung des BGH in Zivilsachen, zitiert nach Band
Bilanzkomm.	Bilanzkommentar
BiRiLiG	Bilanzrichtliniengesetz
BMJ	Bundesministerium der Justiz
BörsenG	Börsengesetz
BS WP/vBP	Berufssatzung für Wirtschaftsprüfer/vereidigte Buchprüfer

BT	Besonderer Teil
BT-Drucks.	Bundestagsdrucksache
BVerfG	Bundesverfassungsgericht
BVerfGE	Amtliche Entscheidungssammlung des Bundesverfassungsgerichts, zitiert nach Band
bzw.	beziehungsweise
d. h.	das heißt
DB	Der Betrieb, zitiert nach Jahrgang
DM	Deutsche Mark
DStR	Deutsches Steuerrecht, zitiert nach Jahrgang
Dt.	Deutsches
Einl.	Einleitung
etc.	et cetera
e. V.	eingetragener Verein
f. / ff.	folgend(e) / fortfolgend(e)
FS	Festschrift
GA	Goltdammer`s Archiv für Strafrecht, zitiert nach Jahrgang
GenG	Genossenschaftsgesetz
GesR	Gesellschaftsrecht
GG	Grundgesetz
GmbH	Gesellschaft mit beschränkter Haftung
GmbHG	Gesetz betreffend die Gesellschaften mit beschränkter Haftung
HGB	Handelsgesetzbuch
HK-HGB	Heidelberger Kommentar zum Handelsgesetzbuch
h. M.	herrschende Meinung
Hrsg.	Herausgeber
HwRP	Handwörterbuch der Rechnungslegung und Prüfung
IDW	Institut der Wirtschaftsprüfer in Deutschland e. V.
IKS	Internes Kontrollsystem
insb.	insbesondere
iSd.	im Sinne des
iVm.	in Verbindung mit

JA	Juristische Arbeitsblätter, zitiert nach Jahrgang
JR	Juristische Rundschau, zitiert nach Jahrgang
JuS	Juristische Schulung, zitiert nach Jahrgang
Jura	Juristische Ausbildung, zitiert nach Jahrgang
JZ	Juristenzeitung, zitiert nach Jahrgang
KapAEG	Kapitalaufnahmeerleichterungsgesetz
Komm.	Kommentar
KonTraG	Gesetz zur Kontrolle und Transparenz im Unternehmensbereich
LG	Landgericht
LK	Leipziger Kommentar zum Strafgesetzbuch
LPK	Lehr- und Praxiskommentar
MDR	Monatsschrift für deutsches Recht, zitiert nach Jahrgang
MitBestErgG	Mitbestimmungsergänzungsgesetz
MitbestG	Mitbestimmungsgesetz
MontanmitbestG	Montanmitbestimmungsgesetz
MüHdG	Münchener Handbuch des Gesellschaftsrechts
MüKo	Münchener Kommentar
mwN.	mit weiteren Nachweisen
NJW	Neue Juristische Wochenschrift, zitiert nach Jahrgang
Nr.	Nummer
NStZ	Neue Zeitschrift für Strafrecht, zitiert nach Jahrgang
NZG	Neue Zeitschrift für Gesellschaftsrecht, zitiert nach Jahrgang
OLG	Oberlandesgericht
PEST-Analyse	political, economical, social, technological (Aufbereitung von Informationen der politischen, wirtschaftlichen, gesellschaftlichen und technologischen Einflußfaktoren)
PS	Prüfungsstandard
PublG	Publizitätsgesetz
RG	Reichsgericht
RGBl	Reichsgesetzblatt, zitiert nach Band und Jahrgang

RGSt	Entscheidungen des Reichsgerichts in Strafsachen, zitiert nach Band
Rn.	Randnummer
RR	Rechtsprechungsreport
S.	Seite
SK	Systematische Kommentar zum Strafgesetz
sog.	sogenannter
StBerG	Steuerberatungsgesetz
StGB	Strafgesetzbuch
StPO	Strafprozeßordnung
StR	Strafrecht
StraFo	Strafverteidiger-Forum, zitiert nach Jahrgang
StV	Strafverteidiger, zitiert nach Jahrgang
SWOT-Verfahren	strengths, weaknesses, opportunities, threats (systematische Erfassung von Stärken, Schwächen, Chancen und Risiken)
TransPuG	Transparenz- und Publizitätsgesetz
u. a.	und andere
UmwG	Umwandlungsgesetz
usw.	und so weiter
VAG	Versicherungsaufsichtsgesetz
VersR	Versicherungsrecht, zitiert nach Jahrgang
Vgl.	Vergleichen Sie
Vor.	Vorbemerkung
Vorbem.	Vorbemerkung
VSD	Vertrag mit Schutzwirkung zugunsten Dritter
wistra	Zeitschrift für Wirtschafts- und Steuerstrafrecht, zitiert nach Jahrgang
WP	Wirtschaftsprüfer
Wpg	Die Wirtschaftsprüfung, zitiert nach Jahrgang
WPK	Wirtschaftsprüferkammer
WPO	Wirtschaftsprüferordnung
z. B.	zum Beispiel

ZGR	Zeitschrift für Unternehmens- und Gesellschaftsrecht, zitiert nach Jahrgang
ZHR	Zeitschrift für das gesamte Handelsrecht und Wirtschaftsrecht, zitiert nach Band und Jahrgang
ZIP	Zeitschrift für Wirtschaftsrecht, zitiert nach Jahrgang
ZPO	Zivilprozeßordnung
ZStW	Zeitschrift für die gesamte Strafrechtswissenschaft, zitiert nach Band und Jahrgang

1. Teil: Grundlagen zum Thema

I. Einführung

In jeder Investition steckt das Vertrauen auf Gewinn. Kaum etwas kann ein Unternehmen härter treffen, als das Mißtrauen seiner Anteilseigner und nichts ist so schädlich für die Wirtschaftskraft eines Landes, wie fehlender Glaube in selbige seitens der Bevölkerung.

Vielfältige Faktoren und Einflüsse sind es, die das Bild eines Unternehmens in der Öffentlichkeit prägen. Meldungen über Fusionen oder Rückrufaktionen beeinflussen ebenso das Ansehen, wie die Entlassung von Mitarbeitern und das veröffentlichte Einkommen von Vorstandsmitgliedern prägend wirkt. Derartige Nachrichten bieten Raum für vielfältige Interpretationen und Spekulationen, was die Lage des Unternehmens anbelangt.

Umso größer ist das Vertrauen in diejenigen, die Einblick in das Unternehmen selbst haben und von Gesetzes wegen zu Unabhängigkeit, Gewissenhaftigkeit, Verschwiegenheit und Eigenverantwortlichkeit[1] verpflichtet sind.

Die Geschichte des betriebswirtschaftlichen Prüfungswesens zeigt, daß dieses Vertrauen gerechtfertigt ist, mehr noch, daß einst schwindendes Vertrauen Leitmotiv war für die heutige Ausgestaltung des Berufs des Wirtschaftsprüfers.

Die Spuren des Prüfungs- und Revisionswesens lassen sich bis in das Altertum zurückverfolgen. Ein fortlaufend geführtes Inventar, eine monatliche Gewinn- und Verlustrechnung sowie erste Revisionszeichen finden sich in der ältesten erhaltenen Fabrikbuchhaltung des Tempels Dublalmach in Ur aus der Zeit um 3000 bis 2900 v. Chr.[2] Revisor konnte zunächst jeder Staatsbürger werden. Die Zunahme mangelnder Objektivität war es dann, die die Hauptberuflichkeit der Revisorentätigkeit förderte. Die Expansion der Unternehmen im Zuge der Industrialisierung Mitte des 19. Jahrhunderts führte zur Trennung von Unternehmensleitung und Eigentum, so daß Kapitalgeber ihre Geschäftsführung durch Dritte besorgen ließen.[3] Diese mußten zwar über ihre Tätigkeit Rechenschaft ablegen, im Interesse von Kapitalgebern und Gläubigern fanden jedoch gleichfalls externe Prüfungen auf freiwilliger Basis statt.

1 § 43 Abs. 1 S. 1 WPO.
2 *Lück*, Wirtschaftsprüfung und Treuhandwesen, S. 1.
3 *Loitlsberger*, S. 13.

Ein ernster Vertrauensbruch kehrte infolge der Aktienrechtsnovelle 1870 ein.[4] Die Gründung von Aktiengesellschaften wurde erleichtert, was vermehrt zu unseriösen Gesellschaften führte.[5] Es kam zu zahlreichen Unternehmenszusammenbrüchen. Diese Erfahrungen führten zur Verankerung der Gründungsprüfung im Aktiengesetz von 1884.[6] Heute ist die Gründungsprüfung in § 33 AktG geregelt. Sie dient der Objektivierung und Offenlegung des Gründungsvorganges und soll insbesondere dem Gericht die Entscheidung über die Eintragung der Gesellschaft erleichtern. Der Bericht über den Gründungshergang wird aufbewahrt und ist gemäß § 9 Abs. 1 HGB für jedermann einsehbar.[7] Wird der Wirtschaftsprüfer als Gründungsprüfer tätig, ist er kein Organ der Gesellschaft, sondern übt ein ihm im öffentlichen Interesse durch das Gericht übertragenes Amt aus. Gleichzeitig machte man 1884 einen Aufsichtsrat für die Überwachung der Gesellschaft verantwortlich. Obwohl sich mit der Zeit herausstellte, daß der Aufsichtsrat dieser Aufgabe nicht in ausreichendem Maße gewachsen war, führte erst die Weltwirtschaftskrise zu einem Umdenken in Form der Verordnung des Reichspräsidenten über Aktiengesetz, Bankenrecht und über eine Steueramnestie vom 19. September 1931.[8] Man hatte einmal mehr erkannt, daß es unabhängiger Prüfer bedarf, um Vertrauen zu schaffen.[9] Der Beruf des Wirtschaftsprüfers fand damit 1931 erstmals seine gesetzliche Grundlage. Ein bundeseinheitliches Berufsrecht gibt es seit 1961 mit Verabschiedung des Gesetzes über eine Berufsordnung der Wirtschaftsprüfer (Wirtschaftsprüferordnung – WPO).[10]

Wenn es um die finanzielle Beteiligung an Gesellschaften geht, bietet neben der Kursentwicklung und der sonstigen Darstellung des Unternehmens in der Öffentlichkeit das Ergebnis des Jahresabschlusses eine wesentliche Grundlage.[11] Deswegen ist die Jahresabschlußprüfung der Wirtschaftsprüfer für Anteilskäufer von großem Wert. Ein maßgeblicher Auslöser für die Einführung der Jahresabschlußprüfung war die Weltwirtschaftskrise im Jahre 1929. Dies deutet darauf

---

4 BGBl des Norddeutschen Bundes, S. 375.

5 *Hoffmann-Becking* in MüHdG, § 1, Rn. 5 f.

6 RGBl 1884 I, S. 213.

7 *Pentz* in MüKo zum AktG § 33, Rn. 14.

8 RGBl 1931 I, S. 493.

9 *Lück*, Wirtschaftsprüfung und Treuhandwesen, S. 3.

10 BGBl 1961 I, S. 1049; Neubekanntmachung aufgrund des Art. 6 des Gesetzes zur Änderung der WPO und anderer Gesetze vom 20. 08. 1975 (BGBl 1975 I, S. 2258). Die Bekanntmachung der Neufassung des Gesetzes über eine Berufsordnung der Wirtschaftsprüfer vom 5. 11. 1975 ist abgedruckt im BGBl 1975 I, S. 2803. Diese Fassung wurde zuletzt geändert durch das APAG vom 27. 12. 2004 (BGBl 2004 I, S. 3846); zum Recht und der Entwicklung des Wirtschaftsprüferberufes: *Dieterich* in Wpg 1981, S. 538 (540).

11 *Ebke* in MüKo zum HGB § 316, Rn. 24.

hin, daß gerade in wirtschaftlich schwierigen Zeiten das Prüfungswesen an Bedeutung gewinnt. Eine Abschaffung des Prüfungswesens hätte in jedem Fall einen Vertrauensverlust zur Folge. Außerdem wäre die Versuchung groß, daß notleidende Unternehmen ihre Vermögenssituation besser darstellen, als sie tatsächlich ist. Dies wird auch von Wirtschaftsprüfern bestätigt. Insbesondere wird von ihrer Seite darauf hingewiesen, daß Prüfpflichten dann etwa durch Auflagen von Kreditgebern oder Kunden wieder eingeführt würden. Eine reine Abschaffung hätte fraglos Zinserhöhungen zur Folge, würde das Investitionsverhalten negativ beeinflussen und letztlich volkswirtschaftlichen Schaden anrichten. Es sei außerdem zu befürchten, daß in wirtschaftlich angespannten Zeiten trotz Strafdrohung vorsätzlich falsch Buch geführt würde.

In heutiger Zeit ist der Wirtschaftsprüferberuf mehr denn je geprägt durch den Konflikt zwischen Kundenbindung und Objektivität. Der in den letzten Jahren kontinuierlich steigende Wettbewerb[12] hat es auch für Wirtschaftsprüfungsgesellschaften notwendig gemacht, sich einen Mandantenstamm aufzubauen und diesen zu erhalten. Die vom Prüfer geforderte Objektivität hinsichtlich seiner Kernkompetenz, nämlich der gesetzlich vorgeschriebenen Testierung von Jahresabschlüssen[13], ist im Kampf um Mandanten nicht selten hinderlich. Dies hat mehrere Konsequenzen. Zum einen konzentrieren Wirtschaftsprüfer sich neben der reinen Prüfungstätigkeit mehr und mehr auf Beratung und andere Nebenschauplätze. Zum anderen schließen sich Wirtschaftsprüfer verstärkt in Wirtschaftsprüfungsgesellschaften zusammen, immer seltener wird der Wirtschaftsprüfer in der Einzelpraxis.[14] Zusammenschlüsse mehrerer Prüfer haben auch den Vorteil der Arbeitsteilung, denn wegen des Gebotes der Unbefangenheit kann ein einzelner Prüfer häufig nicht prüfend und beratend im selben Unternehmen tätig werden.

Der Druck, sich am Markt behaupten zu müssen, birgt die Gefahr, daß die Objektivität des Wirtschaftsprüfers zu kurz kommt. Prüfungsberufe sind daher in besonderem Maße anfällig für Einflüsse, die das wahre Bild des geprüften Unternehmens verzerren. Dies ist der strafrechtliche Hintergrund für vorliegende Arbeit.

Während der Erstellung der Dissertation wurden im November 2005 im Rahmen einer Umfrage zwölf Wirtschaftsprüfungskanzleien angeschrieben und zu unterschiedlichen Aspekten des Themas befragt. Da sich lediglich vier Kanzleien zu den Fragen äußerten, können die Ergebnisse allenfalls einen Eindruck vermitteln und sind nicht repräsentativ. Auf die Antworten wird an verschiedenen Stellen der Arbeit eingegangen werden.

---

12 *Helmschrott/Buhleier*, Der Beruf des Wirtschaftsprüfers, S. 73.
13 *Weißenberger* in Theorie und Praxis der Wirtschaftsprüfung, S. 71 (74).
14 *Buchner*, Wirtschaftliches Prüfungswesen, S. 105.

II. Situationsbeschreibung

Im Strafrecht findet der Wirtschaftsprüfer sowohl im StGB, als auch in Nebengesetzen Erwähnung. In § 203 Abs. 1 Nr. 3 StGB, wo es um die Verletzung von Privatgeheimnissen geht, ist er ausdrücklich berücksichtigt. Rechtsgut des § 203 StGB ist das allgemeine Vertrauen in die Verschwiegenheit der Angehörigen bestimmter Berufe, sowie das Individualinteresse an der Geheimhaltung bestimmter Tatsachen.[15] Wird der Wirtschaftsprüfer als Abschlußprüfer tätig, also immer, wenn er gesetzlich vorgeschriebene oder freiwillige Abschlußprüfungen durchführt, kann eine Verletzung der Geheimhaltungspflicht zudem zur Strafbarkeit nach § 333 HGB führen. Die Vorschrift schützt ebenso wie § 404 AktG das Geheimhaltungsinteresse.[16] Die gesellschaftsrechtlichen Geheimhaltungsvorschriften gehen dem § 203 StGB vor, weil sie nur Unternehmensgeheimnisse schützen.[17] § 404 AktG stellt die Offenbarung eines Betriebs- oder Geschäftsgeheimnisses unter Strafe, das dem Prüfer in dieser Eigenschaft bekanntgeworden ist. Ferner geregelt ist die Strafbarkeit des Abschlußprüfers im Falle der Verletzung der Berichtspflicht gemäß § 332 HGB. Strafbar ist hiernach, wer als Abschlußprüfer oder Gehilfe eines Abschlußprüfers über das Ergebnis der Prüfung eines Jahresabschlusses (...) unrichtig berichtet, im Prüfungsbericht erhebliche Umstände verschweigt oder einen inhaltlich unrichtigen Bestätigungsvermerk erteilt. Rechtsgut ist das Vertrauen in die Richtigkeit und Vollständigkeit der Prüfung von Abschlüssen, Lageberichten und Zwischenabschlüssen durch ein unabhängiges Kontrollorgan.[18]

Zu fragen ist jedoch, ob die Beeinträchtigung des Vertrauens auch in folgenden Fällen im Vordergrund steht, oder ob es hier vielmehr eines darüber hinausgehenden wirksamen Vermögensschutzes bedarf:

Beispiel 1: Die zu prüfende Buchführung eines Unternehmens enthält eine Vielzahl im einzelnen nicht mehr feststellbarer Falschbuchungen und unterlassener Buchungen, so daß der Vermögensstand des Unternehmens nicht mehr nachvollzogen werden kann. Begründete Ansprüche sind fehlerhaft gebucht worden, so daß ohne eine Berichtigung ihr Verlust droht. Bei Fortführung dieser Praxis werden wirtschaftlich richtige Entscheidungen nicht mehr getroffen werden können. Der

15 *Lenckner* in Schönke/Schröder § 203, Rn. 3.

16 *Otto* in Heymann, HGB, § 333, Rn. 4; *Quedenfeld* in MüKo zum HGB § 333, Rn. 1; *Wiedmann* in Ebenroth/Boujong/Joost, HGB § 333, Rn. 1.

17 *Cierniak* in MüKo zum StGB § 203, Rn. 135; *Kargl* in Nomos-Kommentar § 203, Rn. 88; *Lenckner* in Schönke/Schröder § 203, Rn. 76.

18 Unstreitig: *Dierlamm* in NStZ 2000, 130 (131); *Otto* in Heymann HGB § 332, Rn. 2; *Quedenfeld* in MüKo zum HGB § 332, Rn. 1.

Prüfer weiß das, erteilt aber dennoch einen uneingeschränkten Bestätigungsvermerk, weil er dafür gesondert entlohnt wird. Infolgedessen können die Bücher erst so spät berichtigt werden, daß ein Vermögensverlust durch wirtschaftliche Fehlentscheidungen und den Verlust von Ansprüchen nicht mehr vermieden werden kann.

Beispiel 2: Das geprüfte Unternehmen ist unter anderem in der Zigaretten- und Tabakherstellung tätig, fertigt daneben aber auch andere Produkte. Es ist sicher, daß es demnächst zur Einführung eines Werbeverbotes für Tabakprodukte und -waren seitens der EU kommen wird mit der absehbaren Folge eines Rückganges der Nachfrage. Der Lagebericht greift diese Veränderung der Rahmenbedingungen nicht auf, obwohl es möglich wäre, den unternehmerischen Schwerpunkt verstärkt auf die anderen Marktsegmente zu legen, um einen Verlust in der Tabaksparte auszugleichen. Ein Verlust ist zu befürchten, weil fehlende Werbung eine Marke in Vergessenheit geraten läßt und die im Werbeverbot verkörperte Botschaft gegen das Rauchen potentielle Konsumenten abschreckt. Der Wirtschaftsprüfer hält den Einfluß des Werbeverbotes für nicht so gravierend und äußert sich im Prüfungsbericht dazu nicht. Das Werbeverbot hat eine erhebliche Zurückhaltung der Konsumenten zur Folge und es kommt für das Unternehmen zu einem empfindlichen Umsatzeinbruch.[19]

Häufig werden die Tathandlungen des Wirtschaftsprüfers erst näherer Prüfung unterzogen, wenn es schon zu einem Schaden gekommen, die Gesellschaft im schlimmsten Fall bereits ruiniert ist.[20] In Anbetracht dieser Situation ist es lohnend, ein Vermögensdelikt heranzuziehen und seine Anwendbarkeit auf den Wirtschaftsprüfer zu problematisieren. In Frage kommt hier in erster Linie die Untreue gemäß § 266 StGB. Die Untreuestrafbarkeit des Wirtschaftsprüfers ist daher Gegenstand vorliegender Arbeit.

III. Aufgabenstellung

Aufgabe wird es sein, herauszuarbeiten, ob sich die Prüferberufe unter dieses Sonderdelikt subsumieren lassen und inwieweit § 266 StGB rechtlich, insbesondere neben § 332 HGB herangezogen werden kann.

19 Zur Lösung der Fälle vgl. hinten im 8. Teil, Fälle 2 und 5.
20 *Dörner/Oser* in DB 1995, 1085 (1088 f.).

IV. Gang der Untersuchung

Die Untersuchung umfaßt insgesamt acht Teile. Die nun folgenden Teile zwei und drei dienen der Schaffung von Grundlagen. Hier werden jeweils allgemeine Kenntnisse zum Wirtschaftsprüfer und zur Untreue dargestellt. Im vierten Teil werden die einzelnen Aufgaben des Wirtschaftsprüfers im Hinblick auf ihr Untreuepotential untersucht. Im fünften und sechsten Teil erfolgt dann die Zusammenführung von betriebswirtschaftlichem und strafrechtlichem Bereich. In diesen beiden Abschnitten wird die Untreuestrafbarkeit des Wirtschaftsprüfers hinsichtlich der Prüfungs- und der Gutachtentätigkeit getrennt dargestellt. Der siebte Teil soll dann das Verhältnis zwischen § 266 StGB und § 332 HGB klären. Im Anschluß daran verdeutlichen Beispiele die Ergebnisse der Untersuchung. Die Arbeit endet mit einer Zusammenfassung der Ergebnisse.

2. Teil: Allgemeines zum Wirtschaftsprüfer

Das Berufsbild des Wirtschaftprüfers umfaßt eine Fülle von Aufgaben, die in Bedeutung und Umfang generell gleichwertig sind. Das betriebswirtschaftliche Prüfungswesen und darunter besonders die Prüfung von Jahresabschlüssen ist jedoch seine Kernkompetenz.

I. Kernkompetenz

1. Die Prüfungstätigkeit

Gemäß § 2 Abs. 1 WPO haben Wirtschaftsprüfer die berufliche Aufgabe, „betriebswirtschaftliche Prüfungen, insbesondere solche von Jahresabschlüssen wirtschaftlicher Unternehmen, durchzuführen (...).“ Ganz allgemein ist Gegenstand der Prüfungstätigkeit, daß eine vom Unternehmen verschiedene Person die Aufgabe erhält, einen oder mehrere unternehmensinterne Bereiche einer Kontrolle zu unterziehen. Aus Sicht des Unternehmens bieten solche Prüfungen die Möglichkeit, Fehler oder Unregelmäßigkeiten aufzudecken. Urteilt der Prüfer positiv, so ist sein Votum nicht nur nach innen, sondern auch für außenstehende Gläubiger oder Anteilseigner Anreiz für Unterstützung und Investition. Die Entscheidung, ob sich ein Unternehmen einer Prüfung unterzieht, kann nicht in allen Fällen seinem freien Entschluß überlassen bleiben. Die Vielzahl der möglichen Prüfungsleistungen läßt sich grob in gesetzlich vorgeschriebene und freiwillige Prüfungen unterteilen. Gegenstand der Pflichtprüfungen sind gemäß § 316 HGB Jahres- und Konzernabschluß, einschließlich des jeweiligen Lageberichtes. Der Jahresabschluß besteht gemäß § 242 Abs. 3 HGB aus der Bilanz und der Gewinn- und Verlustrechnung. Gemäß § 264 Abs. 1 HGB ist er außerdem um einen Anhang zu erweitern. Die Bilanz stellt das Verhältnis zwischen Vermögen und Schulden dar.[21] Damit vermittelt sie die Finanzlage des Unternehmens, also etwa Kreditlinien, Investitionsvorhaben oder schwebende Bestellungen.[22] Demgegenüber ist Instrument für die Darstellung der Ertragslage die Gewinn- und Verlustrechnung.

21 Vgl. § 242 Abs. 1 S. 1 HGB.

22 *Beater* in MüKo zum HGB § 264, Rn. 26; *Wiedmann* in Ebenroth/Boujong/Joost HGB § 264, Rn. 26.

Die Ertragslage spiegelt den Erfolg des abgelaufenen Geschäftsjahres wider.[23] Zusätzliche Angaben zu Finanz- und Ertragslage werden im Anhang gemacht, insbesondere gemäß § 264 Abs. 2 S. 2 HGB dann, wenn der Jahresabschluß ein den tatsächlichen Verhältnissen entsprechendes Bild nicht vermittelt. Der Lagebericht ist nicht Teil des Jahresabschlusses.[24] Er enthält gemäß § 289 Abs. 1 HGB zusätzliche Informationen zum Geschäftsverlauf und zur Lage der Kapitalgesellschaft.[25]

Einzubeziehen ist in die Prüfung gemäß § 317 Abs. 1 HGB desweiteren die Buchführung. Sie umfaßt etwa die Finanz- und Anlagenbuchhaltung, die Lohn- und Gehaltsbuchhaltung aber auch das Inventar.[26]

Eine gesetzliche Verpflichtung zur Prüfung gilt gemäß § 316 Abs. 1 S. 1 HGB nur für Kapitalgesellschaften, die nicht kleine im Sinne von § 267 Abs. 1 HGB sind. Die Größenklassen richten sich nach Bilanzsummen, Umsatzerlösen und Anzahl der Arbeitnehmer. Liegt danach eine kleine Kapitalgesellschaft vor, ist es möglich, den Abschluß freiwillig prüfen zu lassen.

Gesetzlich vorgeschrieben ist desweiteren die Prüfung einer Vielzahl besonderer Vorgänge. Hierzu zählen etwa die Gründungsprüfung gemäß § 33 AktG, die Prüfung des Abhängigkeitsberichtes gemäß § 313 AktG oder die Prüfung der Sacheinlagen bei Kapitalbeschaffungsmaßnahmen gemäß § 183 Abs. 3 S. 1 AktG. Auch diese gesetzlich vorgeschriebenen Prüfungen zählen zu den Pflichtprüfungen. Der Unterschied zur Jahresabschlußprüfung besteht darin, daß diese periodisch wiederkehrt. Pflichtprüfungen lassen sich damit unterteilen in periodische und aperiodische Prüfungen. Auch bei den freiwilligen Prüfungen lassen sich zwei Untergruppen bilden. Zum einen gesetzlich vorgesehene und zum anderen vertragliche Prüfungen.[27] Zur Vervollständigung sei hier noch der Begriff der Sonderprüfung erwähnt. Unter diesen Terminus fallen die aperiodischen, die gesetzlich vorgesehenen und die vertraglichen Prüfungen.[28] Die gesetzlich vorgesehenen Prüfungen gehören zu den freiwilligen Prüfungen, weil ihre Durchführung im Ermessen der Aktionäre oder der Hauptversammlung steht, wie das etwa in § 142 Abs. 1 S. 1 AktG der Fall ist. Danach *können* Vorgänge bei der Gründung

---

23 *Beater* in MüKo zum HGB § 264, Rn. 27; *Wiedmann* in Ebenroth/Boujong/Joost HGB § 264, Rn. 27.

24 *Beater* in MüKo zum HGB § 246, Rn. 7.

25 *Beater* in MüKo zum HGB § 264, Rn. 19; *Wiedmann* in Ebenroth/Boujong/Joost HGB § 264, Rn. 9.

26 *Wiedmann* in Ebenroth/Boujong/Joost HGB § 317, Rn. 5.

27 Gesetzlich vorgesehene Prüfungen dürfen nicht mit gesetzlich vorgeschriebenen Prüfungen verwechselt werden. Die gesetzlich vorgesehenen Prüfungen gehören zu den freiwilligen Prüfungen.

28 Übersicht bei *Förschle/Peemöller*, Wirtschaftsprüfung und Interne Revision, S. 567.

oder der Geschäftsführung der Prüfung unterzogen werden, dies ist jedoch fakultativ. Zweck ist vor allem die Klärung von Ersatzansprüchen.[29] Gegenstand vertraglicher Prüfungen kann aufgrund der Vertragsautonomie letztlich alles sein. Besonders häufig sind etwa Kreditsicherungs- oder Unterschlagungsprüfungen.[30]

So unterschiedlich die einzelnen Prüfungsgegenstände auch sein können, die Prüfungen selbst unterscheiden sich in ihrer Durchführung nicht wesentlich voneinander. Der Prüfer soll die notwendigen Einblicke in den jeweiligen Unternehmensbereich erhalten und beurteilt alles nach Form und Inhalt auf die Übereinstimmung mit den gesetzlichen Vorschriften. Daran gemessen gliedert sich jede Prüfung nach der Auftragsannahme grob in drei Phasen: Die Prüfungsplanung, die Prüfungsdurchführung und die Urteilsbildung. Das Gesetz kann dabei auch eigene Wertungen des Prüfers verlangen und ihm Bewertungsspielräume eröffnen, etwa wenn es zu entscheiden gilt, ob gemäß § 317 Abs. 2 S. 1 HGB der Lagebericht eine zutreffende Vorstellung von der Lage des Unternehmens vermittelt.

Die Notwendigkeit der Prüfungsplanung ergibt sich aus § 37 der Berufssatzung für Wirtschaftsprüfer und vereidigte Buchprüfer.[31] Danach haben Wirtschaftsprüfer von der Auftragsannahme an durch sachgerechte Prüfungsplanung dafür Sorge zu tragen, daß ein den tatsächlichen Verhältnissen des zu prüfenden Unternehmens angemessener und ordnungsgemäßer Prüfungsablauf in sachlicher, personeller und zeitlicher Hinsicht gewährleistet ist. Die Prüfungsplanung beginnt mit einer Risikobeurteilung.[32] So läßt sich abschätzen, wie groß die Zahl wesentlicher Fehler in etwa sein wird, die aufgedeckt werden. Anhand dieser Erkenntnisse entwickelt der Prüfer seine Strategie.

Die dann folgende Prüfungsdurchführung ist im wesentlichen ein Vergleichsprozeß. Sie gliedert sich in vier Schritte: Feststellung des Ist-Objektes, Feststellung des Soll-Objektes, Soll-Ist-Vergleich und Beurteilung der Abweichungen.[33] Die Ermittlung der Ist-Objekte erfolgt durch Prüfungshandlungen. Diese können sehr unterschiedlich sein; so kommt die Einsicht in Bücher genauso in Betracht, wie etwa die Befragung von Mitarbeitern oder das eigene Nachzählen. Im Gegensatz zum Istzustand ist der Sollzustand der Vollkommenheitszustand. Er ermittelt sich anhand von Normen, wobei darunter neben solchen des HGB oder anderen Gesetzen auch etwa veröffentlichte wissenschaftliche Auffassungen zu verstehen sind.[34] Sodann werden Ist- und Sollobjekt auf ihre Abweichungen hin

---

29 *Hüffer*, AktG § 142, Rn. 1.
30 *Förschle/Peemöller*, Wirtschaftsprüfung und Interne Revision, S. 568.
31 BS WP/vBP.
32 *Lück*, Wirtschaftsprüfung und Treuhandwesen, S. 151.
33 *Förschle/Peemöller*, Wirtschaftsprüfung und Interne Revision, S. 23 f.
34 *Buchner*, Wirtschaftliches Prüfungswesen, S. 228.

verglichen. Soll also beispielsweise die Wirtschaftlichkeit eines Vorgangs überprüft werden, so werden die tatsächlichen Ausgaben mit den minimal möglichen bei gleicher Leistung verglichen. Der Vergleich beider Werte läßt sich abschließend beurteilen.

An die Prüfungsdurchführung schließt die Gesamtbeurteilung an. Das abschließende Urteil ergibt sich aus der Bewertung und Zusammenfassung der Einzelurteile, wobei es nur dann vertrauenswürdig ist, wenn ausreichende und angemessene Prüfungsnachweise vorliegen.[35] Die Urteilsermittlung beendet den Prüfungsprozeß. Handelte es sich um eine Abschlußprüfung, so wird das Urteil im Prüfungsbericht und im Bestätigungsvermerk mitgeteilt, wobei ersterer für die interne Information im Unternehmen bestimmt ist und letzterer der Unterrichtung Externer gilt.

2. Prüfungstätigkeit und Kontrolle im Unternehmen durch eigene Organe

Prüfungen von Wirtschaftsprüfern, gleich welcher Art, haben in erster Linie eine Kontroll-, Informations- und Beglaubigungsfunktion.[36]

Kontrolliert werden soll vor allem die Übereinstimmung des Prüfungsgegenstandes mit den gesetzlichen Vorschriften, die jedoch – wie oben bereits erwähnt – Bewertungsspielräume eröffnen können. Sinn ist die Schaffung größtmöglicher Verläßlichkeit. Die weitreichenden Fachkenntnisse unterscheiden die Kontrolle durch Wirtschaftsprüfer von der Kontrolle durch Aufsichtsräte. Sicherstellung von Vertrauen, das dem Aufsichtsrat aufgrund seiner Organstellung notwendigerweise fehlt, ist deswegen vorrangiger Zweck von Prüfungen in Unternehmen. Diese Bedeutung wäre aber nicht von solcher Wichtigkeit, wenn dieser psychologische Aspekt nicht von einem wirtschaftlichen Argument begleitet würde. Eine Prüfung durch den Wirtschaftsprüfer, die keine Beanstandungen enthält, ist auch ein Signal an die Allgemeinheit. Sie trägt zu einem guten Ruf des Unternehmens nach außen genauso bei, wie die Unternehmenspolitik in den Händen eines fähigen Vorstands. Interesse an Kontrolle zeigt sich deswegen nicht nur auf Seiten des Unternehmens, sondern auch bei denjenigen, die das Geprüfte zur Grundlage vermögenswirksamer Entscheidungen machen. Prüfungen tragen mit ihrer Informationsfunktion somit auch ein gesellschaftsübergreifendes Element in sich.[37] Nur die Erschließung und Bindung externen Vermögens hält eine Gesell-

35 *Marten/Quick/Ruhnke*, Wirtschaftsprüfung, S. 401.
36 *Ebke* in MüKo zum HGB § 316 Rn. 22 mwN; *Wiedmann* in Ebenroth/Boujong/Joost, HGB § 316, Rn. 4.
37 *Ebke* in MüKo zum HGB § 316 Rn. 24.

schaft überhaupt auf Dauer lebensfähig. Die Bewahrung des Vermögens vor Verlusten ist damit oftmals mittelbare Folge der Wirtschaftsprüfung.[38] Ein Bestätigungsvermerk, der keine Einwendungen enthält, ist neben seiner Informationsfunktion für die Öffentlichkeit[39] auch werbewirksam.

Jede Veröffentlichung von Seiten des Unternehmens ist daher nur so gut, wie ihre Überwachung und ihre Überprüfung auf inhaltliche Richtigkeit. Es stellt sich die Frage, ob die Person, die prüft, konsequenterweise dieselbe Verantwortung tragen muß, wie diejenigen, die geprüft werden. Oder anders ausgedrückt: Derjenige, der eine Entscheidung trifft oder eine Tatsache veröffentlicht, kann eigentlich nicht mehr Verantwortung tragen müssen, als derjenige, der ihre inhaltliche Richtigkeit überprüft. Aufgrund seiner Sachkenntnis könnte dem Prüfer sogar ein gesteigertes Maß an Verantwortung für das Unternehmen und die Allgemeinheit zukommen.

Jegliche tatsächliche oder rechtsgeschäftliche Tätigkeit obliegt in einer AG dem Vorstand.[40] In seiner Führungsfunktion liegt die Leitung der Gesellschaft.[41] Die Aufgaben des Geschäftsführers einer GmbH sind damit nicht ohne weiteres vergleichbar. Der GmbH-Geschäftsführer leitet nicht unter eigener Verantwortung, sondern ist gesellschaftsvertraglichen oder beschlußmäßig gefaßten Entscheidungen der Gesellschaft unterworfen.[42] Trotz dieser unterschiedlichen Ausgestaltung ihrer Befugnisse haben sie eines gemeinsam: Sowohl der Vorstand einer AG, als auch – zumindest im Grundsatz – der Geschäftsführer einer GmbH haben eine Vermögensbetreuungspflicht im Sinne des § 266 StGB. Sie können damit taugliche Täter einer Untreue sein.[43]

Die Kontrolle der Geschäftsführung leistet in der AG der Aufsichtsrat. Seine Verantwortung bezieht sich nicht nur auf die Überprüfung der Rechtmäßigkeit der Maßnahmen des Vorstandes, sondern erstreckt sich darüber hinaus auch auf Gesichtspunkte wie Zweckmäßigkeit und Wirtschaftlichkeit.[44] Auch den Aufsichtsrat trifft eine Vermögensbetreuungspflicht.[45] In der GmbH ist die Organstruktur notwendigerweise anders, weil der Geschäftsführer hier Beschränkungen seitens der Gesellschafter unterworfen werden kann, so daß er abhängig ist. Die

38 *Hofmann* in DB 1989, S. 1354 (1356).

39 *Morck* in Koller/Roth/Morck, HGB § 322 Rn. 2.

40 *Hüffer*, AktG § 77 Rn. 3.

41 *Fleischer* in ZIP 2003, 1 (2).

42 *Koppensteiner* in Rowedder, Schmidt-Leithoff, GmbHG, § 37 Rn. 3.

43 Für das Vorstandsmitglied einer AG: *Lampe* in GA 1987, 241 (248). Für den Geschäftsführer: *Schünemann* in LK § 266 Rn. 125.

44 BGH, Urteil vom 25. 3. 1991 in BGHZ 114, 127 (129 f.); *Henze* in NJW 1998, 3309 (3310); *Nirk* in FS für Boujong 1996, S. 393 (399); *Grunewald*, Gesellschaftsrecht, 2. C., Rn. 69.

45 *Tiedemann* in FS für Tröndle 1989, S. 319 (335).

Bildung eines Aufsichtsrates ist dort daher fakultativ gemäß § 52 GmbHG, es sei denn, die GmbH unterfällt dem MitbestG von 1976 beziehungsweise dem BetrVG von 1952.

Die Praxis bringt es mit sich, daß Aufsichtsratsmitgliedern häufig der nötige Überblick über die Vorgänge im Unternehmen fehlt, um ihre Kontrollfunktion effektiv ausüben zu können. Dieser Umstand hat mehrere Ursachen. Ein Grund ist sicherlich, daß das Aktiengesetz in § 100 Abs. 2 Nr. 1 eine Mitgliedschaft in bis zu zehn Aufsichtsräten gleichzeitig ermöglicht. Bei dieser Zahl von Aufsichtsratsposten dürfte es auch Kennern der jeweiligen Märkte schwerfallen, den Überblick nicht zu verlieren. Von dem zu bewältigenden Arbeitspensum einmal abgesehen. Die Regelung der Mitgliederzahl wird daher vereinzelt in der Literatur durchaus kritisch gesehen und der Vorschlag gemacht, sie auf maximal fünf zu verringern.[46] Dem hat sich der Gesetzgeber bisher jedoch nicht angeschlossen.

Allerdings hat der frühere Bundeskanzler aufgrund der im Fall „Holzmann" gemachten Erfahrungen am 29. Mai 2000 die Regierungskommission „Corporate-Governance – Unternehmensführung – Unternehmenskontrolle – Modernisierung des Aktienrechts" ins Leben gerufen. Unter der Leitung von Theodor Baums legte sie am 10. Juli 2001 ihren Abschlußbericht vor. Neben Empfehlungen für gesetzliche Regelungen, die teilweise schon umgesetzt wurden,[47] spricht sich die Kommission auch für einen deutschen Corporate-Governance-Kodex aus. Ein Vorschlag besteht in der Reduzierung der maximal möglichen Aufsichtsratsposten von zehn auf fünf.

Aber nicht nur die Zahl der pro Person maximal möglichen Aufsichtsratssitze, sondern auch die Zusammensetzung der einzelnen Aufsichtsräte ist ursächlich für die oftmals fehlende Übersicht über die Vorgänge im Unternehmen. Einen groben Überblick gibt § 96 AktG, der unter anderem auf das MitbestG, das MontanmitbestG und das MitBestErgG verweist. Im Grundsatz setzt sich der Aufsichtsrat aus Mitgliedern der Aktionäre und der Arbeitnehmer zusammen. Es ist nicht erforderlich, daß Aufsichtsratsmitglieder Kenntnisse in Buchführungsfragen und Geschäftsführung mitbringen.[48] Insbesondere im Bereich der Buchprüfung macht sich der Aufsichtsrat deswegen die Kenntnisse des Wirtschaftsprüfers zunutze.[49]

So bedient sich der Aufsichtsrat der Informationsfunktion des Wirtschaftsprüfers als Grundlage seiner Überwachungsfunktion. Dann aber ist zu fragen, ob der Wirtschaftsprüfer nicht dieselbe Verantwortung gegenüber dem Unternehmen

46 *Baums* in AG 1997, Sonderheft, S. 26.
47 Vgl. das TransPuG vom 19. Juli 2002, BGBl 2002 I, S. 2681.
48 *Rürup* in FS für Budde 1995, S. 543 (560).
49 *Escher-Weingart* in NZG 1999, S. 909 (913).

trägt, wie der Aufsichtsrat; ob sie nicht aufgrund überlegenen Wissens vielleicht sogar größer ist.

3. *Wandel im Prüfungswesen von Jahresabschlüssen*

Die Notwendigkeit der Prüfung von Jahresabschlüssen durch unabhängige Prüfer ist aus den Erfahrungen der Weltwirtschaftskrise im Jahre 1931 heraus entstanden. Ihre Anforderungen haben sich ständig gewandelt, die Jahresabschlußprüfung von heute unterliegt in nicht unerheblichem Maße anderen Anforderungen als diejenige zur damaligen Zeit. Bedingt durch die geschichtlichen Ereignisse damals sollte mit Einführung der Jahresabschlußprüfung der immer größer werdenden Verschuldung der Betriebe entgegengewirkt werden. Inhalt der Prüfung war es festzustellen, ob Geschäftsvorfälle richtig belegt und verbucht worden waren. Schließlich wurde die Buchführung anhand der Grundsätze ordnungsgemäßer Bilanzierung überprüft.[50] Mit dieser mathematischen Nachvollziehbarkeit schaffte man größtmögliche Sicherheit. Mit der Aktienrechtsnovelle 1937[51] erfolgte eine Ausweitung der Jahresabschlußprüfung. Neben dem Jahresabschluß war fortan auch der Geschäftsbericht zu prüfen und zwar auch inhaltlich.[52] Dies war eine Reaktion auf die gleichzeitige Stärkung des Vorstandes, durch die ein höheres Maß an Kontrolle erforderlich wurde. Mit dem Aktiengesetz von 1965[53] lag die Betonung erstmals stark auf dem Aktionär als dem Eigentümer des Unternehmens.[54] Um das Vertrauen in Aktien zu stärken wurde es erforderlich, nicht nur die Ordnungsmäßigkeit von Buchungen und Belegen darzustellen, sondern auch auf die Lage des Unternehmens einzugehen. Geprüft wurde fortan auch, ob im Geschäftsbericht nicht eine falsche Vorstellung von der Lage der Gesellschaft erweckt wurde. Höhere Anforderungen an Jahresabschlüsse brachten auch die Harmonisierungsbestrebungen der europäischen Gemeinschaft in Form von Richtlinien mit sich.[55]

Entscheidende Änderungen für den Wirtschaftsprüfer aber sind durch das KonTraG von 1998 bedingt.[56] Nach Auskunft von Wirtschaftsprüfern hat es zur Erweiterung des Prüfungsumfangs, insbesondere bei börsennotierten Unterneh-

---

50 *Loitlsberger* in HwRP, S. 939.
51 RGBl 1937 I, S. 107, berichtigt S. 588 und S. 1140.
52 *Lück*, Wirtschaftsprüfung und Treuhandwesen, S. 4.
53 BGBl 1965 I, S. 1089.
54 *Semler* in MüKo zum AktG, Einl., Rn. 38.
55 Insb. durch das BiRiLiG 1985 zur Durchführung der 4., 7.und 8. EG-Richtlinie, BGBl 1985 I, S. 2355.
56 BGBl 1998 I, S. 786.

men geführt.[57] Der Schwerpunkt der Neuregelungen dieses Gesetzes, durch das unter anderem das AktG sowie das HGB entscheidende Änderungen erfahren haben, lag zwar auch auf umfassenderer Buchführung seitens des Unternehmens, besonders aber lag er auf dem Gesichtspunkt der Kontrolle. Die Position des Aufsichtsrates als klassisches Kontrollorgan wurde verändert. Gemäß § 111 Abs. 2 S. 3 AktG erteilt er jetzt dem Abschlußprüfer den Prüfungsauftrag, nicht mehr der Vorstand.[58] Auftragserteilung bedeutet dabei auch Gestaltung des materiellen Inhalts des Vertrages.[59] Vor diesem Hintergrund konnte die bisherige Konzeption, also die Auftragserteilung durch den Vorstand, nur als verfehlt angesehen werden. Auch wenn der Vorstand von Rechts wegen als der Geprüfte die Schwerpunkte der Prüfung nicht festlegen durfte,[60] war es doch sinnvoll, die Verbindung zwischen Vorstand und Wirtschaftsprüfer überhaupt aufzulösen. Zudem hat sich die Prüfung für den Abschlußprüfer inhaltlich verändert. Kam es 1965 noch darauf an, ob der Geschäftsbericht nicht einen falschen Eindruck von der Lage des Unternehmens erweckt, ist nun gemäß § 317 Abs. 2 S. 1 HGB entscheidend, daß der Lagebericht eine zutreffende Vorstellung von der Lage des Unternehmens vermittelt. Darüber hinaus ist gemäß § 317 Abs. 2 S. 2 HGB zu prüfen, ob die Chancen und Risiken der künftigen Entwicklung zutreffend dargestellt sind. In dem Konflikt zwischen Erwartung der Öffentlichkeit an den Inhalt des Bestätigungsvermerks und dem Interesse des Unternehmens, daß sich die Darstellung von Risiken nicht geschäftsschädigend auswirkt, hat sich der Gesetzgeber an die Erwartungen der Öffentlichkeit angepaßt.[61] Bemerkenswert ist insbesondere die Prüfung nicht nur der vergangenheitsbezogenen Geschäftsvorfälle, sondern auch der zukunftsbezogenen Entwicklung. Zum Tragen kommt dies auch in § 317 Abs. 4 HGB. Danach ist ein gemäß § 91 Abs. 2 AktG vom Vorstand einzurichtendes Überwachungssystem auf seine Tauglichkeit hin zu überprüfen. Dieses System umfaßt Maßnahmen, mit denen Risiken und Fehlentwicklungen, die den Fortbestand der Gesellschaft gefährden, frühzeitig erkannt werden sollen.

Es hat sich gezeigt, daß die Wirtschaftsprüfung, insbesondere was den Bereich der Pflichtprüfungen anbelangt, seit ihrer Entstehung diversen Änderungen unterworfen und stetig weiterentwickelt worden ist. Auslöser waren meist Wirtschafts- oder Unternehmenskrisen. Auch die Verabschiedung des KonTraG steht

57 Nur ein befragter Wirtschaftsprüfer war der Auffassung, daß sich durch das KonTraG nichts geändert habe. Dies mag jedoch darauf zurückzuführen sein, daß, wie ein anderer Prüfer erklärt, sich die Tätigkeit ständig und immer schneller verändert, so daß sich schlecht feststellen läßt, welche Neuerung durch welches Gesetz bedingt ist.

58 *Geßler*, AktG § 111, Rn. 2; *Hüffer*, AktG § 111, Rn. 12a.

59 *Geßler*, AktG § 111, Rn. 2.

60 *Hommelhoff* in BB 1998, S. 2567 (2569).

61 *Ebke* in MüKo zum HGB § 317, Rn. 48.

im Zusammenhang mit Globalisierung, verschärftem Wettbewerb und größerem Druck auf die deutsche Unternehmenslandschaft.[62] Mit dem KonTraG dürften die Aktivitäten des Gesetzgebers, was die Wirtschaftsprüfung betrifft, wohl kaum ein Ende gefunden haben; dies zeigen schon neuere Änderungen etwa der WPO.[63] Dabei darf nicht aus den Augen verloren werden, daß verschärfte Anforderungen an die Prüfungsintensität nur zum Teil geeignet sind, Unternehmenskrisen vorzubeugen. An der wirtschaftlichen Gesamtsituation ändern auch sie nichts.

Die Änderungen durch das KonTraG sind von Seiten der Führungskräfte börsennotierter Unternehmungen insgesamt begrüßt worden. Allerdings fällt auf, daß die Regelungen, die die Rolle der Wirtschaftsprüfer betreffen, eher reserviert aufgenommen wurden. So wird die Zuständigkeit des Aufsichtsrates zur Vergabe des Prüfungsauftrages auf einer Skala von 0 (nicht befürwortet) bis 3 (sehr befürwortet) von den Führungskräften nur mit 1,34 bewertet. Auch die Prüfung des Risikomanagementsystems wird nur mit 1,54 bewertet, die Verpflichtung zu seiner Einrichtung hingegen mit 1,98.[64] Die skeptische bis ablehnende Haltung der Führungskräfte gegenüber der Prüfungstätigkeit wertet diese eher auf. Denn das Ergebnis der Prüfung erlaubt auch Rückschlüsse auf die Qualität der Führung im Unternehmen, was gerade für Außenstehende von Interesse ist. Das macht es nötig, das Vertrauen in Prüfungen unter anderem mit Hilfe des Strafrechts zu erhalten.

4. Vertrauenskrise als Prüfungsproblem und Lösungsansätze

Prüfungen sind Vertrauensgüter.[65] Die Unternehmenskrisen der Vergangenheit haben zu einem nicht unerheblichen Vertrauensverlust geführt, nicht nur bezogen auf die Qualitäten der Unternehmensführung, sondern auch im Hinblick auf die Wirtschaftsprüfung. In den USA erreichte der Vertrauensschwund einen vorläufigen Höhepunkt mit den Zusammenbrüchen von Worldcom und Enron. Die Vertrauenskrise in Deutschland ist mit Namen wie Balsam oder Sachsenmilch verbunden.[66] Der Vertrauensverlust bezüglich der Prüfungstätigkeit wird durch die sogenannte Erwartungslücke zusätzlich verschärft.[67] Darunter versteht man die

62 *Seibert* in Reform des Aktienrechts, der Rechnungslegung und der Prüfung, S. 239 (242).
63 Beispielsweise durch das APAG (Abschlußprüferaufsichtsgesetz) vom 27. 12. 2004, BGBl 2004 I, S. 3846.
64 Umfrage von *Förschle/Glaum/Mandler* in DB 1998, S. 889 ff.
65 *Richter*, Vertrauenskrise in der Wirtschaftsprüfung, S. 277 (286).
66 *Forster* in AG 1995, S. 1.
67 *Naumann* in Wpg 2003, 25 (29).

Erwartung der Öffentlichkeit, die Abschlußprüfung biete eine Art Garantie für den Fortbestand der Unternehmenstätigkeit.[68]

So stark das Problem schwindenden Vertrauens mit Unternehmenskrisen zusammenhängt, so sehr kann der Ansatz zu seiner Lösung in der Stabilisierung der Unternehmen liegen. Einen ersten Beitrag zur Problemlösung lieferte sicherlich das KonTraG mit seinen verschärften Anforderungen an den Inhalt von Abschlußprüfungen und der Stärkung der Rolle des Abschlußprüfers. Intern zielte das Abschlußprüferaufsichtsgesetz (APAG)[69] durch Neuregelungen der Wirtschaftsprüferordnung (WPO) zur Qualitätssicherung ebenfalls in die richtige Richtung. Adressat der Prüfungsergebnisse ist jedoch die Öffentlichkeit und gerade dort herrscht der Mangel an Vertrauen. Häufig wird sie aber von den bisherigen Gesetzesänderungen wenig Notiz genommen haben. Die Anwendung eines allgemeinen Straftatbestandes leistet unter diesem Gesichtspunkt auch ein nach außen sichtbares Signal, wenn es zu einem Strafverfahren kommt.

II. Sonstige Aufgaben der Wirtschaftsprüfer

Neben der Prüfungstätigkeit umfaßt das Berufsbild des Wirtschaftsprüfers zwei weitere Aufgabenbereiche. Diese sind die Sachverständigentätigkeit, die sich in Gutachtertätigkeiten und Beratungstätigkeiten unterteilen läßt und die Treuhandtätigkeit.

1. Die Sachverständigentätigkeit

Auf dem Gebiet der wirtschaftlichen Betriebsführung beziehungsweise des betrieblichen Rechnungswesens kann der Wirtschaftsprüfer als Sachverständiger auftreten. Das Wirtschaftsprüferexamen verbunden mit Berufspflichten wie Unabhängigkeit oder Gewissenhaftigkeit lassen ihn zu einem häufig bestellten Sachverständigen werden.[70] Der Sachverständige wird entweder als Gutachter oder Berater tätig, wobei die Begutachtung unparteiisch erfolgt, die Beratung dagegen subjektiv.

---

68 *Förschle/Peemöller*, Wirtschaftsprüfung und Interne Revision, S. 45.
69 BGBl 2004 I, S. 3846.
70 *Lück*, Lexikon der Rechnungslegung und Abschlußprüfung, S. 696.

a) Die Gutachtertätigkeit

Die Tätigkeit als Gutachter in allen Bereichen der wirtschaftlichen Betriebsführung ist neben der Prüfungstätigkeit wohl eine der umfangreichsten. Gutachten zielen zumeist auf die Feststellung gegebener oder zukünftiger Sachverhalte und sind häufig ausschlaggebend für eine anschließende schwierige Entscheidung. Für Investitionsentscheidungen sind die Unabhängigkeit und Unparteilichkeit des Gutachters von großem Wert. In diesen Fällen wird es sich zumeist um ein Parteiengutachten handeln, das also von einer einzelnen Partei in Auftrag gegeben wurde. Auch dann muß das Gutachten als objektive Bewertungsgrundlage verwendbar sein und darf nicht parteiisch ausfallen.[71] Wichtiges Beispiel ist hier die sogenannte due diligence, also die Bestimmung des wirtschaftlichen Wertes eines Unternehmens und seine Analyse für einen Kaufinteressenten.

In Fällen strittiger Tatbestände zwischen Parteien kann der Wirtschaftsprüfer auch als Schiedsgutachter auftreten. Er entscheidet dann über den jeweiligen Sachverhalt, wobei sein Spruch für die Parteien nicht bindend ist, wenn er offensichtlich unbillig ist. Dies ergibt sich aus § 319 Abs. 1 S. 1 BGB.

Werden Streitigkeiten vor Gericht ausgetragen, kann auch hier der Wirtschaftsprüfer als Gutachter auftreten. Er wird dann als Sachverständigengutachter vom Gericht bestellt und ist Helfer des Richters. Seine Gutachten sind Beweismittel.[72]

b) Die Beratertätigkeit

Wie die Sachverständigentätigkeit allgemein, so gehört auch die Beratertätigkeit zu den das Berufsbild prägenden Tätigkeiten gemäß § 2 WPO. Beratung dient grundsätzlich der Entscheidungshilfe. Sie läßt sich grob einteilen in die Rechtsberatung, die Unternehmensberatung und die Beratung in steuerlichen Angelegenheiten.

Für die Rechtsberatung gilt zunächst, daß es sich nicht um eine Berufsaufgabe des Wirtschaftsprüfers handelt. Sie ist gleichsam eine Nebenaufgabe, eine Art Zusatz zu seiner sonstigen Tätigkeit. Gemäß Art. 1, § 5 Nr. 2 RBerG darf er die rechtliche Beratung nämlich nur übernehmen, wenn sie in unmittelbarem Zusammenhang mit seinen sonstigen Aufgaben steht.

Die Unternehmensberatung kann auf allen Ebenen in einem Unternehmen stattfinden und sich auf jeden Entscheidungsbereich im Unternehmen beziehen. Die Unternehmensberatung gehörte zunächst nur zu den mit dem Berufsbild zu

---

71 *Buchner*, Der Wirtschaftsprüfer, S. 93.
72 *Musielak*, Grundkurs ZPO, Rn. 437 ff; *Schellhammer*, Zivilprozeß, Rn. 646.

vereinbarenden Tätigkeiten im Sinne des § 43a Abs. 4 WPO, ist heute aber eine das Berufsbild prägende Tätigkeit gemäß § 2 Abs. 3 Nr. 2 WPO. Damit wurde eine Angleichung an die Rechtsprechung des BGH vollzogen.[73] Mit der vorherigen Einordnung sollte Bedenken der Anwaltschaft Rechnung getragen werden, die befürchtete, auch die Rechtsberatung in wirtschaftlichen Angelegenheiten könnte von Wirtschaftsprüfern schlechthin übernommen werden. In der zitierten Entscheidung klagte der Deutsche Anwaltverein gegen eine Treuhandgesellschaft, die in Preisbindungsangelegenheiten für Unternehmen der Fotoindustrie tätig wurde, auf Unterlassung mit der Begründung, es handle sich um die Besorgung von Rechtsangelegenheiten und nicht primär um Unternehmensberatung. Die wirtschaftliche Beratung, die jedoch nur mit der im Einzelfall gebotenen Rechtsberatung umfassend ist, ist mit der Prüfungstätigkeit aber sachlich eng verbunden, so daß ihre Einordnung als eine das Berufsbild prägende Tätigkeit aus praktischen Erwägungen nahelag.[74]

Unter Steuerberatung wird jede beratende Aktivität verstanden, die durch das Vorhandensein einer Besteuerung entsteht. Der Wirtschaftsprüfer kann diesbezüglich ebenso wie der Steuerberater tätig werden.[75] Gemäß § 3 StBerG sind beide Berufsgruppen gleichermaßen zu unbeschränkter Hilfeleistung in Steuersachen berechtigt. Wirtschaftsprüfer können etwa Rat und Hilfe bei der Aufstellung von Steuerbilanzen erteilen.[76]

Für die gesamte Beratungstätigkeit gilt es für den Wirtschaftsprüfer zu beachten, daß er bei gleichzeitiger Beratung und Prüfung die nötige Unabhängigkeit wahrt. Solange dies der Fall ist, sind Prüfung und Beratung desselben Auftraggebers zulässig.[77] Im Einzelfall kann aber die gleichzeitige Beratung und Prüfung zum Ausschluß des Prüfers gemäß § 319 Abs. 2 HGB führen. Ein gleichwohl angenommener Prüfungsauftrag ist dann nichtig gemäß § 134 BGB. Die Frage, in welchem Umfang der Prüfer dem bilanzierenden Unternehmen auch beratend Hilfe leisten darf, ist für die Praxis höchst bedeutsam und vom BGH in einem Urteil am 21. 4. 1997 entschieden worden.[78] Es ging insbesondere um das Problem der fachlichen Beratung im Vorfeld der Aufstellung des dann zu prüfenden Jahresabschlusses. Beratung und Prüfung lassen sich nach Auffassung des Gerichtes dann vereinbaren, wenn die Letztentscheidungsbefugnis in Bezug auf den Jahresabschluß beim Mandanten verbleibt, dieser also „das letzte Wort“ behält.[79] Eine

73 BGH, Urteil vom 9. 05. 1967 in BGHZ 48, 12 (22).
74 BFH, Urteil vom 4. 12. 1980 in ZIP 1980, 204 (205).
75 *Förschle/Peemöller*, Wirtschaftsprüfung und Interne Revision, S. 52.
76 *Buchner*, Der Wirtschaftsprüfer, S. 86.
77 *Lück*, Lexikon der Rechnungslegung und Abschlußprüfung, S. 90.
78 BGH, Urteil vom 21. 4. 1997 in ZIP 1997, S. 1162.
79 *Heni* in DStR 1997, S. 1210 (1211).

zusätzlich zur Prüfung durchgeführte Beratung darf also nur eine Hilfe im Hinblick auf künftige Entscheidungen des Ratsuchenden sein. Der Unternehmer muß daher den Jahresabschluß letztlich in eigener Verantwortung aufstellen.

Ob diese Abgrenzung allerdings die Unabhängigkeit des Prüfers wahren kann, erscheint fraglich. Der Prüfer wird es gar nicht verhindern können, daß er durch die Beratung einen Eindruck der natürlichen Personen gewinnt, die hinter dem Unternehmen stehen. Daher erscheint es sinnvoll, Prüfung und Beratung nicht nur abzugrenzen, sondern gegenseitig auszuschließen. Ein dahingehender Gesetzesantrag wurde jedoch zurückgewiesen.[80] Begründet wurde dies damit, daß es noch keine Beeinträchtigung durch gleichzeitige Prüfung und Beratung gegeben habe. Außerdem sei es ausreichend, wenn es dem Prüfer selbst überlassen bleibt, zu beurteilen, ob er wegen seiner beratenden Tätigkeit für eine anschließende Prüfung noch unbefangen und damit unabhängig ist. Dies wird der Prüfer aber selbst gar nicht objektiv einschätzen können und im Zweifelsfall bejahen, da er kaum den Prüfungsauftrag wird ablehnen wollen. Im übrigen erfüllt die Unabhängigkeit des Prüfers den Zweck, das Vertrauen Dritter in die Prüfung zu stärken. Dazu reicht es aber nicht aus, daß der Prüfer innerlich von seiner Unabhängigkeit überzeugt ist, sondern auch die äußeren Umstände müssen dieses Bild vermitteln. Es wäre also sinnvoller, die gleichzeitige Beratung und Prüfung gesetzlich zu unterbinden.

2. Die Treuhandtätigkeit

Die Treuhandtätigkeit des Wirtschaftsprüfers ist wiederum nur Oberbegriff für eine Fülle von Tätigkeiten wie etwa der Nachlaßverwaltung, der Nachlaßpflegschaft oder der Vergleichsverwaltung. Nicht erlaubt ist dem Wirtschaftsprüfer hingegen grundsätzlich die geschäftsführende Treuhandtätigkeit, wie etwa im Bereich der Notgeschäftsführung. Diese kann er nur mit Ausnahmegenehmigung der Wirtschaftsprüferkammer vorübergehend übernehmen. Gemäß § 43a Abs. 3 Nr. 2 WPO ist ihm ansonsten die Ausübung einer Tätigkeit aufgrund eines Anstellungsvertrages untersagt, weil der Wirtschaftsprüfer gemäß § 1 Abs. 2 S. 1 WPO Angehöriger eines freien Berufes ist und ein Anstellungsverhältnis die Einhaltung seiner Berufspflichten gefährden kann.

80 BT-Drucks. 10/4268, S. 118.

III. Die Berufsordnung der Wirtschaftsprüfer

Das Berufsgesetz der Wirtschaftsprüfer ist die Wirtschaftsprüferordnung (WPO).[81] Danach übt der Wirtschaftsprüfer einen freien Beruf aus. Seine Tätigkeit ist kein Gewerbe.[82] Freie Berufe erbringen typischerweise Leistungen geistiger oder höherer Art, die die Beherrschung komplizierter Techniken oder Regelwerke voraussetzen und der Verwirklichung ideeller Werte im gesellschaftlichen Leben dienen.[83]

Wirtschaftsprüfer üben einen staatlich gebundenen Beruf aus. Der Zugang beruht auf gesetzlicher Grundlage, ebenso wie die Berufsausübung gesetzlich vorgeschrieben ist und von Berufskammern und einer Berufsgerichtsbarkeit überwacht wird.

Die Zulassung zum Beruf ist – als besonderes Zulassungsverfahren ausgestaltet – geregelt in den §§ 5 ff. WPO. Die anspruchsvollen Aufgaben des Berufes erfordern, daß sich der Berufsanwärter dem Wirtschaftsprüferexamen unterzieht. Die Zulassung dazu setzt den Nachweis über eine akademische Vorbildung, also den Abschluß eines Hochschulstudiums, voraus. Auf diese Voraussetzung kann nur gemäß § 8 Abs. 2 WPO verzichtet werden. Die überwiegende Zahl (80%) der Berufszugänger hat ein Betriebswirtschaftsstudium absolviert.[84] Die Versagung der Zulassung zur Prüfung regelt § 10 WPO. Absatz 1 der Vorschrift enthält eine gebundene Entscheidung, wohingegen bei Absatz 2 Ermessen besteht. Ist die Prüfung bestanden, wird der Bewerber durch die Wirtschaftsprüferkammer als Wirtschaftsprüfer bestellt.[85] Gemäß § 16 WPO ist es auch hier möglich, die Bestellung zu versagen. Der Aufbau der Norm folgt dem in § 10 WPO. Auch hier ist sowohl eine gebundene, als auch eine Ermessensentscheidung möglich.

Die Berufsausübung unterliegt in hohem Maße der individuellen Gestaltungsfreiheit des einzelnen Wirtschaftsprüfers. Die WPO gewährt Niederlassungs- und Dienstleistungsfreiheit, somit kann der Wirtschaftsprüfer seinen Berufssitz auch im Ausland begründen. Aus § 43a WPO, der die Berufsausübung regelt, ergibt sich, daß der Wirtschaftsprüfer seinen Beruf sowohl selbständig, als auch als Angestellter ausüben kann.

Gemäß § 4 Abs. 1 WPO wurde die Wirtschaftsprüferkammer zur Erfüllung der beruflichen Selbstverwaltungsaufgaben gebildet. Die Aufgaben bestimmt § 57 WPO. Danach wahrt die Wirtschaftsprüferkammer die beruflichen Belange

---

81 In der Fassung der Bekanntmachung vom 5. 11. 1975, BGBl 1975 I, S. 2803; zuletzt geändert durch Gesetz vom 21. 8. 2002, BGBl 2002 I, S. 3322.

82 § 1 Abs. 2 WPO.

83 BVerfG, Beschluß vom 25. 2. 1960 in BVerfGE 10, 354 (364 f.).

84 WP Handbuch 2006, A 62.

85 § 15 WPO.

der Gesamtheit der Mitglieder und überwacht die Erfüllung der beruflichen Pflichten. Die wichtigsten Befugnisse finden sich in der nicht abschließenden Aufzählung des § 57 Abs. 2 WPO, eine weitere Aufgabe beinhaltet § 319 Abs. 1 S. 3 HGB. Nach § 57 Abs. 2 Nr. 4 WPO überwacht die Wirtschaftsprüferkammer die den Mitgliedern obliegenden Pflichten und hat das Recht zur Rüge. Das Rügerecht dient dem öffentlichen Interesse. Daher besteht kein individualrechtlicher Anspruch auf Einschreiten im Rahmen der Berufsaufsicht. Ebenso ist die Wirtschaftsprüferkammer nicht befugt, Weisungen zu erteilen.[86]

Kraft Gesetzes sind unter anderem alle Wirtschaftsprüfer sowie Wirtschaftsprüfungsgesellschaften Mitglieder der Wirtschaftsprüferkammer. Daneben besteht die Möglichkeit einer freiwilligen Mitgliedschaft für genossenschaftliche Prüfungsverbände, Prüfungsstellen der Sparkassen- und Giroverbände sowie überörtliche Prüfungseinrichtungen für öffentliche Körperschaften. Die Wirtschaftsprüferkammer hat derzeit 19.938 Mitglieder. Freiwillig Mitglied sind davon nur 46. Der Mitgliederstand umfaßt 12.578 Wirtschaftsprüfer, 4.091 vereidigte Buchprüfer, 2.318 Wirtschaftsprüfungsgesellschaften und 150 Buchprüfungsgesellschaften.[87] [88]

Die Überwachung der den Mitgliedern der Wirtschaftsprüferkammer obliegenden Pflichten erfolgt durch Berufsaufsicht und Berufsgerichtsbarkeit. Im Rahmen der Berufsaufsicht wird die Berufspflichtverletzung durch Ausspruch einer Rüge geahndet. Gemäß § 63 Abs. 1 S. 1 WPO kommt eine Rüge immer dann in Betracht, wenn die Schuld des Mitgliedes gering ist und ein Antrag auf Einleitung eines berufsgerichtlichen Verfahrens nicht erforderlich erscheint. Die Zuständigkeit liegt beim Vorstand der Wirtschaftsprüferkammer. Bei der Berufsaufsicht handelt es sich nicht um ein Verfahren mit strafrechtlichem Charakter. Anderenfalls würde § 63 Abs. 1 S. 2 iVm. § 69a S. 1 WPO, wonach eine Rüge auch erteilt werden kann, wenn wegen desselben Verhaltens bereits ein Gericht eine Strafe verhängt hat, gegen Art. 103 Abs. 3 GG verstoßen. Die Berufsaufsicht entspricht vielmehr der Disziplinargewalt im Beamtenrecht, die nicht unter die „allgemeinen Strafgesetze" des Art. 103 Abs. 3 GG fällt.[89] Allerdings ergeben sich Beschränkungen aus allgemeinen rechtsstaatlichen Erwägungen, insbesondere dem Grundsatz der Verhältnismäßigkeit.[90]

---

86 Für den Fall eines Notars OLG Hamm, Beschluß vom 26. 11. 1975 in NJW 1976, S. 974.

87 Stand: 1. 1. 06, www.wpk.de/beruf-wp-vbp/statistiken.asp. Zuletzt abgerufen am 26. 07. 2006.

88 Zu den Unterschieden zwischen Wirtschaftsprüfern und Buchprüfern vgl. unten im 2. Teil, V.

89 BVerfG, Beschluß vom 2. 5. 1967 in BVerfGE 21, 391 (401).

90 BVerfG, Beschluß vom 2. 5. 1967 in BVerfGE 21, 378 (388).

Dem widersprechend kommt es nach anderer Ansicht für Art. 103 Abs. 3 GG nicht darauf an, zwischen Kriminalstrafen und anderen Sanktionen zu trennen, entscheidend sei vielmehr die Wirkung der Sanktion.[91] Daher bedürfe es stets eines besonderen Rechtfertigungsgrundes, um in einem weiteren Verfahren dasselbe Verhalten zur Grundlage einer weiteren Bestrafung zu machen.[92]

Sowohl die Anwendung des Verhältnismäßigkeitsprinzips, wie auch die Forderung eines besonderen Rechtfertigungsgrundes haben zum Ziel, Doppelbestrafungen einzuschränken, so daß sich das Disziplinarrecht auf seinen Ordnungszweck beschränkt. Diesem Anliegen trägt die WPO dadurch Rechnung, daß gemäß § 63 Abs. 1 S. 2 WPO iVm. § 69a S. 1 WPO die berufsaufsichtsrechtliche Maßnahme bei vorangegangener Sanktionierung zusätzlich erforderlich sein muß, um den Wirtschaftsprüfer zur Erfüllung seiner Pflichten anzuhalten und das Ansehen des Berufs zu wahren.

Gemäß § 63 Abs. 2 S. 1 WPO darf eine Rüge zudem dann nicht mehr erteilt werden, wenn das berufsgerichtliche Verfahren gegen den Wirtschaftsprüfer eingeleitet ist, oder wenn seit der Pflichtverletzung mehr als drei Jahre vergangen sind.

Auch das berufsgerichtliche Verfahren ist kein Straf- sondern ein Disziplinarverfahren.[93] Für die Berufsgerichtsbarkeit gilt insoweit dasselbe wie für die Berufsaufsicht. Gemäß § 69a S. 1 WPO kann nämlich eine berufsgerichtliche Maßnahme auch für ein Verhalten verhängt werden, das zuvor mit einer Strafe geahndet wurde, aber wiederum nur, wenn dies zusätzlich erforderlich ist, um den Wirtschaftsprüfer zur Erfüllung seiner Pflichten anzuhalten. Würde es sich beim berufsgerichtlichen Verfahren um ein Strafverfahren handeln, wäre diese Regelung wegen Verstoßes gegen Art. 103 Abs. 3 GG verfassungswidrig. Die Berufsgerichtsbarkeit ist in die ordentliche Gerichtsbarkeit integriert, um der verfassungsrechtlichen Anforderung an die Gewaltenteilung zu genügen.[94] Als Beisitzer werden zwei Wirtschaftsprüfer tätig. Gemäß § 68 Abs. 1 WPO kommen als berufsgerichtliche Maßnahmen Warnung, Verweis, Geldbuße bis zu 100.000 Euro, Verbot auf bestimmten Tätigkeitsgebieten für die Dauer von einem Jahr bis zu fünf Jahren tätig zu werden, Berufsverbot von einem bis zu fünf Jahren und Ausschließung aus dem Beruf in Betracht.

91 *Schmidt-Aßmann* in Maunz/Dürig GG-Kommentar Art. 103, Rn. 288 mwN.
92 *Fliedner* in AöR 1974 Band 99, S. 242 (265).
93 WP Handbuch 2006, A 507.
94 WP Handbuch 2006, A 506.

IV. Die Berufspflichten der Wirtschaftsprüfer

Neben den gesetzlichen Vorgaben, die der Wirtschaftsprüfer hinsichtlich seiner konkreten Prüfungsleistung zu beachten hat, hat er seine Berufsausübung an den allgemeinen Berufspflichten des § 43 Abs. 1 WPO auszurichten. Die Aufzählung von Unabhängigkeit, Gewissenhaftigkeit, Verschwiegenheit, Eigenverantwortlichkeit und Unparteilichkeit ist nicht abschließend, sondern nur richtungweisend. Es geht weniger um einen festgefügten Verhaltenskodex, als vielmehr um eine Berufsethik. Dies deswegen, weil der Wirtschaftsprüfer mit seiner Tätigkeit eine gesetzliche Aufgabe im Interesse der Öffentlichkeit erfüllt und sie – zumindest formell – kein Internum des jeweiligen Unternehmens ist.[95] Der Verlust seiner Glaubwürdigkeit ist daher für den Prüfer in hohem Maße kostspielig. Die Besinnung auf eine prägende Wertebasis soll einem solchen Verfall entgegenwirken.

1. Unabhängigkeit

Unabhängigkeit meint Urteilsfreiheit des Prüfers und zwar sowohl hinsichtlich seiner Einstellung, als auch organisatorisch.[96] Von allen Berufspflichten hat sie die größte Bedeutung. Umfassend ist gemeint, daß der Wirtschaftsprüfer in objektiver und subjektiver Hinsicht seine Feststellungen unbeeinflußt von sachfremden Erwägungen und ohne Rücksichtnahme auf eigene Belange oder Interessen Dritter treffen kann.[97] Dieser weiten Definition verleiht § 319 HGB Konturen. Er enthält einen Katalog absoluter Ausschlußgründe, die – sollten sie im Einzelfall einschlägig sein – dazu führen, daß die aufgeführten natürlichen Personen oder Gesellschaften nicht als Abschlußprüfer tätig sein dürfen. Zweck ist weniger die Sicherung einer unabhängigen Einstellung des Prüfers, als vorrangig die Schaffung einer äußeren Organisation, um Sachverhalte zu vermeiden, die an der Arbeit des Abschlußprüfers Zweifel aufkommen lassen könnten.[98] Bei Verstoß liegt eine Ordnungswidrigkeit gemäß § 334 Abs. 2 HGB vor. Gemäß § 334 Abs. 3 HGB kann sie mit einer Geldbuße von bis zu 50.000 Euro geahndet werden. Der Gesetzgeber hat die Rechtsgutsverletzung somit nicht als strafwürdig angesehen, sondern es mit der Androhung einer Buße bei einer „nachdrücklichen Pflichtenmahnung“ belassen.[99] Allerdings führt die Begehung der Pflichtwidrig-

95 *Böcking*, Der Wirtschaftsprüfer als Element der Corporate Governance, S. 53 (54).
96 *Ballwieser*, Der Wirtschaftsprüfer als Element der Corporate Governance, S. 99 (102).
97 *Förschle/Peemöller*, Wirtschaftsprüfung und Interne Revision, S. 68.
98 *Ebke* in MüKo zum HGB § 319, Rn. 12.
99 BVerfG, Beschluß vom 16. 7. 1969 in BVerfGE 27, 18 (33).

keit dazu, daß der dem Abschlußprüfer erteilte Prüfungsauftrag gemäß § 134 BGB gegen ein gesetzliches Verbot verstößt und somit nichtig ist. Da das Vorliegen der Ausschlußgründe des § 319 Abs. 2, 3 und 4 HGB dem Unternehmen aber häufig verborgen bleiben wird, wäre es unverhältnismäßig, auch den Jahresabschluß für nichtig zu erklären. Eine Nichtigkeit des Jahresabschlusses besteht nur, wenn er von einer nicht zum Abschlußprüfer bestellten oder einer nicht zur Vornahme von Abschlußprüfungen zugelassenen Person geprüft worden ist.[100]

Näher ausgestaltet ist der Grundsatz der Unabhängigkeit auch in der WPO selbst. So darf der Wirtschaftsprüfer gemäß § 55a WPO keine Vereinbarung schließen, durch welche die Höhe der Vergütung vom Ergebnis seiner Tätigkeit abhängig gemacht wird. Ferner ist es ihm untersagt, Vorteile für die Vermittlung von Aufträgen abzugeben oder entgegenzunehmen. In all diesen Fällen bestünde die Gefahr von Abhängigkeiten, die die Unglaubwürdigkeit des Wirtschaftsprüfers in der Öffentlichkeit nach sich ziehen würden.

Im Rahmen der Untreueausführungen wird der Grundsatz der Unabhängigkeit noch Erwähnung finden, wenn es darum geht, die Selbständigkeit, ein Merkmal der Vermögensbetreuungspflicht, zu untersuchen.[101]

2. *Unbefangenheit*

Der Wirtschaftsprüfer muß gemäß § 49 WPO seine Tätigkeit versagen, wenn die Besorgnis der Befangenheit bei Durchführung eines Auftrages besteht. Befangenheit und Abhängigkeit lassen sich nicht strikt voneinander trennen. Insbesondere ist derjenige, der abhängig ist, immer auch befangen. Die Besorgnis der Befangenheit liegt besonders dann vor, wenn nahe Beziehungen des Wirtschaftsprüfers zu einem Beteiligten oder zum Gegenstand der Beurteilung bestehen und diese Beziehungen geeignet sein könnten, die Urteilsbildung zu beeinflussen.[102] Die Konstellationen in denen Befangenheit vorliegen kann, sind vielfältig; § 319 Abs. 3 HGB bietet nur unvollständige Anhaltspunkte. Ob Befangenheit im Einzelfall besteht, muß sich aus der Sicht des Betroffenen bestimmen. Die Fälle prozessualer Befangenheit, die dem Rechtsunterworfenen die Ablehnung des Richters ermöglichen, können als Auslegungshilfe dienen. Die Frage muß lauten: Würde derjenige, der auf die Arbeitsergebnisse des Wirtschaftsprüfers angewiesen ist, diesen wegen Befangenheit ablehnen, wenn ihm ein solches Recht zu-

---

100 BGH, Urteil vom 30. 04. 1992 in NJW 1992, 2021 (2021 f.).

101 Vgl. unten Seite 133.

102 § 21 Abs. 1 BS WP/vBP (Berufssatzung für Wirtschaftsprüfer/vereidigte Buchprüfer).

stünde? Dies wiederum bestimmt sich aus der Sicht eines unparteiischen Dritten.[103] Es kommt also nicht darauf an, ob der Wirtschaftsprüfer tatsächlich befangen war, sondern darauf, ob sich die Befürchtungen des Betroffenen als stichhaltig erweisen.

Der Grundsatz der Unbefangenheit gilt sowohl für Prüfungs- als auch für Beratungsleistungen. Trotzdem ist die Prüfung und Beratung desselben Auftraggebers nach überwiegender Ansicht zulässig.[104]

3. *Gewissenhaftigkeit*

Bei der Erledigung ihrer Aufgaben sind Wirtschaftsprüfer an das Gesetz gebunden, haben sich über die für ihre Berufsausübung geltenden Bestimmungen zu unterrichten und diese und fachliche Regeln zu beachten.[105] Eine Abweichung von bestehenden Regelungen ohne Gründe ist daher nicht möglich. Nur so kann die Qualität der Berufsarbeit sichergestellt werden. Andererseits stellen nur grob fahrlässige oder vorsätzliche Verstöße eine Verletzung der gewissenhaften Berufsausübung dar.[106]

4. *Verschwiegenheit*

Ohne den Grundsatz der Verschwiegenheit wäre das dem Wirtschaftsprüfer entgegengebrachte Vertrauen nicht denkbar. Die Verschwiegenheit ist dem Wirtschaftsprüfer nicht nur berufsrechtlich vorgeschrieben, sondern auch strafrechtlich durch § 203 StGB abgesichert und zivilrechtlich in § 323 Abs. 1 S. 1 HGB verankert. Die Verschwiegenheitspflicht gilt auch für den jeweiligen Gehilfen. Dieser wird sowohl gemäß § 203 Abs. 3 S. 2 StGB, wie auch gemäß § 50 WPO mit einbezogen. Sie ist zeitlich unbegrenzt und gilt gegenüber jedermann. Umfaßt sind Kenntnisse von Tatsachen und Umständen, die das jeweilige Mandat betreffen. Gleichwohl ist der Wirtschaftsprüfer nicht gehindert, Kenntnisse und gewonnene Erfahrungen in fachlicher und rechtlicher Hinsicht für eigene Zwecke, so zum Beispiel für die Darstellung in der Fachliteratur, zu verwerten, solange der geschützte Bereich nicht betroffen wird.

---

103 *Lamprecht* in NJW 1993, S. 2222.
104 BayObLG, Beschluß vom 17. 09. 1987 in ZIP 1987, S. 1547 und vgl. oben Seite 38.
105 § 4 BS WP/vBP (Berufssatzung für Wirtschaftsprüfer/vereidigte Buchprüfer).
106 WP Handbuch 2006, A 372.

Eine gesetzliche Durchbrechung der Verschwiegenheitspflicht enthält § 320 Abs. 3 S. 2 aE HGB. Danach müssen Abschlußprüfer des jeweiligen Mutter- oder Tochterunternehmens Aufklärung leisten und Nachweise erbringen, soweit dies für eine sorgfältige Prüfung des Abschlußprüfers des jeweils anderen Unternehmens vonnöten ist.

Die Pflicht zur Verschwiegenheit führt im Strafverfahren zu einem Zeugnisverweigerungsrecht gemäß § 53 Abs. 1 Nr. 3 StPO. Die Parallelnorm zu § 203 Abs. 3 S. 2 StGB für Gehilfen findet sich in § 53a StPO. Dem von der Verschwiegenheit Geschützten ist es jedoch möglich, den Wirtschaftsprüfer von seiner Pflicht zu befreien. Auch ohne eine solche Aussagegenehmigung ist eine Durchbrechung möglich, sofern der Wirtschaftsprüfer berechtigte eigene Interessen durchsetzen will[107], allerdings nur im notwendigen Umfang, den die Rechtsordnung durch das allgemeine Prinzip der Rechtsgüter- und Pflichtenabwägung vorzeichnet. So entschied der BGH im Falle eines Rechtsanwalts, daß dieser anvertraute Tatsachen offenbaren darf, wenn er ansonsten nicht in der Lage wäre, sich in einem gegen ihn gerichteten Strafverfahren sachgemäß zu verteidigen. In diesem Fall muß das Interesse des Anvertrauenden an der Geheimhaltung zurückstehen.[108] Ein weiterer Fall betraf eine ähnliche Konfliktsituation, in der der BGH entschied: Ein Rechtsanwalt, der sich wegen Beihilfe zu einer Straftat schuldig gemacht hat, ist durch seine Schweigepflicht nicht daran gehindert, falsche Angaben des Haupttäters zu berichtigen. Die Offenbarung des fremden Geheimnisses ist dann nicht unbefugt.[109] Diese Grundsätze müssen auch für Wirtschaftsprüfer gelten.

5. *Eigenverantwortlichkeit*

Wirtschaftsprüfer haben ihr Handeln in eigener Verantwortung zu bestimmen, ihr Urteil selbst zu bilden und ihre Entscheidungen selbst zu treffen.[110] Die Eigenverantwortlichkeit ist in § 44 Abs. 1 WPO definiert. Zentrales Merkmal ist danach die Weisungsfreiheit. Unterzeichnet der Wirtschaftsprüfer Prüfungsberichte oder Gutachten, so muß er vorher die Überzeugung von ihrer inhaltlichen Richtigkeit gewonnen haben. Entgegenstehende Weisungen sind unzulässig. Eigen-

107 LG München I, Zwischenurteil vom 19. 11. 1980 in DStR 1982, S. 179 f.
108 BGH, Urteil vom 9. 10. 1951 in NJW 1952, 151.
109 BGH, Urteil vom 15. 5. 1956 in MDR 1956, S. 625 f.
110 § 11 Abs. 1 BS WPK.

verantwortlich handelt auch nicht derjenige Wirtschaftsprüfer, der die Erledigung von Aufgaben grundsätzlich Mitarbeitern überläßt.[111]

6. Unparteilichkeit

Das Gebot zur Unparteilichkeit verpflichtet den Wirtschaftsprüfer zur Einhaltung strikter Neutralität. Daß er widerstreitenden Interessen ausgesetzt ist, gehört zum Wesen seiner Tätigkeit. Der Prüfer verhält sich dann unparteiisch, wenn er sich nicht einem einzelnen Interesse verpflichtet. Dies muß er nach außen deutlich machen. Seine fachliche Würdigung muß nachvollziehbar und die Fakten müssen vollständig sein. Eigenes Interesse an einem bestimmten Inhalt steht der Unparteilichkeit entgegen und führt in vielen Fällen zum Ausschluß von der Prüfung, so etwa gemäß § 319 Abs. 3 Nr. 1 HGB, wenn der Wirtschaftsprüfer selbst Aktionär der zu prüfenden Gesellschaft ist.

V. Weitere prüfende Berufe

Der Wirtschaftsprüfer ist nicht der einzige Beruf, der eine prüfende oder beratende Tätigkeit ausübt. Daneben sind der Vollständigkeit halber die vereidigten Buchprüfer sowie die Steuerberater zu nennen.

Der Zugang zum Beruf des vereidigten Buchprüfers wird im Zuge der 5. WPO Novelle in naher Zukunft geschlossen. Gemäß § 139a Abs. 3 WPO müssen die Prüfungen zum vereidigten Buchprüfer bis spätestens 31. 12. 2006 durchgeführt sein. Die entsprechenden Prüfungszulassungsnormen in der WPO wurden durch das Gesetz zur Reform des Zulassungs- und Prüfungsverfahrens des Wirtschaftsprüferexamens[112] aufgehoben. Den Beruf des vereidigten Buchprüfers wird es also künftig nicht mehr geben.

Die Tätigkeit der vereidigten Buchprüfer ist wie die der Wirtschaftsprüfer noch in der WPO geregelt. Wie die Wirtschaftsprüfer, so haben auch die vereidigten Buchprüfer in erster Linie prüfende und beratende Aufgaben. Allerdings unterliegen sie Einschränkungen. So können sie als Abschlußprüfer nur tätig werden, wenn es sich gemäß § 319 Abs. 1 S. 2 HGB um eine mittelgroße GmbH oder um ebensolche Personenhandelsgesellschaften handelt. Während also vereidigte Buchprüfer laut HGB nur Jahresabschlüsse von Kapital- oder Personenhan-

111 Für den Bereich der Steuerberatung: LG Düsseldorf, Beschluß vom 11. 05. 1993 in DB 1993, S. 2179.

112 BGBl 2003 I, S. 2446.

delsgesellschaften bis mittlerer Größe prüfen dürfen, erstreckt sich die Befugnis des Wirtschaftsprüfers zur Prüfung auf Unternehmen jeder Größe.

Gemäß § 130 Abs. 1 S. 1 iVm § 1 Abs. 2 WPO ist auch der vereidigte Buchprüfer ein freier Beruf. Auch oben beschriebene allgemeine Berufspflichten finden auf ihn Anwendung.

Für den Beruf des Steuerberaters ist das Steuerberatungsgesetz maßgeblich. Steuerberater haben die Aufgabe, in Steuersachen zu beraten, zu vertreten und bei der Erfüllung von Steuerangelegenheiten Hilfe zu leisten. Ihre Tätigkeit umfaßt auch Leistungen in Steuerstraf- und Bußgeldsachen. Gemäß Art. 1, § 5 Nr. 2 RBerG ist ihnen auch Rechtsberatung erlaubt, soweit sie mit ihren Aufgaben in unmittelbarem Zusammenhang steht. Gemäß § 57 Abs. 1 StBerG unterliegen auch Steuerberater allgemeinen Berufspflichten wie Unabhängigkeit, Eigenverantwortlichkeit, Gewissenhaftigkeit und Verschwiegenheit. Zur unbeschränkten Hilfeleistung in Steuersachen sind gemäß § 3 Nr. 1 StBerG aber auch Wirtschaftsprüfer befugt. Insofern überschneidet sich die Tätigkeit der Steuerberater mit derjenigen der Wirtschaftsprüfer.

Die Untreuestrafbarkeit von vereidigten Buchprüfern und Steuerberatern ist nicht Gegenstand vorliegender Arbeit.

3. Teil: Allgemeines zur Untreue – § 266 StGB

I. Entstehungsgeschichte des heutigen Tatbestandes

Untreue ist die vorsätzliche Schädigung fremden Vermögens von innen heraus.[113] Die Untreue gilt als eines der kompliziertesten Delikte im Besonderen Teil des StGB.[114] Das hängt nicht zuletzt damit zusammen, daß sich ihr Inhalt wie bei kaum einem anderen Tatbestand aus der Entstehungsgeschichte heraus entwickelt hat.[115]

Der Versuch einer Definition der Untreue wurde zunächst erschwert durch eine Vielzahl an Einzeltatbeständen und Sondervorschriften. Die Ursprünge der Untreue gehen auf das römische Recht sowie auf germanische Volksrechte zurück, wobei man noch kein Vermögensdelikt der Untreue kannte, sondern sie diebstahlsähnlich behandelte und Fälle von vertraglicher Treuepflichtverletzung zivilrechtlich ahndete.[116] Der treulose Umgang mit anvertrauten Sachen wurde erstmals selbständig in Art. 170 der Constitutio Criminalis Carolina von 1532 normiert und wie das Verhalten eines Diebes pönalisiert. Eine Legaldefinition findet sich erstmalig in § 1329 iVm. § 1328 Preußisches ALR von 1794. Danach trifft die Strafe eines unter erschwerenden Umständen verübten Betruges „denjenigen, welcher, außer der allgemeinen Verbindlichkeit, noch besondere Verpflichtungen, einen Andern mit Treue und Redlichkeit zu behandeln, auf sich hat, und denselben gleichwohl hintergeht."[117] Es folgen dann allerdings elf Untergliederungen nach einzelnen Tätertypen vom Beamten bis zum Versicherer. Nicht zuletzt aufgrund solcher Ausgestaltungen wurde das Strafrecht des ALR als „Dinosaurier" kritisiert,[118] als wenig gelungen und notorisch reformbedürftig bemängelt.[119] Trotzdem galt es im größten Teil des preußischen Staates bis zum Inkrafttreten des Preußischen Strafgesetzbuches vom 14. 4. 1851 fort. Dieses faßte

113 *Schünemann* in LK § 266, Rn. 1; ähnlich *Kindhäuser* in LPK-StGB, § 266, Rn. 10; genauso *Kindhäuser* in Nomos-Kommentar § 266, Rn. 3.

114 *Schreiber/Beulke* in JuS 1977, 656 (657).

115 *Maurach/Schroeder/Maiwald*, StrR BT, Teilband 1, § 45, Rn. 6.

116 *Schünemann* in LK § 266, Entstehungsgeschichte.

117 *Hattenhauer*, Allgemeines Landrecht für die Preußischen Staaten von 1794, 2. Teil, 20. Titel, 15. Abschnitt, § 1329.

118 *Volk* in JuS 1991, S. 281 (282).

119 *Schwennicke*, 200 Jahre Allgemeines Landrecht für die Preußischen Staaten, S. 79 f.

in § 246 den Tatbestand deutlich knapper. Als mögliche Täter kamen nur Mitglieder eines eng umgrenzten Personenkreises in Betracht. Außerdem wurde eine einheitliche Tathandlung formuliert. Der Grundtatbestand lautete:

„Wegen Untreue werden mit Gefängnis nicht unter drei Monaten, sowie mit zeitiger Untersagung der Ausübung der bürgerlichen Ehrenrechte bestraft:

1. Vormünder, Kuratoren, Sequester, Testamentsexekuratoren, und Verwalter von Stiftungen, wenn sie vorsätzlich zum Nachtheile der ihrer Aufsicht anvertrauten Personen oder Sachen handeln;
2. Mäkler, Güterbestätiger, Schaffner und andere Gewerbetreibende, welche zur Betreibung ihres Gewerbes von der Obrigkeit besonders verpflichtet sind, wenn sie bei den ihnen übertragenen Geschäften vorsätzlich diejenigen benachtheiligen, deren Geschäfte sie besorgen."

Vom StGB des Norddeutschen Bundes vom 31. 5. 1870 wurde die Fassung lediglich um einige Treueverhältnisse erweitert und ging so geändert in das Strafgesetzbuch für das Deutsche Reich vom 15. 5. 1871 ein. Der Text lautete:

„(1) Wegen Untreue werden mit Gefängniß, neben welchem auf Verlust der bürgerlichen Ehrenrechte erkannt werden kann, bestraft:

1. Vormünder, Kuratoren, Güterpfleger, Sequester, Massenverwalter, Vollstrekker letztwilliger Verfügungen und Verwalter von Stiftungen, wenn sie absichtlich zum Nachtheile der ihrer Aufsicht anvertrauten Personen oder Sachen handeln.
2. Bevollmächtigte, welche über Forderungen oder andere Vermögensstücke des Auftraggebers absichtlich zum Nachtheile desselben verfügen;
3. Feldmesser, Versteigerer, Mäkler, Güterbestätiger, Schaffner, Wäger, Messer, Bracker, Schauer, Stauer und andere zur Betreibung ihres Gewerbes von der Obrigkeit verpflichtete Personen, wenn sie bei den ihnen übertragenen Geschäften absichtlich diejenigen benachtheiligen, deren Geschäfte sie besorgen.

(2) Wird die Untreue begangen, um sich oder einem anderen einen Vermögensvortheil zu verschaffen, so kann neben der Gefängnißstrafe auf Geldstrafe bis zu Eintausend Thalern erkannt werden."

Hier liegt der Ursprung des Streits zwischen den Vertretern der Mißbrauchs- und jenen der Treubruchstheorie. Die fast endlose Aufzählung von Berufsgruppen hatte eine stark einengende Wirkung, so daß man in der Folgezeit bestrebt war, allgemeinere Formulierungen zu entwickeln. Auch der Wirtschaftsprüfer wäre nach dieser ursprünglichen Textfassung nicht erfaßt gewesen.

Die Vertreter der Mißbrauchstheorie[120] orientierten sich bei der Bestimmung des Unrechtskerns an Nr. 2 und hielten den Mißbrauch rechtsgeschäftlicher Vertretungsmacht für strafwürdig. Die Gegenauffassung[121] verwies auf Nr. 1 und Nr. 3 mit dem Hinweis, Untreueunrecht beruhe auf der Verletzung einer allgemeinen Treuepflicht zur Vermögensfürsorge.[122] Erst die Neugestaltung durch das Gesetz zur Abänderung strafrechtlicher Vorschriften vom 26. 5. 1933[123] führte zur eindeutigen Ausprägung zweier Deliktsvarianten, durch die beide konkurrierenden Lehrmeinungen verfestigt wurden. Diese Unterscheidung ist bis heute erhalten geblieben, inhaltlich wurde die Norm nur noch unwesentlich verändert. Allerdings führte die Vorschrift bei wörtlicher Anwendung der Treubruchsvariante zur Bestrafung jedes Vertragsbruchs und hatte damit einen ungewollt weiten Anwendungsbereich. Dies brachte neben der Diskussion um die Verfassungsmäßigkeit[124] die Notwendigkeit mit sich, den Täterkreis in doppelter Hinsicht einzuschränken. Zum einen muß die Pflicht, fremde Vermögensinteressen wahrzunehmen, als Hauptpflicht zu qualifizieren, also wesentlicher Inhalt sein[125], zum anderen muß die Tätigkeit eine gewisse Bedeutung aufweisen, wofür wirtschaftliche Bewegungsfreiheit, Selbständigkeit, Dauer und Umfang Anzeichen sein sollen.[126] Das Kriterium der Selbständigkeit ist eindeutig der neuen Tatbestandsformulierung seit 1933 geschuldet, denn noch zuvor konnten sich selbst Wäger oder Stauer strafbar machen, die – sollten diese Berufe nicht überhaupt verdrängt sein – heute nicht mehr dem Tatbestand unterfielen.

II. Aufbau des Tatbestandes

Grundlage dieser Dissertation ist der dreistufige Deliktsaufbau. Er unterteilt in Tatbestand, Rechtswidrigkeit und Schuld. Tatbestand wie auch Rechtswidrigkeit gliedern sich dabei jeweils in einen objektiven und einen subjektiven Teil.[127]

---

120 *Binding*, Lehrbuch des Gemeinen Deutschen Strafrechts, S. 396; *Cartier*, Der objektive Tatbestand der strafbaren „Untreue“, S. 134; *Hirschfeld*, Veruntreuung und Untreue, S. 25 ff.; *König*, Die Untreue im geltenden deutschen Strafrecht (§ 266 StGB) und in den Entwürfen, S. 21 ff.; *Krause*, Die Untreue des Bevollmächtigten, S. 6 ff.

121 *Ammon*, Die Untreue, S. 2, 42, 60; *Engelhardt*, Die Untreue, S. 11; *Herrmann*, Die Untreue des § 266 Str. G. B. und die verwandten Tatbestände in den Nebengesetzen, S. 16 f.; *Konrad*, Die Untreue des Bevollmächtigten, S. 20.

122 *Maurach/Schroeder/Maiwald*, StrR BT, Teilband 1, § 45, Rn. 8.

123 RGBl 1933 I, 295.

124 Vgl. unten 3. Teil, II 3.

125 BGH, Urteil vom 5. 7. 1968 in BGHSt 22, 190 (191).

126 BGH, Urteil vom 11. 12. 1957 in BGHSt 13, 315.

127 *Kindhäuser*, Strafrecht Allg. Teil, § 6, Rn. 11.

Inhalt des objektiven Tatbestandes ist für Erfolgsdelikte die Tathandlung, der Taterfolg sowie die Verknüpfung beider durch das Element der Kausalität. Die Untreue, die beim Opfer den Eintritt eines Schadens verlangt, ist ein solches Erfolgsdelikt und richtet sich damit auch im Aufbau grundsätzlich nach den allgemeinen Regeln für Erfolgsdelikte. Sie hat jedoch zusätzlich die Besonderheit, daß sie in einer Norm zwei Tatbestände vereint und vom Täter eine besondere Qualität, eine Vermögensbetreuungspflicht, verlangt.[128] Unstreitig ist, daß der Mißbrauchs- vom Treubruchstatbestand zu unterscheiden ist. Dagegen ist stark umstritten, wie beide Alternativen zueinanderstehen.[129] Der Streit wirkt sich auf die Frage aus, ob und in welchem Umfang der Täter zusätzlich zur Verfügungs- oder Verpflichtungsbefugnis eine Vermögensbetreuungspflicht auch für den Mißbrauchstatbestand aufweisen muß.[130] Dagegen ist die Vermögensbetreuungspflicht für den Treubruchstatbestand zentrales Merkmal.

1. Inhalt und Problematik der Vermögensbetreuungspflicht

Die Vermögensbetreuungspflicht bezeichnet die Pflicht, fremde Vermögensinteressen wahrzunehmen. Nach dem Wortlaut des Gesetzes hat sie vier Wurzeln. Das Gesetz, den behördlichen Auftrag, das Rechtsgeschäft oder ein Treueverhältnis. Eine Vermögensbetreuungspflicht kraft Gesetzes besitzen etwa der Insolvenzverwalter gemäß § 80 Abs. 1 InsO oder der Geschäftsführer einer GmbH gemäß § 35 Abs. 1 GmbHG. Ein behördlicher Auftrag liegt etwa bei einer Versteigerung gemäß § 383 Abs. 3 BGB vor. Denkbare Rechtsgeschäfte sind die Vollmacht oder die Ermächtigung. Häufig können mehrere dieser Merkmale einschlägig sein. Was zu den Treueverhältnissen zählt, ist weitaus schwieriger, denn es muß der Gefahr entgegengewirkt werden, daß das Treueverhältnis als Auffangmerkmal der anderen drei mißbraucht wird, also zu weit gerät. Das Treueverhältnis greift etwa dann ein, wenn die Begründung der Betreuungspflicht aus Gesetz, behördlichem Auftrag und insbesondere aus Rechtsgeschäft angestrebt war, aber gescheitert ist. Desweiteren muß das Treueverhältnis dort schützend eingreifen, wo das Rechtsverhältnis erloschen, das Vermögen dem Betreuungspflichtigen aber noch schutzlos ausgeliefert ist.[131] Dann besteht die vormalige Bindung zwischen Täter und Opfer fort, so daß der Täter weiterhin in Bezug auf das Opfer-

128 *Lackner/Kühl* § 266, Rn. 2.

129 Zur Entwicklung: *Kargl* in ZStW 2001 (Band 113), S. 565 ff; *Kindhäuser* in Nomos-Kommentar § 266, Rn. 11; *Lenckner/Perron* in Schönke/Schröder § 266, Rn. 2; *Tröndle/Fischer* § 266, Rn. 6.

130 Zur Streitentscheidung vgl. 3. Teil II 4.

131 *Arzt/Weber*, StrR BT, § 22, Rn. 52.

vermögen eine herausgehobene Stellung hat. Da diese nicht jedermann zukommen kann, ist die Vermögensbetreuungspflicht besonderes persönliches Merkmal.[132] Damit definiert sich über sie der Täterkreis, so daß von ihrem Inhalt auch der Tatbestand des § 266 StGB abhängt.

a) Wesentlicher Inhalt und Bedeutung der Tätigkeit (zweifache Einschränkung)

Um den Täterkreis und damit den Tatbestand nicht uferlos werden zu lassen, schränkt die Vermögensbetreuungspflicht den Täterkreis durch Auslegung zweifach ein. Zum einen muß wesentlicher Inhalt des Rechtsverhältnisses die Pflicht zur fremdnützig typisierten Geschäftsbesorgung sein,[133] zum anderen muß der Tätigkeit eine gewisse Bedeutung zukommen.[134] Mit der ersten Einschränkung soll vermieden werden, daß jede Vertragsverletzung sogleich die Untreuestrafbarkeit nach sich zieht.[135] Der Verkauf hochwertiger Ware für einen zu geringen Preis führt nicht zu einer Vermögensbetreuungspflicht, da das Vertragsverhältnis zwischen Eigentümer und Verkäufer von Anfang an nicht fremdnützig ausgestaltet ist. Wer nur im eigenen Interesse handelt und dabei fremdes Vermögen schädigt, soll allenfalls zivilrechtlich zum Ausgleich verpflichtet sein.

Für das Merkmal der gewissen Bedeutung sind nach der Rechtsprechung Umstände wie Selbständigkeit, Eigenverantwortlichkeit, Dauer oder Umfang der Tätigkeit von Bedeutung.[136] Obwohl dies eindeutige Kriterien sind, denen präzise Definitionen zugeordnet werden könnten, wird erhebliche Unsicherheit in den Tatbestand hineingetragen. Dies hat zwei Ursachen. Zum einen soll es sich bei den einzelnen Merkmalen jeweils nur um Anhaltspunkte handeln, die besonders seitens der Rechtsprechung nicht konsequent auf jeden Fall angewendet werden.[137] Zum anderen herrscht über ihren Inhalt keine Einigkeit. So kommt es, daß die gewisse Bedeutung der Tätigkeit und damit die Vermögensbetreuungspflicht im Ganzen eher gefühlsmäßig bejaht oder verneint wird.

---

132 So die h. M.: BGH, Beschluß vom 8. 1. 1975 in BGHSt 26, 53 (54); BGH, Beschluß vom 12. 7. 1994 in StV 1995, 73; BGH, Beschluß vom 12. 9. 1996 in wistra 1997, S. 100; *Arzt/Weber*, StrR BT, § 22, Rn. 83; *Baumann/Weber/Mitsch*, StrR AT, § 32, Rn. 18; *Lackner/Kühl* § 266, Rn. 2; *Otto*, Grundkurs Strafrecht BT, § 54, Rn. 3; *Schünemann* in LK § 266, Rn. 162; a. A. *Grünwald* in Gedächtnisschrift für Kaufmann 1989, S. 555 (563); *Lenckner/Perron* in Schönke/Schröder § 266, Rn. 52.

133 BGH, Urteil vom 5. 7. 1968 in BGHSt 22, 190 (191).

134 Vgl. auch oben Fn. 126.

135 *Arzt/Weber*, StrR BT, § 22, Rn. 49.

136 BGH, Urteil vom 11. 12. 1957 in BGHSt 13, 315.

137 *Arzt/Weber*, StrR BT, § 22, Rn. 64; *Lenckner/Perron* in Schönke/Schröder § 266, Rn. 24.

b) Der Untreuetäter als Interner (dreifache Einschränkung?)

Die zweifache Einschränkung vermag dem Charakter der Untreue als Innenschädigungsdelikt nicht hinreichend Konturen zu verleihen. Untreue ist die vorsätzliche Schädigung fremden Vermögens von innen heraus.[138] Damit ist gemeint, daß der Vermögensinhaber – also der eigentlich Interne, was das Vermögen angeht – dadurch geschädigt wird, daß er die Initiative ergreift und in falschem Vertrauen einem anderen Zugang zu seinem Vermögen verschafft. Daran gemessen wäre auch der Begriff „mittelbares Selbstschädigungsdelikt“ in Abgrenzung zum Betrug als Selbstschädigungsdelikt und dem Diebstahl als Fremdschädigungsdelikt passend. Bei dieser Betrachtung müssen zwei Aspekte berücksichtigt werden. Wird jemandem Zugang zum Vermögen eines anderen gewährt, so hat dies einerseits eine betreuende, andererseits aber auch eine verdrängende Komponente. Die oben beschriebene zweifache Einschränkung der Vermögensbetreuungspflicht berücksichtigt allein die betreuende Komponente. Die fremdnützig typisierte Geschäftsbesorgung beinhaltet nur den Gesichtspunkt der Überlassung aus der Perspektive des Vermögensinhabers. Die Fremdnützigkeit bringt zum Ausdruck, daß der Betreuende Kenntnis von den Interessen des Vermögensinhabers hat und in dessen Sinne handelt. Dies alles unterstreicht die eine Seite der Vermögenssorge; das fürsorgliche Annehmen und Betreuen.

Nicht anders verhält es sich mit der gewissen Bedeutung, die der Tätigkeit zukommen muß. Die Selbständigkeit impliziert Spielraum zur Eigenständigkeit, die für eine betreuende Aufgabe notwendig ist.

Die nur betreuende Komponente erfüllt der Täter aber auch, wenn er das Vermögen von außen schädigt. Dies zeigt ein vom OLG Stuttgart entschiedener Fall.[139] Es ging darum, daß sich ein insolvenzreifes Unternehmen eines Sanierers bediente, dessen Aufgabe es war, Stundungsverträge mit den Gläubigern des Unternehmens zu schließen. Helfen soll dabei häufig die Aussicht, Gelder Dritter würden im Rahmen eines Sanierungsplanes für die Gläubiger zweckgebunden bereitgestellt, sofern sie der Stundung zustimmen. Bejaht wurde in diesen Fällen eine Vermögensfürsorgepflicht des Sanierers gegenüber den Gläubigern. Grundlage hierfür könne insbesondere der zwischen Sanierer und insolventem Unternehmen abgeschlossene Vertrag sein. Dann nämlich, wenn es sich aufgrund der Abrede, die Gelder Dritter zweckgebunden den Gläubigern zukommen zu lassen, um einen Vertrag zugunsten Dritter im Sinne des § 328 BGB handele. Hier kann der Sanierer, der seinem ganzen Interesse nach eindeutig auf Seiten des zu sanie-

---

138 *Schünemann* in LK § 266, Rn. 1 und vgl. oben Fn. 113.
139 Urteil vom 13. 12. 1983 – 4 Ss (22) 494/83 und *Richter* in wistra 1984, 97.

renden Unternehmens steht, wohl kaum als ein Interner der Gläubiger gesehen werden.

In einem solchen Fall eine Untreue anzunehmen heißt, den Innenschädigungscharakter der Norm in Frage zu stellen. Zu untersuchen ist daher, unter welcher Voraussetzung ein von außen an das Opfer herantretender potentieller Täter derart in das Opfervermögen eingebunden ist, daß er zum Internen wird, um damit dem Untreuecharakter gerecht zu werden. Sodann ist zu klären, ob die weitere Voraussetzung als ungeschriebenes Tatbestandsmerkmal neben oder als weitere, dritte Einschränkung innerhalb der Vermögensbetreuungspflicht zu prüfen ist.

aa) Formell Interner

Der Täter könnte nur dann ausreichend in das Opfervermögen einbezogen sein, wenn er formell Interner ist. Als formell Interner läßt sich abstrakt jemand umschreiben, der rechtlich in eine Personen- oder Sachvereinigung eingebunden ist. So sind zum Beispiel Aufsichtsrats- und Vorstandsmitglieder formell Interne der juristischen Person. Problematisch ist jedoch, daß sich der potentielle Untreuetäter nicht immer einer Personen- oder Sachvereinigung, also etwa einer juristischen Person, gegenübersieht, sondern, daß es sich bei den Vermögensinhabern oft genug um natürliche Personen handelt. Einer natürlichen Person kann man aber rechtlich nicht beitreten, es ist also nicht möglich, formell Interner einer natürlichen Person zu werden. Es gibt aber auch keinen vernünftigen Grund, weshalb die Untreue zulasten natürlicher Personen nicht sollte begangen werden können. Exemplarisch sei an die Fälle erinnert, in denen Rechtsanwälte abredewidrig über Treuhandvermögen der Mandanten verfügen. Ist der Mandant ein Unternehmen, muß § 266 StGB ebenso bejaht werden können, wie wenn der Mandant eine natürliche Person ist. Dies folgt auch aus § 266 Abs. 2 StGB iVm § 248a StGB. Denn meistens wird es bei der Veruntreuung niedriger Geldbeträge natürliche Personen als Opfer treffen. Im übrigen muß auch der schlichte Angestellte einer juristischen Person eine Untreue begehen können, obwohl er nicht Organ ist. Es kann also nicht verlangt werden, daß der Täter formell Interner ist.

bb) Materiell Interner

Somit ist erforderlich, daß der Täter materiell Interner ist, und zu klären, welche Voraussetzung er dafür erfüllen muß. Der Untreue wird man nur gerecht, wenn derjenige als Täter ausscheidet, der fremdes Vermögen schädigt, indem er den Vermögensinhaber auf seiner internen Position beläßt und nur von außen dessen Entscheidungen beeinflußt. Der Vermögensinhaber als eigentlich Interner muß seiner Stellung also beraubt sein, so daß ein Machtvakuum entsteht, das dann vom Externen gefüllt wird, um sich so zum materiell Internen zu machen. Daher ist für das Kriterium, ab wann der Täter materiell Interner ist, auf die verdrängende Komponente abzustellen. Materiell Interner ist also, wessen Handeln die Machtverhältnisse zulasten des Vermögensinhabers verschiebt. Erforderlich ist, daß der Täter für einen Beobachter entweder selbst als Vermögensinhaber oder als ein mit der Vermögenssorge Beauftragter erscheint. Nur so ist auch die Strafwürdigkeit der Untreue zu verstehen. Der Machtverlust des Vermögensinhabers macht ihn angreifbar, so daß der Staat diese offene Flanke unter seinen strafrechtlichen Schutz stellen muß. Die zusätzliche Voraussetzung, daß der Täter materiell Interner sein muß, entspricht nicht der historischen Norm von 1871,[140] denn alle dort unter Nummer drei aufgeführten Täter erfüllen das Kriterium nicht. Die Aufzählung einzelner Berufe ist vom heutigen Tatbestand aus dem historischen Vorbild aber gerade nicht übernommen worden, um einzelne Berufsgruppen nicht von vornherein der Untreue unterfallen zu lassen. Es soll daher in dieser Hinsicht nicht vom historischen, sondern vom gegenwärtigen – bewußt weit gefaßten – Tatbestand ausgegangen werden.

Das dritte Kriterium wird überwiegend für den Treubruchstatbestand von Bedeutung sein, da es beim Mißbrauchstatbestand meistens unproblematisch erfüllt sein wird. Denn Inhalt des Mißbrauchstatbestandes ist, daß der Täter eine Verfügungs- oder Verpflichtungsbefugnis über fremdes Vermögen besitzt und dann im Rahmen seines rechtlichen Könnens im Innenverhältnis sein rechtliches Dürfen überschreitet.[141] Ein solcher Täter wird für einen Beobachter nahezu immer als mit der Vermögenssorge Beauftragter oder selbst als Vermögensinhaber erscheinen, es sei denn, etwas anderes wird aus den Umständen ersichtlich.

Damit wird auch deutlich, daß durch die Anforderungen an den Täter als materiell Internen der Treubruchstatbestand an den Mißbrauchstatbestand angenähert wird. Auf diese Weise erreicht man für den Treubruchstatbestand eine höhere Anwendungssicherheit.

Zwei Beispiele sollen diese theoretischen Ausführungen verdeutlichen: Einem Anlageberater obliegt nicht nur die Beratung hinsichtlich eines Geschäftes, sondern auch dessen Durchführung. Dieser Täter nimmt dem Opfer eine wirtschaftliche Arbeit ab und besorgt damit ein fremdnützig typisiertes Geschäft. Zugleich handelt er selbständig, womit er der doppelten Einschränkung der Vermögensbetreuungspflicht gerecht wird, also die betreuende Komponente erfüllt. Zum anderen müßte er materiell Interner sein, den Vermögensinhaber also aus seiner

140 Vgl. oben Seite 50.

141 BGH, Urteil vom 16. 6. 1953 in BGHSt 5, 61 (63); LG Berlin, Urteil vom 28. 9. 1994 in wistra 1996, S. 72; *Lackner/Kühl* § 266, Rn. 6; *Lenckner/Perron* in Schönke/Schröder § 266, Rn. 17; *Tröndle/Fischer* § 266, Rn. 21.

Machtstellung herausdrängen. Dem Anlageberater obliegt hier auch die Durchführung des Geschäftes. Damit trägt er nicht nur von außen eine Entscheidung an den Vermögensinhaber heran, sondern führt sie gleichzeitig intern aus, tritt also wie der Vermögensinhaber selbst auf. Damit erfüllt er auch die verdrängende Komponente.

Anders ist es in folgendem Fall: Der Anlageberater berät über die Durchführung des Geschäfts, das Geschäft führt aber letztlich der Vermögensinhaber durch. Dabei macht er seine Entscheidung erkennbar von der Empfehlung des Anlageberaters abhängig. Die Vermögensdisposition ist dem Berater also zurechenbar.[142] Damit übernimmt er eine wirtschaftliche Entscheidung des Opfers, führt also eine fremdnützig typisierte Geschäftsbesorgung aus. Zudem handelt er selbständig. Fraglich ist aber, ob es ausreichend ist, daß der potentielle Täter dem Opfer die Entscheidung lediglich äußerlich abnimmt. Dieses – unjuristisch zu verstehende – Hilfeleisten erfüllt nur das betreuende Element. Eine wirkliche Verdrängung findet nicht statt, weil die Ausführung weiterhin beim Vermögensinhaber verbleibt. Nicht zuzustimmen ist daher *Schünemann*, der meint, der Anlageberater übe allein durch das Vertrauen des Anlegers einen herausgehobenen Einfluß in der Schaltzentrale der Vermögensdispositionen aus.[143] Herausgehobenes Vertrauen genießt auch der Arzt, der ein überteuertes Präparat verschreibt. Trotzdem wirkt er nicht in der Schaltzentrale der Vermögensdisposition des Patienten. Vorzugswürdig ist die Linie, die sich aus Entscheidungen des BGH ergibt. Danach können Pflichtverletzungen des Anlageberaters nicht ohne weiteres als Treubruch angesehen werden. Ausschlaggebend für die Vermögensbetreuungspflicht war in einer Entscheidung aus dem Jahr 1993 vielmehr, daß der Anlageberater vertraglich befugt war, Darlehensverträge über sichere Geldanlagen abzuschließen, ihm also auch die Durchführung des Geschäftes oblag.[144] Ebenso bejahte der BGH eine Untreue für den Fall, daß Gelder nach Ablauf von Festlegungszeiträumen vom Anlageberater nicht an die Anleger zurückgezahlt wurden.[145] Auch hier wurde das Geschäft vom Anlageberater durchgeführt. Demgegenüber entschied der BGH für den Fall der reinen (Falsch-)beratung, daß diese den Untreuetatbestand nicht erfüllt.[146]

---

142 Dies ist nach Ansicht von *Kindhäuser* für seine Vermögensbetreuungspflicht bereits ausreichend, vgl. *Kindhäuser* in Nomos-Kommentar § 266, Rn. 58.

143 *Schünemann* in LK § 266, Rn. 122.

144 BGH, Beschluß vom 11. 8. 1993 in NStZ 1994, S. 35 f.

145 BGH, Urteil vom 26. 5. 1999 in wistra 1999, S. 339 (340).

146 BGH, Urteil vom 22. 5. 1991 in NJW 1991, S. 2574.

cc) Neues Tatbestandsmerkmal oder Teil der Vermögensbetreuungspflicht?

Letztlich bleibt zu klären, ob das Erfordernis des materiellen Internums im Tatbestandsaufbau als Teil der Vermögensbetreuungspflicht oder als eigenständiges Tatbestandsmerkmal behandelt werden sollte. Für ersteres sprechen sowohl inhaltliche wie auch dogmatische Überlegungen. Die Machtverdrängung umschreibt den Tätertyp, unterstreicht also seine besondere Stellung und mithin auch den Sonderdeliktscharakter der Norm. Dann kann das verdrängende Merkmal nicht im Nirvana des Tatbestandsaufbaus zwischen der Tätertypbeschreibung und der Tathandlung eingeordnet werden, sondern ist eine dritte Einschränkung der Vermögensbetreuungspflicht.

2. Merkmale des Mißbrauchstatbestandes

Erforderlich zur Verwirklichung des Mißbrauchstatbestandes ist zunächst immer, daß der Täter eine Verfügungs- oder Verpflichtungsbefugnis über fremdes Vermögen besitzt. Diese kann nach dem Wortlaut des § 266 Abs. 1 StGB auf Gesetz, behördlichem Auftrag oder Rechtsgeschäft beruhen. Eine Verpflichtung ist zivilrechtlich die Begründung eines Schuldverhältnisses. Eine Verfügung ist zivilrechtlich eine unmittelbare Rechtsänderung.[147] Diese zivilrechtlichen Definitionen liegen auch dem Strafrecht zugrunde.[148] Als Rechtsverhältnis kommt etwa die Vertretungsmacht von Prokuristen oder die Vermögenssorge der Eltern gegenüber Kindern in Betracht. Insoweit gelten die oben zur Vermögensbetreuungspflicht gemachten Ausführungen auch an dieser Stelle.[149] Der Mißbrauchstatbestand ist damit unverkennbar zivilrechtsakzessorisch angelegt. Unstreitig ist daher auch, daß die jeweilige Befugnis dem Täter wirksam eingeräumt sein muß.[150] Streitig ist allerdings, ob es auch auf die zivilrechtliche Wirksamkeit des Rechtsgeschäfts nach außen ankommt. Zum Teil wird dies verneint mit dem Argument, auch ein zivilrechtlich unwirksames Rechtsgeschäft könne nach außen den Anschein seiner Wirksamkeit vermitteln und dann zumindest zu einer Ver-

---

147 *Heinrichs* in Palandt Überbl. v. § 311, Rn. 6; *Kindl* in Erman, BGB, Vor § 311, Rn. 4.

148 *Sternberg-Lieben* in JA 1997, S. 124 (125).

149 Vgl. oben auf Seite 52.

150 *Hübner* in LK, 10. Auflage, § 266, Rn. 63; *Kindhäuser* in Nomos-Kommentar § 266, Rn. 83; *Tröndle/Fischer* § 266, Rn. 16.

mögensgefährdung führen.[151] So etwa, wenn der Vertreter kollusiv mit dem Vertragspartner zusammenwirkt. Dagegen ist jedoch einzuwenden, daß für unwirksame Rechtsgeschäfte der Treubruchstatbestand eingreift. Richtig ist, daß dies nicht für die Fälle eigennütziger Treuhand gilt.[152] Allerdings soll die Untreue – wie schon oben erwähnt – eigennütziges Handeln, das mittelbar zu einem Schaden führt, gerade nicht unter Strafe stellen.[153] Dies gilt nicht nur für den Treubruchstatbestand, sondern die Einräumung der Befugnis beim Mißbrauchstatbestand impliziert immer auch die Erwartung, daß in erster Linie zugunsten des fremden Vermögens gehandelt wird, also fremdnützig.[154]

Mit der Befugnis wird dem Täter die Rechtsmacht erteilt, Verfügungen oder Verpflichtungen über das Vermögen des Opfers gegenüber Dritten vorzunehmen. Ob der Täter bei Ausübung der Legitimation in fremdem oder in eigenem Namen handelt, ist dabei unerheblich.[155] Mit der falschen Einschätzung, der Legitimierte würde zum Wohle seines Vermögens handeln, bringt sich das Opfer durch die Einräumung der Rechtsmacht latent in Gefahr. Die eigentliche Verletzung geschieht aber dann auf Initiative des Täters, der im Rahmen seines rechtlichen Könnens sein rechtliches Dürfen überschreitet.[156] Nach außen ist dem Täter also die Rechtsänderung möglich, nach innen war er hingegen hierzu nicht berechtigt. Deswegen kann der Mißbrauchstatbestand nicht erfüllt sein, wenn sich rechtliches Können und Dürfen decken, im Außenverhältnis kein wirksames Verfügungs- oder Verpflichtungsgeschäft vorliegt oder der Täter überhaupt nicht rechtsgeschäftlich handelt. Denn dann hat sich das Opfer mit der Einräumung der Rechtsmacht nicht gefährdet. Inhalt muß aber immer der Mißbrauch der durch das Grundverhältnis eingeräumten Rechtsmacht sein.[157] Für alle anderen Fälle kommt nur der Treubruchstatbestand in Betracht.

---

151 *Schünemann* in LK § 266, Rn. 32; *Arzt* in FS für Bruns 1978, S. 365 (374); a. A. *Lenckner/Perron* in Schönke/Schröder § 266, Rn. 17; *Mitsch*, StrR BT/Teil 2, Teilband 1, § 8, Rn. 26 mwN.

152 So das Gegenargument von *Schünemann* in LK § 266, Rn. 32.

153 Vgl. oben 3. Teil, II 1a).

154 Auf die Frage, ob die Vermögensbetreuungspflicht auch im Rahmen des Mißbrauchstatbestandes zu prüfen ist, wird an späterer Stelle noch eingegangen; vgl. unten auf Seite 64.

155 *Tröndle/Fischer* § 266, Rn. 10.

156 BGH, Urteil vom 16. 6. 1953 in BGHSt 5, 61 (63); *Mitsch*, StrR BT/Teil 2, Teilband 1, § 8, Rn. 25.

157 BGH, Urteil vom 27. 1. 1988 in wistra 88, S. 191; *Gössel*, StrR BT Band 2, § 25, Rn. 33.

3. Inhalt und Verfassungsmäßigkeit des Treubruchstatbestandes

Der Inhalt des Treubruchstatbestandes ist neben dem Eintritt des Taterfolges allein die Verletzung oben dargestellter Vermögensbetreuungspflicht.[158] Damit fehlt der Treubruchsvariante der rechtsgeschäftliche Bezug, den die Mißbrauchsvariante aufweist. Der Täter hat Zugang zum Vermögen des Opfers, ohne daß es auf eine Verfügungs- oder Verpflichtungsbefugnis ankäme. Treubruch ist aber neben tatsächlichem auch durch rechtsgeschäftliches Handeln möglich.[159] Auch dem Treubruchstatbestand liegt eine Rechtsbeziehung zwischen Vermögens- und Pflichtinhaber zugrunde.[160] So stellt es etwa keine Untreue dar, wenn der Hauseigentümer überraschend ins Krankenhaus muß, der Nachbar daraufhin ohne Auftrag mit einem Zweitschlüssel das Haus betritt und wochenlang den Garten pflegt, um dann letztendlich Blumen zu entwenden. Ohne den vom Opfer bewußt hinsichtlich einer bestimmten Tätigkeit herbeigeführten Zugang ist auch kein Treubruch möglich.

Die Unsicherheiten in Bezug auf den Inhalt der Vermögensbetreuungspflicht wirken sich in erheblichem Maße auf den Treubruchstatbestand aus, ist doch die Verletzung der Betreuungspflicht das einzige zu prüfende Merkmal. So sind vereinzelt Bedenken laut geworden, was die verfassungsmäßige Bestimmtheit des Treubruchstatbestandes anbelangt.

Die Kritik reicht von „gefährlich vage Formulierung“[161] über „nahezu uferlose Weite“[162] bis hin zu der Warnung an den Gesetzgeber, nicht die Verantwortung für die Abgrenzung strafbaren Verhaltens auf den Richter abzuwälzen.[163] Von *Kargl* wird die Verfassungswidrigkeit mit dem Hinweis bejaht, daß es an genauen Tatbestandsmerkmalen fehle und die Grenze des Tolerierbaren überschritten sei.[164]

Die Untreue muß viele unterschiedliche Konstellationen aus Lebensbereichen erfassen, die schwerlich einen gemeinsamen Oberbegriff bilden. Sie erfaßt sowohl den Kleinkriminellen, der die ihm anvertrauten Gelder anderer für sich verwendet, wie auch den Vorstand eines großen Unternehmens, der dieses durch sorgfaltswidrige Geschäftsführung mutwillig in den Ruin treibt. Dieser Vielfalt

---

158 *Kindhäuser* in Nomos-Kommentar § 266, Rn. 59; *Lenckner/Perron* in Schönke/Schröder § 266, Rn. 22; *Mitsch*, StrR BT/Teil 2, Teilband 1, § 8, Rn. 13.

159 *Kindhäuser* in Nomos-Kommentar § 266, Rn. 64; *Lackner/Kühl* § 266, Rn. 15; *Tröndle/Fischer* § 266, Rn. 38.

160 *Mitsch*, StrR BT/Teil 2, Teilband 1, § 8, Rn. 39.

161 *Arzt* in FS für Bruns 1978, S. 365 (367).

162 *Gribbohm* in JuS 1965, 389 (391).

163 *Jescheck/Weigend*, Lehrbuch des Strafrechts, § 15 I 3.

164 *Kargl* in ZStW 2001, Band 113, 565 (589).

kann notwendigerweise nur mit einem weiten Tatbestand Rechnung getragen werden, womit natürlich noch nichts über eine eventuelle Verfassungswidrigkeit gesagt wäre. Sicherlich nicht ausreichend ist es, die Verfassungsgemäßheit allein mit dem Argument zu untermauern, der Tatbestand sei durch jahrzehntelange gefestigte Rechtsprechung hinreichend präzisiert worden.[165] Falsch ist es aber auch, die Unbestimmtheit gerade in der Weite des Tatbestandes zu sehen. Ein weiter Tatbestand ist vielmehr nur dann unbestimmt, wenn er keine klare Grenzziehung aufweist. *Schünemann* spricht hier bildhaft treffend von einem Bedeutungskern, der von einem Bedeutungshof umgeben ist.[166] Nur dann, wenn die Ränder des Bedeutungshofes keine Klarheit aufweisen, ist ein weiter Tatbestand auch ein unbestimmter Tatbestand.

Bei Tatbeständen wie der Untreue, die einen besonders breit gestreuten Täterkreis erfassen sollen, ist diese Gefahr naturgemäß besonders groß. Dieser Herausforderung muß auch das Bestimmtheitsgebot Rechnung tragen. So kann der Gesetzgeber nicht darauf verzichten, allgemeine Begriffe zu verwenden, um der Vielgestaltigkeit des Lebens gerecht zu werden.[167] Entscheidend ist, daß der einzelne den Anwendungsbereich noch erkennen und sich danach richten kann.[168] Dies ist nur dort der Fall, wo sich der Tatbestand an Tatsachen, also nachprüfbaren Umständen festmacht und nicht der subjektiven Einschätzung des einzelnen unterworfen ist. Hinsichtlich der Vermögensbetreuungspflicht hängt die Entscheidung davon ab, ob man die Pflicht als eine Ausprägung der Herrschaft über fremdes Vermögen begreift, vergleichbar etwa mit einer spezifischen Form von Garantenstellung,[169] also als eine objektiv bestimmbare Position, die der Täter einnimmt. Oder ob man sie, verhaftet am Wortlaut „Treue", für einen ausschließlich unter moralischen Gesichtspunkten definierbaren Zustand hält, den nur jeder für sich selbst subjektiv bestimmen kann.[170] Isoliert ausgesprochen mag unter Treue jeder nur etwas Ähnliches, aber nicht dasselbe verstehen. Der Untreuetatbestand spricht aber deswegen gerade nicht herausgelöst von Treue, sondern kleidet sie in den Tatbestand. Ihre Konturen erhält die Treue durch die Einbettung in den Tatbestand und das Merkmal Vermögensbetreuungspflicht. Es geht

165 BVerfG, Beschluß vom 8. 5. 1974 in BVerfGE 37, 201 (208).

166 *Schünemann* in LK § 266, Rn. 29.

167 BVerfG, Beschluß vom 23. 10. 1985 in BVerfGE 71, 108 (115); BVerfG, Urteil vom 11. 11. 1986 in BVerfGE 73, 206 (235); BVerfG, Beschluß vom 6. 5. 1987 in BVerfGE 75, 329 (341); *Gribbohm* in LK § 1, Rn. 46.

168 BVerG, Beschluß vom 25. 7. 1962 in BVerfGE 14, 245 (252); BVerfG, Beschluß vom 26. 2. 1969 in BVerfGE 25, 269 (285); BVerfG, Beschluß vom 14. 5. 1969 in BVerfGE 26, 41 (42); *Eser* in Schönke/Schröder § 1, Rn. 17; *Tröndle/Fischer* § 1, Rn. 5.

169 So *Schünemann* in LK § 266, Rn. 31.

170 *Kargl* in ZStW 2001, Band 113, S. 565 (594).

nämlich nicht um eine irgendwie geartete Treue oder Fürsorge über fremdes Vermögen, sondern darum, welche konkrete Pflichtenstellung dem Täter gegenüber dem Opfervermögen eingeräumt ist. Der Täter nimmt eine Verpflichtung wahr, hat also eine Funktion inne, die ihm für jeden Außenstehenden gleichermaßen sichtbar, den Zugang zum fremden Vermögen ermöglicht. Inhalt seiner Pflicht ist die Betreuung des Vermögens, insofern muß er zunächst völlig unabhängig von der „Treue" erst einmal in den Genuß der Machtstellung kommen. Die Betreuung ist dann nur Ergebnis täglicher Arbeit. Die Bestimmtheit ist in der Herrschaftsposition zu suchen und nicht in der Frage, ob der Täter mehr oder weniger treu sein kann. Die Verknüpfung der Strafbarkeit mit der Machtstellung gegenüber anderen ist keine Besonderheit der Untreue. Sie liegt in gewisser Weise allen Sonderdelikten zugrunde. So stellen etwa die Amtsdelikte ihrem Wesen nach unter anderem einen Vertrauensmißbrauch aus einer herrschenden Stellung heraus unter Strafe.[171] Die Amtsträgerschaft läßt sich zwar nach außen durch entsprechende Urkunden leichter nachweisen, so wie aber die Amtsträgerschaft entweder besteht oder nicht besteht, liegt auch entweder die Herrschaftsposition des § 266 StGB vor oder nicht. Subjektive Gesichtspunkte spielen dabei keine Rolle. Mit den Worten von *Schünemann* handelt es sich um einen Funktions- und nicht um einen Wertebegriff.[172]

Kargl, der die Verfassungswidrigkeit bejaht, schlägt vor, den Tatbestand auf die Mißbrauchsalternative zu beschränken. Ob ein Mißbrauch vorliege oder nicht, sei dann an einem für das Innenverhältnis vorgegebenen Verhaltensrahmen zu messen. Bei fehlender ausdrücklicher Bestimmtheit müsse Richtschnur die „ordnungsgemäße Geschäftsführung des betroffenen Geschäftskreises" sein[173] und der Mißbrauch anhand dessen durch Auslegung ermittelt werden. Einmal abgesehen davon, ob einer solchen Auslegung nicht auch die Orientierungspunkte fehlen, erfährt der Tatbestand unter dieser Maßgabe eine ungeahnte Ausweitung. Denn dann führt jede Vertragsverletzung, die einen Vermögensschaden des Geschäftsherrn nach sich zieht, zur Strafbarkeit wegen Untreue. Der Lösungsvorschlag *Kargls* beweist, daß der Tatbestand der Untreue – und die Notwendigkeit des Deliktes bezweifelt auch der Kritiker nicht – nicht bestimmter gefaßt werden kann.

Im Zusammenhang mit der Erörterung der Verfassungsmäßigkeit ist die Frage, ob die Einschränkung eines als hinreichend bestimmt gekennzeichneten weiten Tatbestandsmerkmals nicht letztlich wieder seine Unbestimmtheit zur Folge

171 *Cramer* in Schönke/Schröder Vorbem. §§ 331 ff., Rn. 1; *Tröndle/Fischer* Vor § 331, Rn. 3.
172 *Schünemann* in LK § 266, Rn. 31.
173 *Kargl* in ZStW 2001 Band 113, S. 595.

hat, untersuchenswert. Die Pflicht, fremde Vermögensinteressen wahrzunehmen, hält, wie bereits ausgeführt, dem Bestimmtheitsgrundsatz stand, weil es sich um einen Funktions- und nicht um einen Wertebegriff handelt.[174] Betrachtet man die Gesamtheit aller nur denkbaren Vermögensbetreuungspflichtigen, so führt die dreifache Einschränkung[175] des Tatbestandes dazu, daß nicht mehr alle, sondern nur noch ein Teil der vormals Betroffenen jetzt als vermögensbetreuungspflichtig zu kennzeichnen sind. Das führt aber nur dann zur Unbestimmtheit, wenn die Einschränkung willkürlich und mithin für den Rechtsunterworfenen nicht nachvollziehbar ist. Oder wenn, bildlich gesehen, die enge Grenze die Klarheit der weiten Grenze vermissen läßt. Dies ist bei der in dreifacher Hinsicht vorgenommenen Einschränkung aber nicht der Fall. Ob man einer Tätigkeit eine gewisse Bedeutung beimißt oder ob man sie als untergeordnet betrachten muß, ist zwar einer subjektiven Einschätzung zugänglich, läßt sich anhand tatsächlich bestehender Umstände aber auch objektiv hinreichend sicher beurteilen. Genauso steht es um die Einschätzung, ob etwas Haupt- oder nur Nebenpflicht ist oder ob der Täter für einen Beobachter als mit der Vermögenssorge Beauftragter erscheint. Der Bestimmtheitsgrundsatz ist nicht schon dann tangiert, wenn dem Richter innerhalb eines gewissen Wortsinnes eine Auslegung zugebilligt wird,[176] solange der Wortsinn nicht beliebig auslegungsfähig ist.

Daran ändern auch die zahlreichen Streitigkeiten bezüglich des Inhalts der einzelnen Merkmale, die oben bereits angedeutet wurden und im Rahmen der Subsumtion näher ausgeführt werden sollen, nichts. Denn Adressat des Bestimmtheitsgrundsatzes ist allein der Gesetzgeber bei der Formulierung.[177] Stark umstrittene Wortlaute können allenfalls Zweifel an der Bestimmtheit aufkommen lassen, die aber vorliegend, wie gezeigt, unbegründet sind.

4. Verhältnis beider Tatbestände zueinander

Das Verhältnis zwischen Mißbrauchs- und Treubruchstatbestand ist bis heute nicht eindeutig geklärt. Vertreten wird etwa, daß beide Tatbestände selbständig nebeneinander stehen[178] genauso wie, daß der Treubruchstatbestand subsidiär ist.[179] Damit einher geht die Auffassung, der Mißbrauchstatbestand sei speziel-

174 *Schünemann* in LK § 266, Rn. 31.
175 Vgl. oben unter 3. Teil, II 1 a) und b).
176 *Kunig* in Münch/Kunig GG-Kommentar Art. 103, Rn. 26.
177 *Eser* in Schönke/Schröder § 1, Rn. 18.
178 *Tiedemann* in JZ 1975, 692 (693).
179 OLG Celle, Urteil vom 30. 7. 1958 in NJW 1959, 496 (497); *Gribbohm* in JuS 1965, 389 (390).

ler.[180] Ausdrücklich offengelassen hat es der BGH in zwei seiner Entscheidungen.[181] Daneben gibt es einige Meinungen, die eine Differenzierung bis in feinste dogmatische Verästelungen vornehmen. So etwa *Bringewat*, der beide Tatbestände für „nicht ausgesprochen selbständig" hält[182]. Für *Sax* sind Mißbrauch und Treubruch lediglich Unterfälle. Substanz der Untreue sei die über fremdes Vermögen eingeräumte Macht, die gleichsam als Oberbegriff zu verstehen sei. Aber auch bei ihm geht dann der Mißbrauchs- dem Treubruchstatbestand vor.[183]

Obige Auffassungen sind untrennbar mit der Diskussion verbunden, ob der Halbsatz „und dadurch dem, dessen Vermögen er zu betreuen hat" neben der Treubruchs- auch für die Mißbrauchsalternative gilt. Unstreitig ist lediglich in Rechtsprechung und Literatur, daß die Untreue mit Mißbrauchs- und Treubruchstatbestand zwei Tatbestände beinhaltet,[184] und daß die Vermögensbetreuungspflicht Tatbestandsmerkmal des Treubruchstatbestandes ist. Hinsichtlich der Frage, ob sie daneben auch im Mißbrauchstatbestand zu prüfen ist und wenn ja, mit welchem Inhalt[185] kennt die Meinungsvielfalt keine Grenzen. Der Streit hat jedoch etwas an Brisanz verloren, seit 1986 § 266b in das StGB eingefügt wurde.[186] Bis dahin bestand eine Strafbarkeitslücke für denjenigen, der unter Ausnutzung der Garantiewirkung Waren auf Kreditkarte kauft, ohne daß das Konto gedeckt wäre. Der Mißbrauchstatbestand scheiterte an der fehlenden Vermögensbetreuungspflicht.

Für vorliegende Arbeit sei der Streit ebenfalls nur der Vollständigkeit halber erwähnt, da der Wirtschaftsprüfer im Rahmen der Prüfungstätigkeit nach außen ohnehin nicht rechtsgeschäftlich handelt,[187] so daß nur der Treubruchstatbestand in Betracht kommt.

Nach heute überwiegender Ansicht gilt die Vermögensbetreuungspflicht auch für den Mißbrauchstatbestand und zwar mit identischem Inhalt.[188] Nach anderer

---

180 *Meyer* in JuS 1973, 214 (216).

181 BGH, Urteil vom 8. 12. 1976 in NJW 1977, 443 (444); BGH, Urteil vom 11. 11. 1982 in NJW 1983, 461 (461).

182 *Bringewat* in GA 1973, 353 (362).

183 *Sax* in JZ 1977, 702 (702).

184 BGH, Urteil vom 19. 5. 1953 in NJW 1953, S. 1600 (1601); BGH, Urteil vom 15. 7. 1954 in NJW 1954, S. 1616; *Lenckner/Perron* in Schönke/Schröder § 266, Rn. 2.

185 Zum Inhalt der Vermögensbestreuungspflicht im Treubruchstatbestand vgl. 3. Teil, II 1.

186 Art. 1 Nr. 11 des Zweiten Gesetzes zur Bekämpfung der Wirtschaftskriminalität vom 15. 5. 1986, BGBl 1986 I, S. 721.

187 Vgl. oben unter 2. Teil, I 1.

188 *Kindhäuser* in Nomos-Kommentar § 266, Rn. 25; *Lackner/Kühl* § 266, Rn. 4; *Rengier*, StrafR BT I, § 18, Rn. 8; *Tröndle/Fischer* § 266, Rn. 5.

Ansicht ist mit der Verfügungs- beziehungsweise mit der Verpflichtungsbefugnis eine Vermögensbetreuungspflicht meistens bereits verbunden, so daß an ihre zusätzlich einschränkenden Merkmale keine hohen Anforderungen mehr zu stellen sind[189] oder ihr Inhalt mit den sonstigen Merkmalen des Mißbrauchstatbestandes übereinstimmt.[190] Wieder andere verlangen für den Mißbrauchstatbestand eine Vermögensbetreuungspflicht minderer Intensität.[191] *Wegenast*, der diesem Thema eine ganze Dissertation widmet, kommt ebenfalls zu dem Ergebnis, daß die Vermögensbetreuungspflicht für beide Alternativen mit identischem Inhalt zu gelten habe.[192]

Betrachtet man den Wortlaut, so muß festgestellt werden, daß das Wort „dadurch" beide voranstehenden Alternativen mit der dann folgenden Wendung „dem, dessen Vermögensinteressen er zu betreuen hat" verknüpft. Insofern müßten eher Gründe gefunden werden, weshalb die Pflicht nicht auch für den Mißbrauchstatbestand gelten soll. Das Argument, daß der Täterkreis schon hinreichend durch die Verfügungs- oder Verpflichtungsbefugnis eingeschränkt ist, überzeugt in dieser Hinsicht nicht, vielmehr ist vom Wesen der Untreue als einer Vermögensschädigung von innen heraus auszugehen.[193] Dies gilt für beide Tatbestände. Daran gemessen wäre der Mißbrauch ohne Vermögensbetreuungspflicht zwar die Schädigung aus einer Machtstellung heraus, aber nicht die einer inneren Vertrauensbeziehung. Daher kommt es in Fällen, in denen der Schaden aus einer Machtstellung heraus verübt wird für das Ergebnis darauf an, ob die Vermögensbetreuungspflicht auch für den Mißbrauchstatbestand zu fordern ist, oder nicht. Ein solcher Fall liegt etwa vor, wenn Großeltern ihrem Enkel eine unbeschränkte Bankvollmacht ausstellen, um ihn beim Studium zu unterstützen, wobei sie im Innenverhältnis vereinbaren, daß eine bestimmte Summe pro Monat nicht überschritten werden darf.[194] Verwendet der Enkel dann eine ihm ausgestellte ec-Karte am Geldautomaten der kartenausgebenden Bank, so fehlt es für § 266b StGB am Drei-Personen-Verhältnis.[195] Was den Mißbrauchstatbestand anbelangt, so ist die Vermögensbetreuungspflicht zu verneinen, da die Verwendung der Gelder eigennützig erfolgt.

Es widerspricht jedoch dem Charakter der Untreue als Schädigung einer inneren Vertrauensbeziehung, jeden irgendwie gearteten Mißbrauch einer Verfü-

189 *Mitsch*, StrR BT/Teil 2, Teilband 1, § 8, Rn. 19.
190 *Labsch* in Jura 1987, S. 343 (346).
191 *Lenckner/Perron* in Schönke/Schröder § 266, Rn. 2.
192 *Wegenast*, Mißbrauch und Treubruch, S. 136 f.
193 *Kindhäuser* in Nomos-Kommentar § 266, Rn. 31; *Mitsch*, StrR BT/Teil 2, Teilband 1, § 8, Rn. 9 mwN.; *Schünemann* in LK § 266, Rn. 1.
194 Beispiel nach *Kindhäuser* in Nomos-Kommentar § 266, Rn. 24.
195 BGH, Beschluß vom 21. 11. 2001 in BGH NJW 2002, 905 (906).

gungs- oder Verpflichtungsbefugnis unter ihren Tatbestand fallen zu lassen. Reine Vertragsverletzungen können keine Untreue sein. Der Mißbrauchstatbestand ist zwar zivilrechtsakzessorisch angelegt, dies darf aber nicht soweit gehen, daß immer dann, wenn ein zivilrechtlicher Schadensersatzanspruch zu bejahen ist, gleichzeitig auch eine Untreue vorliegt.

Die Vermögensbetreuungspflicht ist daher notwendigerweise auf beide Tatbestände zu beziehen, ob mit identischen Inhalt oder nicht, ist damit freilich noch nicht entschieden.

Für den identischen Inhalt spricht zunächst ganz allgemein die juristische Systematik, die sich gerade dadurch auszeichnet, daß mit demselben Wortlaut auch derselbe Inhalt verknüpft ist. Ferner hat sich die Kritik an der herrschenden Meinung, nach der die Vermögensbetreuungspflicht für beide Tatbestände identisch zu definieren sei, mittlerweile in eine für den Rechtsanwender nicht mehr überschaubare Meinungsvielfalt differenziert. Das verhindert ihre praktische Anwendung. Letztlich führt die Annahme der Vermögensbetreuungspflicht mit unterschiedlichem Inhalt für beide Tatbestände zu Schwierigkeiten bei der Anwendung des § 28 StGB. Die Vermögensbetreuungspflicht ist besonderes persönliches Merkmal, so daß § 28 Abs. 1 StGB Anwendung findet.[196] Wenn aber nun der Teilnehmer eine Vermögensbetreuungspflicht im Sinne des Treubruchstatbestandes und der Täter sie im Sinne des Mißbrauchstatbestandes aufweist, ist fraglich, ob dem Teilnehmer wegen des unterschiedlichen Inhalts das besondere persönliche Merkmal fehlt, oder ihm die Strafmilderung nicht zugutekommen soll. Um derartige Unstimmigkeiten zu vermeiden, ist eine Vermögensbetreuungspflicht gleichen Inhalts für beide Tatbestände zu fordern.[197]

In der Tathandlung hingegen unterscheiden sich beide Tatbestände. Im Mißbrauchstatbestand handelt der Täter, indem er seine Befugnisse mißbraucht, im Treubruchstatbestand verletzt er sie. Einheitlich für beide Tatbestände ist letztlich wieder der Vermögensnachteil als Deliktserfolg. Er schließt den objektiven Tatbestand ab. Nachteil bedeutet zunächst einmal jede Vermögenseinbuße. Diese wird durch einen Vergleich des Vermögensstandes vor und nach der Tathandlung ermittelt.[198] Wird also der Nachteil durch einen gleichzeitigen Vermögenszuwachs ausgeglichen, der seinen Ursprung in der Tathandlung hat, fehlt es an ei-

196 *Lackner/Kühl* § 266, Rn. 2 und Nachweise unter Fn. 132.

197 So auch BGH, Urteil vom 26. 7. 1972 in BGHSt 24, 386 (387).

198 *Kindhäuser* in Nomos-Kommentar § 266, Rn. 100; *Lackner/Kühl* § 266, Rn. 17; *Lenckner/Perron* in Schönke/Schröder § 266, Rn. 40.

nem Schaden.[199] Ein Schaden liegt hingegen bereits in einer konkreten, wirtschaftlich schon zu einer Minderbewertung führenden Vermögensgefährdung.[200]

5. *Subjektiver Tatbestand*

Gegenstand des subjektiven Tatbestandes ist grundsätzlich mindestens der Vorsatz.[201] Daneben können etwa besondere Absichten eine Rolle spielen. Die Untreue weist hier keine Besonderheiten auf, auch wenn häufig die Abwesenheit einer Bereicherungsabsicht extra erwähnt wird. Es ist also gerade nicht erforderlich, daß der Täter mit der Tat einen Vorteil für sich oder einen Dritten erstrebt.[202] Der Vorsatz umschreibt den Willen des Täters zur Tat, wobei er verschieden intensiv sein kann. Absicht (dolus directus 1. Grades) liegt vor, wenn es dem Täter gerade darauf ankommt, den Tatbestand zu verwirklichen. Direkter Vorsatz (dolus directus 2. Grades) ist demgegenüber zu bejahen, wenn der Täter den Erfolg als sicher voraussieht. Für die Untreue reicht es aber auch aus, daß der Täter den Erfolg billigend in Kauf nimmt (dolus eventualis).[203]

6. *Sonstiges*

Die Tat ist mit Eintritt des Vermögensnachteils vollendet; ein Versuch bleibt straflos.[204] Was die Prüfungspunkte Rechtswidrigkeit und Schuld anbelangt, so bestehen keine Besonderheiten. Unter Umständen können der rechtfertigende Notstand oder die mutmaßliche Einwilligung die Tat rechtfertigen.[205] Der rechtfertigende Notstand könnte etwa im Falle der vertragswidrigen Eigenverwertung überlassener Mittel in Betracht kommen, wenn die Tat der Fortführung des Betriebes und der Weiterbeschäftigung von Arbeitnehmern gilt. Jedoch genießen bei finanzieller Leistungsunfähigkeit die Vollstreckungs- und Insolvenzregeln Vorrang, so daß es zur Abwendung eines drohenden Vermögensverfalls an der

---

199 BGH, Urteil vom 27. 2. 1975 in NJW 1975, S. 1234 (1235); a. A. *Wolf*, Die Strafbarkeit der rechtswidrigen Verwendung öffentlicher Mittel, 1998, S. 98 ff.

200 BGH, Urteil vom 17. 2. 1999 in NJW 1999, S. 1489 (1491).

201 *Wessels/Beulke*, StrR AT, Rn. 202.

202 *Lenckner/Perron* in Schönke/Schröder § 266, Rn. 49; *Mitsch*, StrR BT/Teil 2, Teilband 1, § 8, Rn. 34; ein Bereicherungserfolg kann aber bei der Strafzumessung berücksichtigt werden, vgl. *Tröndle/Fischer* § 266, Rn. 82.

203 Zu den Elementen und Erscheinungsformen des Vorsatzes *Baumann/Weber/Mitsch*, StrR AT, § 20, Rn. 6 ff.; *Wessels/Beulke*, StrR AT, Rn. 202 ff., 210 ff.

204 *Rengier*, StrafR BT I, § 18, Rn. 28; *Wessels/Hillenkamp*, StrR BT 2, Rn. 781.

205 *Lenckner/Perron* in Schönke/Schröder § 266, Rn. 48.

Angemessenheit gemäß § 34 S. 2 StGB fehlen kann.[206] *Schünemann* lehnt daher eine Rechtfertigung durch § 34 StGB in allen Fällen ab.[207]

An eine mutmaßliche Einwilligung ist zu denken, wenn angenommen werden kann, daß der Vermögensinhaber infolge der Ersatzfähigkeit und -willigkeit des Treupflichtigen mit dessen tatbestandsmäßiger Handlung einverstanden ist.[208] Auf die mutmaßliche Einwilligung kommt es nur dann nicht an, wenn der Nachteil durch gleichzeitigen Vermögenszuwachs kompensiert wird. Der Vermögensschaden kann aber nicht durch Kompensation ausgeschlossen werden, wenn der Täter verhindert, daß der Vermögensinhaber von seiner Ausgleichsforderung alsbald Kenntnis erlangt.[209] Dann kann der Täter nur noch durch Einwilligung straflos bleiben.

§ 266 Abs. 2 StGB enthält eine Verweisung auf verschiedene andere Tatbestände des Besonderen Teils. Anwendbar sind danach die Regelbeispiele des Betruges. Die Verweisung ist seitens des Gesetzgebers wenig überlegt. So fehlt es beim Vortäuschen eines Versicherungsfalles im Sinne des § 263 Abs. 3 Nr. 5 StGB etwa schon am Tatbestand der Untreue, weil man wohl kaum eine Vermögensbetreuungspflicht des Versicherten für den Versicherer wird annehmen können. Es wäre geschickter gewesen, Regelbeispiele untreuespezifisch zu formulieren.[210] Ein besonders schwerer Fall kommt nicht in Betracht, wenn sich die Tat nur auf eine geringwertige Sache bezieht. § 266 Abs. 2 StGB normiert ferner das Antragserfordernis für die Haus- und Familienuntreue und die Untreue in Bezug auf geringwertige Sachen. Die Geringwertigkeit von Sachen ist untreuespezifisch dahingehend umzuformen, daß es sich um Vermögen in geringer Höhe handeln muß. Die Untreue ist ein Garantensonderdelikt, bei dem die Obhut über fremdes Vermögen Voraussetzung für die Täterschaft ist.[211] Dieser Deliktscharakter führt dazu, daß ein Unterlassen ohne einen Rückgriff auf § 13 StGB unter den Tatbestand subsumiert werden kann. Es handelt sich somit um ein echtes Unterlassungsdelikt.[212]

---

206 BGH, Urteil vom 27. 1. 1976 in NJW 1976, S. 680 (681).

207 *Schünemann* in LK § 266, Rn. 158.

208 *Maurach/Schroeder/Maiwald*, StrR BT, Teilband 1, § 45, Rn. 45.

209 BayObLG, Urteil vom 13. 3. 1973 in JZ 1973, S. 325.

210 *Maurach/Schroeder/Maiwald*, StrR BT, Teilband 1, § 45, Rn. 57.

211 BGH, Urteil vom 10. 11. 1959 in BGHSt 13, 330 (331).

212 H. M.: *Arzt/Weber*, StrR BT, § 22, Rn. 41; *Baumann/Weber/Mitsch*, StrR AT, § 15, Rn. 8; *Stree* in Schönke/Schröder Vorbem. § 13 ff., Rn. 137; offengelassen vom BGH, Urteil vom 21. 7. 1989 in BGHSt 36, 227 (228); a.A. *Lackner/Kühl* § 266, Rn. 2.

III. Die Untreue in Zahlen

Im Vergleich zu Diebstahl und Betrug spielt die Untreuestrafbarkeit in Kriminalstatistiken nur eine untergeordnete Rolle. Allerdings gilt ihre Dunkelziffer als ausgesprochen hoch, zum einen, weil viele Geschädigte aus Imagegründen keine Anzeige erstatten und zum anderen, weil sie von der Straftat nichts erfahren, denn die Obhut über das Vermögen, die der Täter ausübt, geht häufig einher mit fehlender Kontrolle über selbiges seitens des Geschädigten.

Im Jahr 2004 wurden 11.020 Fälle von Untreue erfaßt.[213] An allen Taten hat sie damit lediglich einen Anteil von 0,2 %.[214] Dennoch ist die Summe des angerichteten Schadens mit 999,9 Mio. Euro ausgesprochen hoch, wobei auffällt, daß in den meisten Fällen (42,5 %) der Schaden über 5000 Euro lag.[215] Fälle, die bekannt werden, werden größtenteils aufgeklärt. So lag die Aufklärungsquote 2003 sogar bei 100,3 %, weil auch Fälle aus den Vorjahren noch nachträglich geklärt werden konnten.[216] Im Jahr 2004 lag sie bei 99,1%.[217]

IV. Wirtschaftskriminalität und Untreue

Daß die einzelne Untreuetat so überaus häufig zu einem hohen Vermögensschaden führt, läßt bereits vermuten, daß sie in ihrer praktischen Bedeutung vor allem zum Instrumentarium zur Ahndung von Vermögensstraftaten in der Wirtschaft gehört. Tatsächlich hat sie im Wirtschaftsstrafrecht, trotz etlicher neuerer Tatbestände im Nebenstrafrecht, noch immer große Bedeutung.[218] Um Gründe für diese Bedeutung darlegen zu können, ist es zunächst sinnvoll sich einen kurzen Überblick über den Begriff des Wirtschaftsstrafrechts zu verschaffen.

1. Wirtschaftsstrafrecht

Eine allgemein anerkannte Definition des Wirtschaftsstrafrechts fehlt. Verschiedene Anhaltspunkte werden vertreten.

---

213 Polizeiliche Kriminalstatistik 2004, S. 199.
214 Polizeiliche Kriminalstatistik 2004, Tabelle 01.
215 Polizeiliche Kriminalstatistik 2004, S. 201.
216 Polizeiliche Kriminalstatistik 2003, S. 199.
217 Polizeiliche Kriminalstatistik 2004, S. 199.
218 *Mitsch*, StrR BT/Teil 2, Teilband 1, § 8, Rn. 2.

a) Die Definition Sutherlands

Der von Sutherland begründete Ansatz ist ein täterbezogener. Mit dem von ihm geprägten Begriff des „White-Collar-Crime“ (Titel seiner 1949 erschienenen Monographie) brachte er zum Ausdruck, daß das Wirtschaftsleben und damit notwendigerweise auch die Wirtschaftskriminalität überwiegend von Personen mit hohem sozialen Ansehen geprägt wird. Das Wirtschaftsstrafrecht mit Hilfe einer Eingrenzung des Tätertyps zu definieren stößt allerdings im Hinblick auf Art. 103 Abs. 2 GG auf verfassungsrechtliche Bedenken.

b) Prozessual-kriminologischer Ansatz

Eine strafprozessuale Herangehensweise für eine Definition des Begriffes Wirtschaftsstrafrecht ermöglicht scheinbar § 74c Abs. 1 GVG, der verschiedene Strafnormen nennt und der Zuständigkeit der Wirtschaftsstrafkammer zuweist. Jedoch ließ sich der Gesetzgeber bei der Aufzählung der Delikte insbesondere von praktischen Überlegungen leiten.[219] So verbindet die Vorschrift spezielle wie auch allgemeine Delikte, so daß es kaum möglich ist, Merkmale des Wirtschaftsstrafrechts zu kennzeichnen.

c) Rechtsdogmatischer Ansatz

Die heute herrschende Meinung in der deutschen wirtschaftskriminologischen Literatur definiert das Wirtschaftsstrafrecht unter drei Gesichtspunkten.[220] Zugrundegelegt wird eine wirtschaftliche Betätigung, bei der das im Wirtschaftsleben nötige Vertrauen mißbraucht und dadurch Belange der Allgemeinheit berührt werden. Auf diese drei Merkmale hin ist jede Straftat zu untersuchen, wenn zu klären ist, ob der Bereich der Wirtschaftskriminalität tangiert wird. Zahlreiche Normen aus dem Straf- und Nebenstrafrecht sind dabei so speziell, daß, wenn sie einschlägig sind, immer auch eine Wirtschaftsstraftat vorliegt. Es sind die meisten der in § 74c Abs. 1 GVG genannten Vorschriften. Andere Normen hingegen haben einen wirtschaftsstrafrechtlichen Anwendungsbereich nur dann, wenn „zur Beurteilung des Falles besondere Kenntnisse des Wirtschaftslebens erforderlich sind.“[221] Zu ihnen gehört auch die Untreue. Obwohl sie also nicht auf Wirt-

---

219 *Richter* in Müller-Gugenberger/Bieneck, Wirtschaftsstrafrecht, § 3, Rn. 26.

220 *Dannecker* in Wabnitz/Janovsky, Handbuch des Wirtschafts- und Steuerstrafrechts, S. 17.

221 § 74c Abs. 1 Nr. 6 b aE GVG.

schaftsstraftaten zugeschnitten ist, hat sie dort ihren größten Anwendungsbereich. Mit dem Betrug gilt sie als Grundtyp der Wirtschaftsverbrechen.

2. Gründe für die Bedeutung des Untreuetatbestandes im Wirtschaftsstrafrecht

Mit dem 1. Strafrechtsreformgesetz vom 25. Juni 1969[222] sowie mit dem EGStGB vom 2. März 1974[223] wurden zahlreiche untreuerechtliche Sondertatbestände aufgehoben. So beispielsweise die Geschäftsführeruntreue gemäß § 81a GmbHG[224] oder die Kommissionsuntreue nach § 95 BörsG[225]. Geblieben ist allein die Depotunterschlagung gemäß § 34 DepotG, die entgegen ihrer amtlichen Überschrift einen Untreuetatbestand regelt. Aufgrund ihrer Subsidiaritätsklausel wird sie jedoch selten praktisch. Die aufgehobenen Sondertatbestände – deren Fälle fortan dem allgemeinen Untreuetatbestand zugewiesen wurden – entstammten vorwiegend dem Handels- oder Gesellschaftsrecht, so daß § 266 StGB gerade im Bereich der Wirtschaft an Bedeutung gewinnen konnte.

Dies ist aber nicht die eigentliche Ursache dafür, weshalb die Untreue gerade bei Straftaten besonderer Prägung, wie den Wirtschaftsstraftaten, ihren größten Anwendungsbereich hat.

Nach einer Minderansicht im Schrifttum ist außer dem Vermögen als Rechtsgut auch das Vertrauen in die Redlichkeit des Rechts- und Wirtschaftsverkehrs geschützt.[226] Obwohl die Untreue als Vermögensdelikt in erster Linie dem Vermögensschutz dient, ist der Einwand des Vertrauensschutzes nicht völlig unberechtigt. So argumentiert *Dunkel*[227] überzeugend, daß nicht jeder Vermögensverlust untreuerechtlich relevant ist, sondern nur dann, wenn er unter Ausnutzung einer vom Geschäftsherrn eingeräumten Vertrauensposition beigebracht wird. Daher ist ohne Vermögensbetreuungspflicht, also ohne Vertrauenstatbestand, auch keine Untreue möglich. Dem läßt sich aber entgegenhalten, daß der Vertrauensbruch allein Mittel zum Zweck, neben der Vermögensverletzung aber nicht dominierend ist. Die Treuwidrigkeit ist also nur die Angriffsmodalität, aber nicht die Rechtsgutsverletzung.[228] Wäre das Vertrauen ebenfalls Rechtsgut, so müßte es auch ohne hinzutretenden Vermögensschaden strafrechtlich relevant sein. Das ist aber gerade nicht der Fall. Es macht sich nämlich derjenige nicht

---

222 BGBl 1969 I, S. 645.
223 BGBl 1974 I, S. 469.
224 BGBl 1969 I, S. 670.
225 BGBl 1974 I, S. 569.
226 *Luthmann* in NJW 1960, 419 (420).
227 *Dunkel* in GA 1977, 329 (334 f.).
228 *Lenckner/Perron* in Schönke/Schröder § 266, Rn. 1.

strafbar, der eigene ausreichende Mittel flüssig oder ständig auszahlungsbereit hält.[229] Der Vermögensschaden wird nachträglich ausgeglichen, der gleichwohl eingetretene Vertrauensbruch bleibt außer Betracht.[230]

Mit dem staatlichen Strafanspruch wird zwar nicht nur der Vermögensschaden, also der Verlust eines rechnerischen Wertes, sondern auch der Vertrauensbruch geahndet, da aber der Vertrauensbruch alleine den Tatbestand nicht erfüllen kann, ist er nicht Rechtsgut. Dem steht der Wortlaut und die Systematik der Norm entgegen. Hier bietet sich eine differenzierende Ausdrucksweise zwischen Schutzgut und Rechtsgut an. Das Vertrauen ist Schutzgut, weil es immer mit verletzt ist, aber nicht Rechtsgut, weil seine Verletzung nicht tatbestandsauslösend ist. Das Vermögen ist Rechtsgut, weil seine Verletzung Tatbestandsmerkmal ist. Anschaulich ist dazu auch der Wohnungseinbruchsdiebstahl gemäß § 244 Abs. 1 Nr. 3 StGB. Als Eigentumsdelikt ist Rechtsgut das Eigentum und umstrittenerweise daneben alternativ auch der Gewahrsam.[231] Schutzgut ist aber nach obiger Terminologie auch die persönliche Sphäre des Opfers. Weil sie nämlich bei derartigen Taten zusätzlich zum Eigentum besonders betroffen wird[232], wurde der Wohnungseinbruchsdiebstahl durch das 6. StrRG vom 26. 01. 1998 vom Regelbeispiel zur Qualifikation aufgestuft.[233] Damit wird deutlich, daß nicht nur die Eigentumsverletzung, sondern auch der Eingriff in die persönliche Sphäre des Opfers pönalisiert werden sollte.

Dennoch ist die Vertrauensbeziehung zwischen Täter und Opfer, auch wenn sie nicht Rechtsgut ist, der maßgebliche Grund dafür, daß sich die Wirtschaftsstraftaten im Untreuetatbestand kanalisieren. Die Kombination von Vermögensmitteln und Vertrauen ist ganz entscheidender Bestandteil auch im Wirtschaftsleben. Vertrauensmißbrauch ist nicht zuletzt deswegen eines der Merkmale, die der rechtsdogmatische Ansatz in die Definition der Untreue aufgenommen hat.[234] So trägt jeder Käufer von Unternehmensanteilen dazu bei, daß mit seinem Vermögen gewirtschaftet wird und vertraut auf richtige Entscheidungen seitens der Ge-

---

229 BGH, Urteil vom 16. 12. 1960 in BGHSt 15, 342 (344).

230 Keine Kompensation stellen jedoch Ersatzansprüche dar, die der Vermögensinhaber gegen den Täter wegen der pflichtwidrigen Handlung erlangt (*Lenckner/Perron* in Schönke/Schröder § 266, Rn. 42). Dann kommt allenfalls eine mutmaßliche Einwilligung in Betracht. Vgl. hierzu auch 3. Teil, II 6.

231 So die h. M.: BGH, Urteil vom 26. 7. 1957 in BGHSt 10, 400 (401); OLG Hamburg, Urteil vom 11. 12. 1946 in MDR 1947, 35; OLG Hamm, Urteil vom 26. 3. 1964 in NJW 1964, 1427 (1428). Dagegen ist nach Auffassung von *Eser* in Schönke/Schröder § 242, Rn. 2 der Gewahrsam allenfalls kumulativ neben dem Eigentum geschützt.

232 BT-Drucks. 13/8587 S. 43.

233 BGBl 1998 I, S. 164.

234 Vgl. oben im 3. Teil, IV 1 c).

sellschaft. Vertrauen in die Fähigkeiten des Einzelnen und seine finanzielle Ausstattung ist ein ganz wesentlicher Baustein für die Teilnahme am Wirtschaftsverkehr. Es besteht also eine Vielzahl gerade solcher Beziehungen im Wirtschaftsleben, die die gleichen Merkmale beinhalten, wie die Täter-Opfer-Beziehung im Untreuetatbestand. Sicher bedeutet enttäuschtes Vertrauen in der Wirtschaft, das zu Vermögenseinbußen führt, nicht immer auch die Verwirklichung des § 266 StGB. Sie liegt dann aber näher als jeder andere Tatbestand, so daß die Wirtschaftskriminalität meistens auch eine Untreuekriminalität ist.

4. Teil: Die einzelnen Aufgaben der Wirtschaftsprüfer und ihr Untreuepotential

Erfahrungen aus der strafrechtlichen Praxis zeigen, daß Wirtschaftsstraftaten überwiegend aus dem Unternehmen selbst kommen. Der Wirtschaftsprüfer, als Spezialist, ist selten treibende Kraft. So soll Kennzeichen der „gefährlichsten Wirtschaftsstraftäter" sein, daß sie den Spezialisten nutzen, um die in diesen Fällen oftmals verfehlte Unternehmenspolitik in den Bilanzen zu vertuschen. Die dargestellten besonderen Berufspflichten wirken einem derartigen Tätigwerden des Prüfers nur bedingt entgegen. So kommt den Beraterberufen im Wirtschaftsstrafrecht eine eigene Bedeutung zu. Verläßliche Zahlen bezüglich solcher Straftaten liegen nicht vor. Ermittlungsschwierigkeiten führen in der Praxis zu hohen Dunkelziffern.[235] Die Verknüpfung von Beruf und Straftat führt unweigerlich dazu, daß derjenige, der beruflich in die Buchführung von Wirtschaftsunternehmen eingeweiht ist, dem Komplex der Wirtschaftsstraftaten und damit der Untreue, als auf diesem Feld maßgeblichen Delikt, besonders nahesteht.

Drei Aufgabenbereiche prägen das Berufsbild des Wirtschaftsprüfers. Die Prüfungstätigkeit, die Sachverständigentätigkeit und die Treuhandtätigkeit. Die Sachverständigentätigkeit läßt sich in die Gutachter- und die Beratertätigkeit unterteilen. Die Beratertätigkeit bildet dann wiederum mit der Rechts-, der Unternehmens- und der Steuerberatung nochmals drei Untergruppen.

Der Wirtschaftsprüfer kann im Rahmen seiner Berufsausübung damit auf sechs Aufgabenfeldern tätig werden. Diese sind die Treuhandtätigkeit, die Steuerberatung, die Rechtsberatung, die Wirtschafts- oder Unternehmensberatung, die Prüfungstätigkeit und die Gutachtertätigkeit. Für den Wirtschaftsprüfer sind diese Tätigkeiten von ihrer Bedeutung und ihrem Umfang her grundsätzlich gleichwertig. Im Hinblick auf die Untreuestrafbarkeit aber ist ihre Gewichtung höchst unterschiedlich. Nicht jeder der Aufgabenschwerpunkte wirft in dieser Hinsicht Probleme auf.

Für zahlreiche Berufsgruppen oder Tätigkeiten läßt sich im Grundsatz beurteilen, ob eine Vermögensbetreuungspflicht besteht oder nicht. Daran orientiert sich auch die gängige Kommentarliteratur in ihrem Aufbau.[236] Das Ergebnis kann

---

235 *Häcker* in Müller-Gugenberger/Bieneck, Wirtschaftsstrafrecht, § 90, Rn. 2.

236 *Lackner/Kühl* § 266, Rn. 12 f.; *Lenckner/Perron* in Schönke/Schröder § 266, Rn. 25 f.; *Samson/Günther* in SK § 266, Rn. 26; *Schünemann* in LK § 266, Rn. 103 ff.

im Einzelfall zwar trotzdem anders aussehen, dann aber nur, wenn etwa durch private Vertragsausgestaltung Umstände hervorgerufen werden, die ein Tatbestandsmerkmal der Untreue ausschließen. So ist beispielsweise der Gerichtsvollzieher bezogen auf den Vollstreckungsauftrag gegenüber dem Gläubiger treupflichtig, nicht jedoch bezogen auf die Berechnung seiner Gebühren.[237] Ist aber die Wahrung fremder Vermögensinteressen gerade Gegenstand der Tätigkeit oder ist sie in ihrer Struktur vermögensfürsorgerisch ausgestaltet, so weist die Einzelfallprüfung einer Untreuestrafbarkeit keine außergewöhnlichen Probleme auf. Am eindrücklichsten gilt das für die Treuhandtätigkeit.

1. Die Treuhandtätigkeit

Eine Treuhandschaft ist ein Rechtsinstitut, wonach der Treugeber dem Treuhänder über das Treuhandgut Rechtsbefugnisse einräumt. Nach innen, im Verhältnis zum Treugeber, handelt der Treuhänder nur im Interesse und nur im Rahmen der gegebenen Ermächtigung oder Vollmacht.[238] Unsicherheiten in der Anwendung des Untreuetatbestandes können hier zwar in der jeweiligen Ausgestaltung des Einzelfalles liegen aber nur dann, wenn zusätzliche Faktoren auftreten, wie etwa die Einengung der Handlungsfreiheit des Verpflichteten, so daß man an der Selbständigkeit des Betreuungspflichtigen Zweifel haben könnte. Dies ist jedoch eher selten; die Treuhandschaft ist vielmehr ein klassisches Anwendungsgebiet des Untreuetatbestandes. Für den Wirtschaftsprüfer fallen darunter Tätigkeiten wie die Verwaltung fremden Vermögens, die Betreuung von Kreditsicherheiten oder die Wahrnehmung von Gesellschaftsrechten.[239]

2. Die Steuerberatung

Ähnlich verhält es sich mit der Tätigkeit als Steuerberater. Wirtschaftsprüfer haben gemäß § 2 Abs. 2 WPO iVm § 3 Nr. 1 StBerG die Befugnis zur geschäftsmäßigen Hilfeleistung in Steuersachen. Ihre Aufgaben überschneiden sich für diesen Fall mit denjenigen eines Steuerberaters. Erfaßt wird inhaltlich im wesentlichen die Ausarbeitung sämtlicher Steueranmeldungen und Steuererklärungen des Auftraggebers.[240] Insbesondere bei der selbständigen Ausfertigung der Steu-

237 OLG Köln, Urteil vom 18. 8. 1987 in NJW 1988, S. 504.
238 *Buchner,* Wirtschaftliches Prüfungswesen, S. 316.
239 Für weitere Beispiele vgl. *Lück,* Wirtschaftsprüfung und Treuhandwesen, S. 251.
240 *Kuhls* in Steuerberatungsgesetz, Praktikerkommentar § 33, Rn. 20.

ererklärung hat der steuerberatende Wirtschaftsprüfer einen maßgeblichen Einfluß auf das Vermögen seines Auftraggebers und ist zur Wahrung des fremden Interesses angehalten. Anschaulich zeigt dies der Fall eines Steuerberaters, der seine Provision mit dem Vermögen des Klienten addierte und diesen so zu Steuernachzahlungen veranlaßte.[241] Auch hier können – wie bei der Treuhandtätigkeit – nur zusätzliche Ausgestaltungen, die außerhalb der eigentlichen Tätigkeit liegen, dazu führen, daß eine untreuerelevante Obhutsherrschaft verneint werden muß. So etwa, wenn der Mandant die Steuererklärung selbst verfaßt und sich vom Wirtschaftsprüfer nur beraten läßt. Dann nämlich werden die Machtverhältnisse nicht zulasten des Vermögensinhabers verschoben, weil der Wirtschaftsprüfer keinen – auch keinen mittelbaren – Einfluß auf das fremde Vermögen hat. Dies ist aber jeweils eine Frage des Einzelfalles.

3. Die Rechtsberatung

Genauso verhält es sich mit der Rechtsberatung. Auch wenn sie nicht Hauptaufgabe ist, führt sie typischerweise zu einer Vermögensbetreuungspflicht. So resultiert aus dem Geschäftsbesorgungsvertrag mit einem Rechtsanwalt eine Treuepflicht im Sinne des § 266 StGB.[242] Es ist also wiederum eine Frage des aktuellen Falles, ob Umstände vorliegen, die gegen eine Vermögensbetreuungspflicht sprechen, so etwa, wenn es nur darum geht, ohne Entscheidungsspielraum Geld auszuzahlen[243] oder der Berater materiell Externer bleibt.[244] Untreue ist hingegen zu bejahen, wenn Fremdgelder nicht an Mandanten weitergeleitet werden, sondern der Rechtsberater sie für sich verwendet. Keine Strafbarkeit nach § 266 StGB liegt dagegen vor, wenn Abrechnungen verzögert werden und daher ein beim Berater verbleibender Saldo an den Mandanten zunächst nicht abgeführt wird.[245] Anders wiederum, wenn jahrelang nicht abgerechnet wird, so daß zu befürchten ist, daß der Berater den Saldo für sich verwendet hat.

Eine Untreuestrafbarkeit ist für diese Aufgabenfelder im Grundsatz möglich, im Ausnahmefall aber abzulehnen. Ihre Beurteilung ist also einzelfallabhängig und abstrakt nicht zu leisten.

---

241 *Schünemann* in LK § 266, Rn. 129 (BGH 1 StR 34/70 vom 1. 12. 1970, S. 37).
242 *Franzheim* in StV 1986, S. 409.
243 *Kindhäuser* in Nomos-Kommentar § 266, Rn. 58.
244 Wenn er zum Beispiel nur Tips zum Ausfüllen eines GEZ-Formulares gibt.
245 OLG Stuttgart, Urteil vom 19. 8. 1970 in NJW 1971, S. 64.

4. Die Wirtschafts- und Unternehmensberatung

Etwas anders verhält es sich mit der Wirtschafts- oder Unternehmensberatung. Die rein beratende Tätigkeit betrifft ein weites Feld, so daß sie nicht im Grundsatz vermögensbetreuungspflichtig ausgestaltet ist. Mehr als bei allen anderen Tätigkeiten ist die Beurteilung der Untreuestrafbarkeit daher nur fallbezogen möglich. Im Unterschied zu den bisher aufgezeigten Tätigkeiten läßt sich aber von vornherein keine Tendenz aufzeigen.

5. Die Prüfungs- und Gutachtertätigkeit

Grundlegend anders hingegen verhält es sich mit der Prüfungs- und Gutachtertätigkeit, weshalb sie im Hinblick auf die Untreuestrafbarkeit des Wirtschaftsprüfers einen Sonderfall darstellt, der näherer Untersuchung bedarf. In beiden Fällen kann es nicht vom Einzelfall abhängen, ob eine Vermögensbetreuungspflicht besteht, oder nicht. Denn was zu prüfen oder zu begutachten ist, ist ein statisches Zahlenwerk oder ein in der Vergangenheit liegender Sachverhalt. Eine Vermögensbetreuungspflicht kann aber gleichwohl nicht von vornherein wegen mangelnder Selbständigkeit des Prüfers oder Gutachters ausgeschlossen werden. Denn im Rahmen von Prüfungen können Prognoseentscheidungen erforderlich sein und im Rahmen von Gutachten wird es häufig um Bewertung gehen. Ob rechtswidrige Handlungen bei Prüfungen oder Gutachten somit die Täterschaft einer Untreue begründen können, läßt sich an dieser Stelle nicht abschließend aufzeigen und ist Gegenstand der weiteren Untersuchung.

5. Teil: Untreuestrafbarkeit bei der Prüfungstätigkeit

I. Allgemeines

1. Täterqualifikation

Unter Täterqualifikation versteht man eine bestimmte Eigenschaft, die der Täter bei Begehung eines Sonderdeliktes aufweisen muß. Obwohl es sich bei Tatbeständen, die mit dem Wort „wer" beginnen, üblicherweise um Delikte handelt, die von jedermann begangen werden können, ist die Untreue ein Sonderdelikt.[246] Sonderdelikte fordern, daß der Täter eine bestimmte, im gesetzlichen Tatbestand umschriebene Eigenschaft aufweist. Die Tatbegehung durch jedermann ist ausgeschlossen.[247] Die Untreue ist ein Sonderdelikt, weil der Täter dem Vermögen des Opfers in besonderer Weise verpflichtet sein muß. Deutlich wird dies anhand eines Vergleiches mit dem Betrug. Der Betrug ist ein allgemeines Delikt. Der Betrugstäter schädigt das Vermögen von außen, indem er das Opfer durch Täuschung zu einer Selbstschädigung veranlaßt.[248] Die Position von außen kann jedermann einnehmen. Der Untreuetäter hingegen schädigt das Vermögen von innen heraus. Voraussetzung ist also, daß er zunächst diese besondere Pflichtenstellung in Bezug auf das Vermögen des Opfers einnimmt. Damit scheidet jedermann als Täter aus. Diese Pflichtenstellung ist nach überwiegender Auffassung besonderes persönliches Merkmal im Sinne des § 28 Abs. 1 StGB.[249]. Nach anderer Ansicht ergibt sich die Beschränkung des Täterkreises allein aus der besonderen Anfälligkeit des Vermögens gegenüber Personen mit bestimmten Einfluß-

246 BGH, Urteil vom 10. 11. 1959 in BGHSt 13, 330 (331); *Joecks* in Studienkommentar StGB § 266, Rn. 33; *Lackner/Kühl* § 266, Rn. 2; *Roxin*, StrafR AT, Band I, § 10, Rn. 129.

247 *Baumann/Weber/Mitsch*, StrR AT, § 8, Rn. 31; *Rengier*, StrafR BT I, § 18, Rn. 24; *Wessels/Beulke*, StrR AT, Rn. 39.

248 *Mitsch*, StrR BT/Teil 2, Teilband 1, § 8, Rn. 9; *Rengier*, StrafR BT I, § 13, Rn. 22; *Wessels/Hillenkamp*, StrR BT 2, Rn. 514.

249 BGH, Beschluß vom 8. 1. 1975 in BGHSt 26, 53 (54); BGH, Beschluß vom 12. 7. 1994 in StV 1995, S. 73; BGH, Beschluß vom 12. 9. 1996 in wistra 1997, S. 100; *Arzt/Weber*, StrR BT, § 22, Rn. 83; *Baumann/Weber/Mitsch*, StrR AT, § 32, Rn. 18; *Lackner/Kühl* § 266, Rn. 2; *Otto*, Grundkurs Strafrecht BT, § 54, Rn. 3; *Schünemann* in LK § 266, Rn. 162; a. A. *Grünwald* in Gedächtnisschrift für Kaufmann 1989, S. 555 (563); *Lenckner/Perron* in Schönke/Schröder § 266, Rn. 52.

möglichkeiten.[250] Somit rankt sich ein Streit um die Frage, ob die besondere Position des Täters durch dessen Einnahme einer Pflichtenstellung veranlaßt ist, oder ob sie durch besondere Anfälligkeit des Vermögens hervorgerufen wurde. Denn sollte das Vermögen besonders anfällig sein, käme wieder jedermann als Täter in Betracht, so daß dann konsequenterweise nicht nur die Anwendbarkeit des § 28 Abs. 1 StGB, sondern auch der Sonderdeliktscharakter verneint werden müßte. Diese Ansicht verkennt jedoch, daß das Vermögen nur deswegen dem Täter besonders offen ausgesetzt ist, weil dieser vorher eine spezielle Pflichtenposition besetzt hat, die ihn von allen anderen Personen unterscheidet. Die Anfälligkeit des Vermögens ist also nur eine Folge der vom Täter eingenommenen Pflichtenstellung, die für sich schon besonderes persönliches Merkmal ist.

Neben dem Sonderdeliktscharakter zeichnet sich die Untreue, wie oben bereits eingehend erläutert,[251] dadurch aus, daß sie mit dem Mißbrauchs- und dem Treubruchstatbestand zwei Tatbestände in einer Norm vereinigt.

Für Wirtschaftsprüferfälle ist somit zunächst festzustellen, ob eher der Mißbrauchs- oder eher der Treubruchstatbestand einschlägig sein kann.

2. *Prüfungstätigkeit und Mißbrauchs- oder Treubruchstatbestand*

Für die Prüfungstätigkeit läßt sich zunächst feststellen, daß sie keinesfalls den Mißbrauchstatbestand erfüllen wird, denn die Schädigungshandlung muß hier in jedem Fall rechtsgeschäftlicher Art sein. Der Täter muß die Befugnis haben, über fremdes Vermögen zu verfügen oder einen anderen zu verpflichten.[252] Dann müßte eine solche Befugnis Inhalt des Prüfungsauftrages sein, was nicht der Fall ist. Dem Wirtschaftsprüfer wird mit dem Prüfungsauftrag nicht die Fähigkeit zu rechtsgeschäftlichem Handeln in Bezug auf das Vermögen der juristischen Person verliehen.

Der Wirtschaftsprüfer kann also allenfalls den Treubruchstatbestand erfüllen. Voraussetzung ist, daß er eine Vermögensbetreuungspflicht im Hinblick auf das Vermögen der zu prüfenden Gesellschaft hat.

250 *Lenckner/Perron* in Schönke/Schröder § 266, Rn. 52.
251 Vgl. oben 3. Teil, II 4.
252 *Lenckner/Perron* in Schönke/Schröder § 266, Rn. 4; *Rengier*, StrafR BT I, § 18, Rn. 3; *Wessels/Hillenkamp*, StrR BT 2, Rn. 751.

II. Die Vermögensbetreuungspflicht des Wirtschaftsprüfers gegenüber der zu prüfenden Gesellschaft

1. Einführung

Zu der Frage, ob der Wirtschaftsprüfer gegenüber der zu prüfenden Gesellschaft eine Vermögensbetreuungspflicht hat, haben sich aus Anlaß dieser Arbeit auch Berufsangehörige geäußert. Die Antworten sind höchst unterschiedlich ausgefallen. Zum einen wurde erklärt, die Sorge und Verantwortung für das Vermögen der Gesellschaft trage ausschließlich die Geschäftsführung, der Aufsichtsrat oder die Gesellschafterversammlung. Im Widerspruch dazu wurde erwähnt, es gehöre auch zu den Pflichten des Wirtschaftsprüfers, Schaden von der Gesellschaft abzuwenden. Eine Fürsorgepflicht wird von einem der Befragten auch ausdrücklich bejaht. Ein anderer wiederum gibt an, zumindest keine direkte Fürsorgepflicht zu haben.

Eine eindeutige Entscheidung über die Vermögensbetreuungspflicht des Wirtschaftsprüfers konnte also selbst von Berufsangehörigen nicht so leicht getroffen werden. Der Wirtschaftsprüfer könnte allerdings Merkmale verwirklichen, mit denen eine Vermögensbetreuungspflicht ohne großen Begründungsaufwand von vorne herein auszuschließen wäre.

Eine Untreuestrafbarkeit könnte für ihn zum Beispiel deshalb ausscheiden, weil er – zumindest nach herrschender Meinung – Externer ist und gar nicht Organ des Unternehmens.[253] Nach anderer Ansicht soll er Unternehmensorgan sein.[254] Der BGH nahm die Organstellung an, um eine Warnpflicht des Wirtschaftsprüfers zu untermauern.[255] Die Organstellung des Prüfers und der Vertrag mit dem Unternehmen ergäben ein besonderes Vertrauensverhältnis und eine Treuepflicht, die es dem Prüfer gebieten würde, seine Stimme warnend zu erheben. Eine Warnpflicht des Wirtschaftsprüfers läßt sich heute aber auch aus dem Gesetz begründen. Nach § 321 Abs. 1 S. 3 HGB hat er nämlich auch über Tatsachen zu berichten, die den Bestand des Unternehmens gefährden oder seine Entwicklung beeinträchtigen können. Die Feststellungen gehen in den Prüfungsbericht ein, der gemäß § 321 Abs. 5 S. 1 HGB den gesetzlichen Vertretern vorzulegen ist. Hat der Aufsichtsrat den Auftrag erteilt, so ist der Bericht gemäß § 321 Abs. 5 S. 2 HGB ihm vorzulegen; dem Vorstand ist vor Zuleitung Gelegenheit zur Stellungsnahme zu geben. Zum Streit über die Organstellung wurden im Rahmen dieser Arbeit auch Wirtschaftsprüfer befragt. Überwiegend hielten sie

253 *Ebke* in MüKo zum HGB § 316, Rn. 26.
254 BGH, Urteil vom 15. 12. 1954 in BGHZ 16, 17 (25).
255 BGH, Urteil vom 15. 12. 1954 in BGHZ 16, 17 (25).

sich nicht für ein Organ der Gesellschaft, nur einer war gegenteiliger Auffassung. Im übrigen zeigen gerade neuere gesetzgeberische Maßnahmen wie etwa das KonTraG, daß die Unabhängigkeit des Wirtschaftsprüfers gegenüber dem Unternehmen gesteigert werden soll. Die Annahme einer Organstellung ist damit schwer vertretbar.[256] Die fehlende Organstellung des Prüfers macht ihn jedoch nur zum formell Externen. Seine Vermögensbetreuungspflicht wäre aber nur auszuschließen, wenn er auch materiell Externer wäre.[257] Dies wird an späterer Stelle noch genauer zu prüfen sein.[258]

2. Öffentliche Bestellung und Vermögensbetreuungspflicht

Eine Vermögensbetreuungspflicht könnte ferner daran scheitern, daß der Wirtschaftsprüfer öffentlich bestellt wird. Diese öffentliche Bestellung könnte dazu führen, daß man ihn dem Lager des Unternehmens von vorne herein gar nicht zuordnen kann.

Die öffentliche Bestellung gemäß § 1 Abs. 1 S. 1 WPO könnte der Annahme einer Vermögensbetreuungspflicht dann entgegenstehen, wenn es durch sie ausgeschlossen wäre, daß der Wirtschaftsprüfer fremde Vermögensinteressen wahrnimmt.

Die Bestellung erfolgt auf Antrag durch Aushändigung einer von der Wirtschaftsprüferkammer ausgestellten Urkunde, nachdem der Bewerber die Prüfung bestanden hat.[259] Öffentliche Bestellungen gibt es auch in anderen Berufen, etwa bei Sachverständigen oder Dolmetschern. Entscheidend ist ihr Zweck: Wie die Wirtschaftsprüferkammer auf ihrer Homepage mitteilt, hat „die Öffentlichkeit ein Interesse daran, daß – vor allem große – Unternehmen ordnungsgemäß und professionell geführt werden und niemand über den Zustand des Unternehmens getäuscht wird.“[260]

Ob die Tätigkeit wirklich im öffentlichen Interesse steht, ist nicht unbestritten. Nach anderer Auffassung lassen sich für die Öffentlichkeit keinerlei Rechte aus der Abschlußprüfung begründen und auch etwaige Pflichten des Abschluß-

256 Stellung *wie* ein Gesellschaftsorgan nach BGH, Urteil vom 24. 3. 1980 in BGHZ 76, 338 (342).
257 Vgl. oben 3. Teil, II 1. b), aa) und bb).
258 Vgl. unten 5. Teil, II 6.
259 § 15 S. 1 WPO.
260 www.wpk.de/pdf/wpk-broschuere--taetigkeit_der_wp_vbp.pdf. Zuletzt abgerufen am 26. 07. 06.

prüfers – wie etwa die Verschwiegenheit – sind allesamt gesetzlich geregelt, so daß es eines Rückgriffs auf die öffentliche Funktion gar nicht bedarf.[261]

Das eine schließt aber das andere nicht aus, denn das öffentliche Interesse kann auch in gesetzliche Regelungen eingeflossen sein. Vielmehr dient die Rechnungslegung nicht nur gesellschaftsinternen Zwecken.[262] Die Arbeit des Abschlußprüfers ist wesentliche Informationsquelle für die Öffentlichkeit[263], insbesondere ist der Bestätigungsvermerk gerade an sie gerichtet. Auch aus der Historie des Wirtschaftsprüferberufes ist seine Tätigkeit im öffentlichen Interesse begründbar. Denn zunächst oblag die Überwachungsverantwortung allein dem Aufsichtsrat, bis die Weltwirtschaftskrise zu einem Umdenken und zur Bestellung unabhängiger Prüfer führte. Dies mit Sicherheit auch im Interesse der Öffentlichkeit, deren verlorengegangenes Vertrauen wiedergewonnen werden mußte.[264]

Ein weiteres Argument für ein Interesse der Öffentlichkeit ergibt sich aus dem Verfassungsrecht. Die Prüfungstätigkeit stellt einen Eingriff in Unternehmensrechte nach Art. 2 GG dar, der gerechtfertigt sein muß. Das Interesse der Allgemeinheit ist Rechtfertigung in diesem Sinne.[265]

Sollte die öffentliche Bestellung den Hintergrund haben, daß der Wirtschaftsprüfer gleichsam als neutrale Instanz die Buchführung überwacht, wird man die Frage beantworten müssen, wie Neutralität und Wahrnehmung fremden Interesses in Einklang gebracht werden können.

Für eine beabsichtigte Neutralität könnte folgende Überlegung sprechen: Um zum Wirtschaftsprüfer bestellt zu werden, hat der Bewerber seine persönliche und fachliche Qualifikation nachzuweisen. So muß die Bestellung etwa versagt werden, wenn der Bewerber aus gesundheitlichen Gründen nicht nur vorübergehend unfähig ist, den Beruf ordnungsgemäß auszuüben[266] oder er infolge strafrechtlicher Verurteilung die Fähigkeit zur Bekleidung öffentlicher Ämter nicht besitzt.[267] Desweiteren kann die Bestellung versagt werden, wenn zweifelhaft ist, ob er die Berufspflichten auch einhalten kann.[268] Genauso möglich ist es, seine Bestellung zu widerrufen, wenn er etwa nicht eigenverantwortlich gehandelt hat.[269] Zu den Geboten seines Berufes gehört auch die Unparteilichkeit, die ihn zur Neutralität verpflichtet. Auf den ersten Blick sieht es also so aus, als würde

261 *Ebke* in MüKo zum HGB § 316, Rn. 31.
262 *Hopt* in ZHR 1977, 389 (402).
263 *Hellwig* in ZIP 1999, 2117 (2123).
264 Vgl. oben 2. Teil, I 3.
265 *Budde/Steuber* in Beck`scher Bilanz-Komm. § 318, Rn. 14.
266 § 16 Abs. 1, Nr. 1 iVm. § 10 Abs. 1, Nr. 3 WPO.
267 § 16 Abs. 1, Nr. 1 iVm. § 10 Abs. 1, Nr. 1 WPO.
268 § 16 Abs. 2 WPO.
269 § 20 Abs. 2, Nr. 1 WPO.

mit dem Bestellungsakt ein neues Mitglied in einen Beruf aufgenommen, der völlig frei von sämtlichen Interessen ist. Fremde Interessen darf es sich nicht zu eigen machen und eigene fehlen auch. Unter den Berufsangehörigen war das Ergebnis zu dieser Frage nicht eindeutig. Es wurde sowohl vertreten, daß Interessen der Gesellschaft im Rahmen der Prüfung berücksichtigt werden, als auch, daß dies nicht so sei. Allerdings wird die Prüfungstätigkeit von der Wirtschaftsprüferkammer damit begründet, die Öffentlichkeit habe ein Interesse an ordnungsgemäßer Unternehmensführung. Und nicht nur sie. Auch dem Unternehmen selbst – also der juristischen Person, unabhängig von Organen und Gesellschaftern – kann nur daran gelegen sein, daß sein Vermögen ordnungsgemäß verwaltet wird. Und daß auf Mängel in der Buchführung des Unternehmens hinzuweisen ist, war unbestrittene Meinung aller befragter Wirtschaftsprüfer. So betrachtet ist Wirtschaftsprüfung immer auch eine Dienstleistung im Unternehmensinteresse. Voraussetzung hierfür ist die Bejahung eines eigenen Vermögensinteresses der juristischen Person.

Ein solches eigenes Vermögensinteresse einer juristischen Person muß mindestens bereichsspezifisch im Strafrecht angenommen werden, sonst wäre eine Untreue, von wem auch immer, zu Lasten der juristischen Person schlicht unmöglich. Denn die Vermögensbetreuungspflicht beinhaltet immer auch die Verantwortung für fremde Vermögensinteressen. Aber auch im Gesellschaftsrecht spricht der BGH beispielsweise von „Eigenbelangen der GmbH“, wenn es darum geht, in einem Konzernverhältnis angemessene Rücksicht gegenüber dem abhängigen Unternehmen zu üben.[270] Daß diese Eigenbelange der Gesellschaft ein Vermögensinteresse im Sinne der Untreuevorschrift darstellen können, findet ausdrücklich Erwähnung in der genannten Entscheidung.[271]

Wie läßt es sich aber begründen, daß der Wirtschaftsprüfer trotz Neutralität dem Unternehmensinteresse dient, oder daß – anders betrachtet – keine Verletzung seiner Neutralitätspflicht vorläge, wenn er bekennen würde, daß er im Interesse des Unternehmens prüft?

Neutralität und Unternehmensinteresse schließen sich nicht aus, sie bedingen einander. Das Gebot der Unparteilichkeit soll den Wirtschaftsprüfer davor schützen, sich äußeren Einflüssen zu öffnen, insbesondere für Weisungen Dritter empfänglich zu sein. Aber der Wirtschaftsprüfer ist nicht neutral um der Neutralität Willen, sondern diese hilft ihm, das Unternehmensinteresse an ordnungsgemäßer Buchführung möglichst weitgehend zu befriedigen, indem sie ihm einen Vorsprung an Vertrauen sichert. Der Wirtschaftsprüfer, der seinen Beruf mit größtmöglicher Sorgfalt ausübt, dient immer dem Unternehmensinteresse. Dies wurde

270 BGH, Urteil vom 17. 9. 2001 in BGHZ 149, 10 (Leitsatz).
271 BGH, Urteil vom 17. 9. 2001 in BGHZ 149, 10 (17).

so auch von einem der befragten Wirtschaftsprüfer bestätigt mit dem Hinweis, daß eine ordnungsgemäße Rechnungslegung natürlich nicht dem Gesellschaftsinteresse zuwiderlaufe. Hiergegen kann nicht eingewandt werden, das wolle er nicht, denn er sei zur Neutralität verpflichtet. Dies entspräche der Vorstellung, man habe den Dieb vertrieben, sei aber nicht daran interessiert, daß das Opfer sein Geld behalte. Es kann auch nicht eingewandt werden, der Wirtschaftsprüfer dürfe dem Unternehmensinteresse nicht dienen, weil ja auch das bloße Bestehen eines Interesses im Einzelfall schon eine Einflußnahme darstellen kann. Erteilt der Geschäftsführer die Weisung an den Wirtschaftsprüfer, alle Bücher ordnungs- und gesetzesgemäß zu prüfen und führt der Wirtschaftsprüfer die Prüfung entsprechend aus, wird man wohl kaum die Auffassung vertreten können, es läge ein Verstoß gegen die Neutralitätspflicht vor. Der Wirtschaftsprüfer verletzt seine Neutralitätspflicht aber umgekehrt bei negativer Einflußnahme, wenn er also dem Auftrag entspricht, die Bücher wohlwollend zu prüfen. Dann aber verletzt er auch das Unternehmensinteresse, das darauf gerichtet ist, durch die Buchprüfung Fehler aufzudecken und Schäden am Unternehmensvermögen zu vermeiden. Das Unternehmen verläßt sich insoweit auf eine objektiv richtige Darstellung des Prüfers.[272] Im Unternehmensinteresse liegt nämlich gerade nicht alles, was Profit bringt, sondern nur das, was auf legalem Wege Erfolg verspricht. Das Unternehmensinteresse kann nur darauf gerichtet sein, einen Vertrauenstatbestand in der Öffentlichkeit zu schaffen, so daß die Öffentlichkeit durch Anteilskäufe wiederum Vermögen in das Unternehmen trägt, weil sie sich Gewinn verspricht. Es handelt sich um den Austausch von Vertrauen gegen Vermögen. Das Vertrauen seitens der Öffentlichkeit ist für das Unternehmen also von immenser Bedeutung. Daher ist es keinesfalls in seinem Interesse, Vertrauen nur vordergründig mit illegalen Mitteln aufrechtzuerhalten. Daran hat auch die Allgemeinheit kein Interesse, obwohl Kursverluste solange ausbleiben, wie die Vertrauensfassade steht und Straftaten unentdeckt bleiben. Deswegen handelt der Wirtschaftsprüfer, der Unregelmäßigkeiten aufdeckt nicht ausschließlich im Interesse der Allgemeinheit, sondern auch im Interesse des Unternehmens. Dies ist ein weiterer Beweis dafür, daß Neutralität und Unternehmensinteresse einander bedingen und sich nicht ausschließen. Es kann zwar den Fall geben, daß ein unrichtiges Testat vordergründig dem Ruf des Unternehmens dient; dann ist das aber allenfalls im Interesse des verantwortungslosen Vorstands. Dessen Interesse darf nicht mit dem Unternehmensinteresse verwechselt werden.

Die Neutralitätspflicht soll dazu führen, daß negative Einflußnahme ausbleibt. Den Interessen, denen die Prüfungstätigkeit gerade dient, kann der Wirtschaftsprüfer durchaus verpflichtet sein, also insbesondere den Anliegen von Unterneh-

272 *Winkeler*, Strafbarkeit inhaltlich unrichtiger Bestätigungsvermerke, S. 172.

men und Öffentlichkeit. Die Überprüfung des Wirtschaftsprüfers in fachlicher Hinsicht vor der öffentlichen Bestellung hat sicherzustellen, daß er nicht im Lager eines Unternehmensorgans oder etwaiger Dritter steht. Sie soll hingegen nicht verhindern, daß er die Interessen des Unternehmens schützt.

Es soll nicht der Eindruck entstehen, als sei mit dieser Feststellung eine Antwort auf die Frage, ob der Wirtschaftsprüfer bei seiner Prüfungstätigkeit eine Vermögensbetreuungspflicht hat oder nicht bereits so gut wie gefunden. Seine öffentliche Bestellung ist lediglich eine Äußerlichkeit, die zwar ein Indiz für oder gegen eine solche Pflicht sein kann, aber auch nicht mehr. Denn wie festgestellt wurde, ist sie zumindest nicht geeignet, die Wahrnehmung fremder Vermögensinteressen durch den Wirtschaftsprüfer gänzlich zu widerlegen.

3. Grundlage für die Vermögensbetreuungspflicht

Im Folgenden soll nun der Inhalt der Prüfungstätigkeit anhand der einzelnen Merkmale der Vermögensbetreuungspflicht näher dargestellt werden.

Als Grundlage für eine Vermögensbetreuungspflicht kommen Rechtsgeschäft, öffentlicher Auftrag, Gesetz oder ein Treueverhältnis in Betracht. Es handelt sich um alle formalen Entstehungsgründe für Garantenstellungen.[273] Notwendig ist stets, daß das betreffende Obhutsverhältnis tatsächlich übernommen wurde.[274]

Bei den allermeisten Prüfungen kommt es zu einem Vertrag zwischen Prüfer und Unternehmen. Dies trifft auf sämtliche freiwillige Prüfungen, aber auch auf eine Vielzahl gesetzlich vorgeschriebener Prüfungen zu. So besteht ein Prüfervertrag etwa bei der Abschlußprüfung gemäß §§ 316 Abs. 1, 318 Abs. 1 HGB[275] sowie der Nachtragsprüfung zur Abschlußprüfung gemäß §§ 316 Abs. 3, 318 Abs. 1 HGB. Dasselbe gilt für die Prüfung von Konzernabschluß und -lagebericht, sowie deren jeweiliger Nachtragsprüfung gemäß §§ 316 Abs. 2, Abs. 3, 318 Abs. 1 HGB. Wohl unstreitig um einen Geschäftsbesorgungswerkvertrag zwischen Unternehmen und Prüfer handelt es sich bei der Prüfung von Unternehmensverträgen gemäß §§ 293b, c AktG.[276] Den Abhängigkeitsbericht gemäß § 312 AktG prüft gemäß § 313 Abs. 1 AktG der Abschlußprüfer, so daß auch hier ein Vertragsverhältnis gegeben ist.[277] Für die GmbH gilt dies beispielsweise im Hinblick auf die Prüfung der einer Kapitalerhöhung aus Gesellschaftsmitteln zugrundegelegten Bilanz gemäß § 57f Abs. 2, Abs. 3 GmbHG. Ebenfalls sind die

273 *Kindhäuser* in Nomos-Kommentar § 266, Rn. 37.
274 *Kindhäuser* in LPK-StGB, § 266, Rn. 29.
275 *Ebke* in MüKo zum HGB § 318, Rn. 18.
276 *Altmeppen* in MüKo zum AktG § 293c, Rn. 4.
277 *Kropff* in MüKo zum AktG § 313, Rn. 27.

§§ 316 ff. HGB als die Grundsätze für Jahresabschlußprüfungen anzuwenden bei Prüfungen in der Liquidation gemäß §§ 71 Abs. 2, S. 2, Abs. 3, S. 1 GmbHG.[278] Wenn der Abschlußprüfer durch das Gericht bestellt werden muß, so etwa, wenn er gemäß § 318 Abs. 4, S. 1 HGB bis zum Ablauf des Geschäftsjahres nicht gewählt worden ist, so kommt ein Prüfungsvertrag durch Annahme der gerichtlichen Bestellung zustande.[279]

Die Grundlage der Vermögensbetreuungspflicht ergibt sich häufig erst aus dem Zusammentreffen mehrerer Rechtsgründe.[280] Neben dem rechtsgeschäftlichen Mandat kommt für den Wirtschaftsprüfer dabei auch die behördliche Bestellung gemäß § 1 Abs. 1 S. 1 iVm §§ 15 ff. WPO zum Tragen.

Etwas anderes gilt jedoch für die Fälle der Gründungsprüfung. Die Gründungsprüfung ist in den §§ 33 ff. AktG geregelt und zählt zu den Sonderprüfungen. Im Gegensatz zu sämtlichen oben aufgezählten Prüfungen kommt es bei der Gründungsprüfung nicht zu einem privatrechtlichen Vertrag zwischen der Gesellschaft und dem Prüfer.[281] Der Gründungsprüfer übt vielmehr ein im öffentlichen Interesse durch ein Gericht übertragenes Amt aus.[282]

Als Rechtsgrundlage für eine möglicherweise bestehende Vermögensbetreuungspflicht kommt also ein Rechtsgeschäft nicht in Betracht. Möglich sind aber die in § 266 StGB aufgezählten Alternativen des behördlichen Auftrags oder Gesetzes. Als gesetzliche Grundlagen kommen für den Gründungsprüfer §§ 33, 34 AktG in Betracht. Die Betreuung des fremden Vermögens erschließt sich hier zwar nicht ausdrücklich aus dem Gesetz, wie dies etwa in § 1626 Abs. 1 BGB für die elterliche Sorge der Fall ist, dies ist jedoch auch nicht Voraussetzung. Vielmehr genügt es, daß sich die Begründung einer bestimmten Stellung im Zusammenspiel mit anderen aufgezählten Rechtsgründen ergibt.[283] Für den Wirtschaftsprüfer als Gründungsprüfer[284] kommt damit die gesetzliche Regelung im Zusammenhang mit einem behördlichen Auftrag als Grundlage für eine Vermögensbetreuungspflicht in Betracht. Als behördlicher Auftrag ist sowohl die öffentliche Bestellung als Wirtschaftsprüfer gemäß § 15 WPO anzusehen, als auch

278 *Schulze-Osterloh* in Baumbach/Hueck, GmbHG § 71, Rn. 30.

279 *Schulze-Osterloh* in Baumbach/Hueck, GmbHG § 41, Rn. 95.

280 *Schünemann* in LK § 266, Rn. 60.

281 *Kraft* in Kölner Komm. zum AktG, § 33, Rn. 25.

282 BayObLG, Beschluß vom 14. 8. 1973 in AG 1974, 22 (23).

283 *Lenckner/Perron* in Schönke/Schröder § 266, Rn. 7; *Schünemann* in LK § 266, Rn. 60.

284 Dieser erfüllt, ohne daß es einer näheren gerichtlichen Überprüfung bedarf, die Voraussetzung des § 33 Abs. 4, Nr. 1 AktG; vgl. *Pentz* in MüKo zum AktG § 33, Rn. 37.

wegen § 11 Nr. 7 StGB die gerichtliche Bestellung gemäß § 33 Abs. 3, S. 2 AktG.[285]

Grundlage für eine Vermögensbetreuungspflicht ist also überwiegend der Prüfervertrag; fehlt es an einem solchen, so bleibt das Gesetz in Verbindung mit einem behördlichen Auftrag.

4. Fremdnützige Wahrnehmung von Vermögensinteressen als wesentlicher Inhalt der Tätigkeit

Es ist weiter zu prüfen, ob eine Vermögensbetreuungspflicht auch inhaltlich besteht. Dies wäre zu bejahen, wenn die Prüfungstätigkeit fremdnützig ausgestaltet wäre, ihr eine nicht nur untergeordnete Bedeutung zukommen würde und der Prüfer materiell Interner wäre.

Die Pflicht, fremde Vermögensinteressen zu betreuen, müßte im Sinne einer fremdnützig typisierten Geschäftsbesorgung wesentlicher Inhalt der Prüfungstätigkeit sein. Die bloße Pflicht, einen Vertrag zu erfüllen, insbesondere die Gegenseite nicht wider Treu und Glauben zu schädigen, reicht nicht. Bereits oben wurde festgestellt, daß die öffentliche Bestellung der Fremdnützigkeit nicht entgegensteht.[286]

Die „Bestellung" in der Normüberschrift zu § 318 HGB meint selbstverständlich nicht die öffentliche Bestellung, von der oben die Rede war.[287] Die hier gemeinte Bestellung trifft vielmehr Festlegungen über die rechtliche Verbundenheit des Prüfers mit dem Unternehmen. Sie gliedert sich in die Wahl des Abschlußprüfers, die Erteilung des Prüfungsauftrages sowie die Annahme desselben durch den Prüfer.

Die Beziehung zwischen Prüfer und Unternehmen ist also – zumindest in der Regel – vertraglicher Natur. Der Grundsatz der Privatautonomie macht es jedoch schwierig, verschiedene Verträge danach zu klassifizieren, ob sie eine fremdnützige Wahrnehmung der Interessen des anderen Teils beinhalten oder nicht. Auch eine Untersuchung des Wortsinns führt hier nicht weiter. Fremdnützig kann zunächst als Gegenteil zu eigennützig aufgefaßt werden. Allerdings enthält nahezu jeder Vertrag sowohl fremd-, als auch eigennützige Elemente. Bei gegenseitigen Verträgen wird dies schon dadurch deutlich, daß, je nachdem welche Leistung betrachtet wird, der eine Vertragsteil sowohl Schuldner, als auch Gläubiger des anderen Vertragsteils sein kann. Selbst eine Schenkung kann eigennützig erfol-

285 *Tröndle/Fischer* § 266, Rn. 12.
286 Vgl. oben im 5. Teil, II 2.
287 Vgl. oben im 5. Teil, II 2.

gen. Über den Inhalt der Fremdnützigkeit läßt sich auf diese Weise nichts feststellen.

a) Anhaltspunkte für eine fremdnützig typisierte Geschäftsbesorgung

Einen ersten und eindeutigeren Anhaltspunkt bietet § 675 BGB. Danach können Dienst- oder Werkverträge eine Geschäftsbesorgung zum Gegenstand haben. Der BGH fordert für eine fremdnützige Geschäftsbesorgung eine „selbständige Tätigkeit wirtschaftlicher Art, für die ursprünglich der Geschäftsherr selbst zu sorgen hatte, die ihm aber durch einen anderen (den Geschäftsführer) abgenommen wird. Dieser muß also bereits bestehende Obliegenheiten des Geschäftsherrn wahrzunehmen haben, wie zum Beispiel die Prozeßführung, die Vermögensverwaltung und Ähnliches."[288] Beinhaltet das Betreuungsverhältnis eine solche fremdnützige Geschäftsbesorgung, so wird es als Kernbereich des Treubruchstatbestandes aufgefaßt.[289] Beispielhaft sei hier die Vermittlung eines Warentermingeschäftes genannt.[290]

Das Rechtsverhältnis muß also einen Geschäftsbesorgungscharakter aufweisen und im Rahmen dessen hinsichtlich des Vermögens des Vertragspartners fremdnützig ausgestaltet sein, denn es kann nicht pauschal jeder Geschäftsbesorgungsvertrag im Sinne des § 675 BGB als fremdnützige Wahrnehmung von Vermögensinteressen gelten. So kann etwa der Arztvertrag eine Geschäftsbesorgung zum Gegenstand haben.[291] Dennoch ist wesentlicher Inhalt eines solchen Vertrages die Heilung und nicht die fremdnützige Wahrnehmung von Vermögensinteressen.

Mit obiger Definition wird das Zivilrecht genutzt, um dem Strafrecht seinen Anwendungsbereich zuzuordnen. Eine solche Herangehensweise ist nicht etwa ungewöhnlich. So bedarf es beispielsweise auch eines Rückgriffs auf das Sachenrecht, um eine fremde Sache im Sinne des § 242 Abs. 1 StGB zu bestimmen. Vorliegend kann das Zivilrecht gerade wegen der Schwierigkeiten, was die Bestimmtheit des Treubruchstatbestandes anbelangt, durchaus hilfreich für Klarheit sorgen. Im folgenden ist also zu prüfen, ob die Maßstäbe des BGH hinsichtlich der Fremdnützigkeit auf das Verhältnis zwischen Wirtschaftsprüfer und Unternehmen anwendbar sind und ob die Tätigkeit des Wirtschaftsprüfers obige Definition erfüllt. Gliedert man die Definition in einzelne Prüfungsschritte, so bietet es sich an, zunächst einleitend auf den Vertragscharakter des Prüfervertrages ein-

---

288 BGH, Urteil vom 25. 4. 1966 in BGHZ 45, 223 (229).
289 *Schünemann* in LK § 266, Rn. 74.
290 BGH, Urteil vom 6. 12. 1983 in NJW 1984 (800).
291 *Ehmann* in Erman, BGB, § 675, Rn. 7.

zugehen und sodann zu erörtern, ob der Geschäftsführer bestehende Obliegenheiten des Geschäftsherrn wahrnimmt, ob also eine Entlastung stattfindet. Letztlich muß die übernommene Tätigkeit dann wirtschaftlicher Art sein. Danach ist zu prüfen, ob es gerade Vermögensinteressen sind, die fremdnützig wahrgenommen werden.

b) Anwendbarkeit der Definition des BGH auf juristische Personen

Es könnte problematisch sein, ob sich die Definition des BGH[292] auch zur Begründung einer Vermögensbetreuungspflicht bezogen auf das Vermögen gerade juristischer Personen eignet. Dann müßte nämlich das Unternehmen selbst, denn nur dieses ist Geschäftsherr im Sinne der Definition, imstande sein, eine Tätigkeit wirtschaftlicher Art auszuüben. Ohne bereits im Detail zu untersuchen, ob die Prüfungstätigkeit tatsächlich dem Unternehmen obliegt und vom Wirtschaftsprüfer übernommen wird, soll es hier zunächst ganz allgemein um die Frage gehen, ob der Gesellschaft die Verfolgung wirtschaftlicher Ziele unterstellt werden kann. Wenn man eine Tätigkeit wirtschaftlicher Art verfolgt, ist damit immer auch ein wirtschaftliches Interesse verbunden. Oben bereits bejaht wurde ein eigenes Vermögensinteresse der juristischen Person.[293] Dieses zielte jedoch lediglich auf die Bewahrung vor Vermögensschäden ab, da anderenfalls das Gesellschaftsvermögen schutzlos der Untreue ausgesetzt wäre. Davon zu unterscheiden ist das hier maßgebliche Interesse, das gerichtet ist auf die Erfüllung wirtschaftlicher Ziele im Sinne eines Geschäftemachens oder einer Vertragserfüllung. Desweiteren muß begründet werden, wie der Wirtschaftsprüfer eine Tätigkeit der Gesellschaft übernehmen kann, obwohl diese selbst nicht handlungsfähig ist.

Die Frage nach einem eigenen wirtschaftlichen Interesse läßt sich nur bereichsspezifisch beantworten. Würde man ein solches nämlich generell bejahen, so müßte man etwa den Aktionären ihre Freiheit zur Liquidierung des Unternehmens absprechen. Verneint man es hingegen generell, so würde die konzernrechtliche Vorschrift des § 312 Abs. 1 AktG keinen Sinn mehr machen, wonach den Vorstand eine Berichtspflicht über Rechtsgeschäfte trifft, die er im Interesse von verbundenen Unternehmen vorgenommen hat. Bezogen auf Vertragsbeziehungen, und um die geht es hier zwischen Prüfer und Unternehmen, muß ein eigenwirtschaftliches Interesse der Gesellschaft bejaht werden. Hierfür sprechen mehrere Gründe. So kann es nicht sein, daß das Gewinnstreben allein Sache der natürlichen Personen ist und die Gesellschaft zum reinen Haftungsfonds degradiert wird. Desweiteren muß der Leitungsaufgabe des Vorstandes nach § 76 Abs. 1

292 Vgl. oben 5. Teil, II 4 a).
293 Vgl. oben Seite 84.

AktG eine gewisse Richtung gegeben werden, so daß sie sich am Unternehmensinteresse zu orientieren hat.[294] Juristische Personen sind im übrigen gerade auf die Rechtsfähigkeit angelegt. Wem die Rechtsmacht verliehen wird, Verträge abzuschließen, dem muß auch ein wirtschaftliches Eigeninteresse zuerkannt werden. Ansonsten wären Vertragsverletzungen der Gegenseite alle Türen geöffnet. Denn gemäß § 242 BGB, der einen allgemeinen Rechtsgrundsatz darstellt,[295] muß jeder Vertragspartner auf die berechtigten und erkennbaren Interessen der Gegenseite Rücksicht nehmen.[296] Dazu gehört auch ein wirtschaftliches Interesse an vereinbarungsgemäßer Vertragserfüllung. Daß Rentabilität unverzichtbare Maxime unternehmerischen Handelns ist, vermag dies ebenfalls zu untermauern.[297]

Auch, daß juristische Personen nicht selbst handlungsfähig sind,[298] sollte der Übernahme einer Tätigkeit durch den Wirtschaftsprüfer nicht entgegenstehen. Denn hier ist zu unterscheiden, wem die Tätigkeit tatsächlich zugeordnet ist und wer sie ausführt. Denn daß immer ein Vertreter für die Gesellschaft auftreten muß, ändert nichts daran, daß sämtliche Geschäfte der Gesellschaft selbst obliegen. Vertretung bedeutet ja gerade die Abgabe von Willenserklärungen für eine andere Person.[299]

c) Untersuchung des Vertragscharakters des Prüfervertrages

Sollte der Vertrag zwischen Prüfer und Unternehmen also eine Geschäftsbesorgung im zivilrechtlichen Sinne zum Gegenstand haben, wäre für die Frage, ob die Tätigkeit des Prüfers fremdnützig ist, bereits ein entscheidender Anhaltspunkt gegeben. Sollte es sich hingegen um einen Dienst- oder Werkvertrag ohne Geschäftsbesorgungscharakter handeln, so spräche dies gegen die Fremdnützigkeit und für eine Tätigkeit allein im Interesse des Prüfers. Die rechtliche Einordnung des Prüfungsvertrages ist allerdings umstritten. Der Streit betrifft jedoch die Frage, ob er wohl eher Elemente des Dienstvertrages oder des Werkvertrages aufweist. Richtigerweise wird man wohl annehmen müssen, daß zumindest im Rah-

294 *Schmidt*, GesR, § 28 II Nr. 1a.

295 BGH, Urteil vom 23. 9. 1982 in BGHZ 85, 39 (48); *Heinrichs* in Palandt § 242, Rn. 1; *Schulze* in BGB Handkommentar § 242, Rn. 1.

296 *Schulze* in BGB Handkommentar § 242, Rn. 16.

297 *Jürgenmeyer*, Das Unternehmensinteresse, S. 100 f., der die Rentabilität zum obersten Unternehmensinteresse erhebt.

298 Sondern nur durch ihre Organe: *Eckardt* in Geßler/Hefermehl/Kropff, AktG, § 1, Rn. 28; *Heider* in MüKo zum AktG § 1, Rn. 40; *Hüffer*, AktG § 1, Rn. 4.

299 *Dörner* in BGB Handkommentar, Vor §§ 164 - 181, Rn. 1; *Heinrichs* in Palandt Einf. v. § 164, Rn. 3; *Jauernig* in Jauernig BGB, § 164, Rn. 1

men der Prüfungstätigkeit der Werkvertragscharakter überwiegt, weil die Ausstellung von Prüfungsbericht und Bestätigungsvermerk eine auf Erfolg abzielende Tätigkeit darstellt.[300] Die Erfolgsherbeiführung grenzt den Dienstvertrag vom Werkvertrag ab. Beim Dienstvertrag geht es in erster Linie um das bloße Wirken, die Arbeitsleistung.[301] Ist eine konkrete Einzelleistung Vertragsinhalt, handelt es sich beim Wirtschaftsprüfervertrag um einen Werkvertrag.[302] Letztlich dürfte es aber eine Entscheidung des Einzelfalles sein, welchen Vertragstyp man anzunehmen hat, insbesondere welcher Vertragstyp eventuellen Primär- oder Sekundäransprüchen zugrundezulegen ist. Die auch bei Pflichtprüfungen möglichen Vereinbarungen zwischen Mandant und Prüfer dürften dann im Einzelfall ausschlaggebend sein.[303] Allerdings braucht diese Frage hier auch nicht abschließend beantwortet zu werden, denn sowohl Dienst- als auch Werkvertrag können gemäß § 675 Abs. 1 BGB eine Geschäftsbesorgung zum Gegenstand haben, auf die es hier allein ankommt. Sollte eine Geschäftsbesorgung allerdings verneint werden müssen, so blieben ein Dienst- oder Werkvertrag. Diese Vertragstypen gehören aber gerade zu den Austauschverhältnissen, denen eine fremdnützige Prägung abgesprochen wird, bei denen es sich also lediglich um Austauschverhältnisse handelt, die jede Partei im eigenen Interesse erfüllt.[304] Allerdings ist dies für Prüferverträge zumindest aus Unternehmenssicht nicht erkennbar. Denn aus der Perspektive desjenigen, der die Prüfungsleistung in Anspruch nimmt, stehen bei Vertragsschluß auch die Berufspflichten, insbesondere die Neutralität des Prüfers im Vordergrund, also nicht sein eigenes Interesse an Vertragserfüllung. Wie bereits oben[305] dargestellt wurde, spricht das Neutralitätsgebot für ein Handeln des Prüfers im Unternehmensinteresse.

Somit steht fest, daß der Prüfervertrag eine Geschäftsbesorgung zum Gegenstand haben kann. Jedenfalls handelt es sich nicht um einen nur eigennützig ausgestalteten Dienst- oder Werkvertrag.

Nach obiger Definition handelt es sich um eine fremdnützige Geschäftsbesorgung, die dem Kernbereich der Untreue unterfallen würde aber nur dann, wenn dem Prüfer im Rahmen der Geschäftsbesorgung eine Tätigkeit obliegt, die an sich Sache des Geschäftsherrn ist, die diesem aber vom Prüfer abgenommen wird. Gerade dann wäre sein Handeln fremdnützig, weil es dann nicht *an* den Vertragspartner gerichtet, sondern *für* den Vertragspartner bestimmt wäre.

---

300 ADS § 318, Rn. 192.
301 *Sprau* in Palandt, Einf. v. § 631, Rn. 8.
302 *Sprau* in Palandt, Einf. v. § 631, Rn. 32 iVm. 28
303 *Heermann* in MüKo zum BGB § 675, Rn. 47.
304 BGH, Urteil vom 3. 5. 1978 in NJW 1978, 2105 (2106).
305 Vgl. oben im 5. Teil, II 2.

d) Entlastung des Geschäftsherrn durch den Geschäftsführer

Fraglich ist allerdings, ob es sich bei der Pflicht zur Prüfung der Bücher tatsächlich um eine Obliegenheit handelt, die eigentlich in den Aufgabenbereich des Unternehmens gehört. Gemäß § 238 Abs. 1 S. 1 HGB ist jeder Kaufmann verpflichtet, Bücher zu führen und in diesen seine Handelsgeschäfte und die Lage seines Vermögens nach den Grundsätzen ordnungsgemäßer Buchführung ersichtlich zu machen. Aktiengesellschaften wie auch Gesellschaften mit beschränkter Haftung sind Formkaufleute und somit selbst in erster Linie aus dieser Vorschrift verpflichtet. Inhalt der Buchführungspflicht ist zunächst die Einrichtung der Bücher, desweiteren die Schaffung einer Buchführungsorganisation.[306] Dem Grundsatz „keine Buchung ohne Beleg" folgend muß desweiteren beachtet werden, daß über jeden Buchungsvorgang geeignete Nachweise erstellt und aufbewahrt werden müssen. Wenn aber eine fremdnützige Geschäftsbesorgung vorliegen soll, müßte auch die Buch*prüfungs*pflicht Sache des Geschäftsherrn, also des Unternehmens sein.

Hierfür sprechen die Grundsätze, die im Rahmen der Delegation zu beachten sind. Da das Unternehmen als juristische Person nicht selbst handeln kann, sind Geschäftsführer bzw. Vorstand verpflichtet, für eine ordnungsgemäße Durchführung der Buchführung zu sorgen. Es handelt sich hierbei um eine öffentlichrechtliche Pflicht, die ihnen kraft Gesetzes gemäß § 41 Abs. 1 GmbHG bzw. § 91 Abs. 1 AktG obliegt. Weil aber Vorstand und Geschäftsführung aufgrund des Arbeitsaufkommens häufig selbst dieser Pflicht nicht werden nachkommen können, ist es in der Praxis üblich, mit den Buchführungspflichten Mitarbeiter oder sogar außenstehende Dritte zu beauftragen.[307] Dann aber muß sich der Delegierende ein umfassendes Kontrollrecht, ein Recht zur Überprüfung der Richtigkeit, vorbehalten.[308] Auch dies spricht für eine Buchprüfungs- neben einer Buchführungspflicht, weil es sich um einen allgemeinen Grundsatz handelt, daß bei der Aufgabendelegation bei dem ursprünglich Pflichtigen eine Rechtspflicht zur Überwachung verbleibt.[309] Umgekehrt entfällt die Prüfpflicht aber dann nicht, wenn der Vorstand einmal selbst die Bücher führen sollte. Denn Buchführung bedeutet richtige Buchführung im Sinne bestehender Gesetze und nicht nach eigener Phantasie. Somit hat der Vorstand, wenn er die Bücher führt, sie auch hinsichtlich der Gesetzeskonformität zu prüfen. Nach allem liegt die Buchprüfungs-

306 ADS § 238, Rn. 33, 33a.
307 ADS § 238, Rn. 47 f.
308 Hüffer, AktG § 91, Rn. 3.
309 Es besteht eine Organisations- und Aufsichtshaftung fort, nicht eine bloße Obliegenheit, die keine Haftung nach sich ziehen kann; vgl. *Mertens* in MüKo zum BGB § 823, Rn. 224.

pflicht ebenfalls beim Unternehmen, so daß der Prüfer dem Unternehmen seine Tätigkeit abnimmt, also eine fremdnützige Geschäftsbesorgung vorliegt.

Voraussetzung für eine fremdnützige Geschäftsübernahme könnte jedoch zusätzlich sein, daß der Geschäftsherr die übernommene Tätigkeit auch in gleich guter Weise hätte erledigen können. Dies schließt auch ein Wahlrecht ein. Die Wahl nämlich, ob man im Einzelfall selbst tätig wird. Ein solches Wahlrecht hat das Unternehmen zumindest dann nicht, wenn es um gesetzliche Pflichtprüfungen geht. Dann nämlich kann ohne Prüfung durch einen Externen der Jahresabschluß nicht festgestellt werden.[310] Deswegen wird gemäß § 318 Abs. 4 HGB der Prüfer durch das Gericht auf Antrag der gesetzlichen Vertreter, des Aufsichtsrates oder eines Gesellschafters bestellt, sollte er bis zum Ablauf des Geschäftsjahres nicht gewählt worden sein. Es ist also für das Unternehmen schon aus formalen Gründen nicht möglich, die Abschlußprüfung selbst durchzuführen, auch wenn es dies wollte. Desweiteren erscheint es in Fällen freiwilliger Prüfungen – wenn also eine gerichtliche Bestellung nicht in Betracht kommt – fraglich, ob das Unternehmen die Buchprüfung tatsächlich einem Abschlußprüfer vergleichbar durchführen könnte. Denn rein äußerlich kann es sich Bestätigungsvermerke und Prüfungsberichte nicht selbst ausstellen. Im übrigen würde einem vom Unternehmen selbst ausgestellten Vermerk über eine Prüfungsleistung nicht das Vertrauen entgegengebracht werden, das einem Abschlußprüfer zuteil wird. Allerdings ist fraglich, ob dies Kriterien sind, die die Fremdnützigkeit ausschließen können, weil sie in besonderem Maße dem Einzelfall der Organisationsverfassung der Gesellschaften geschuldet sind.

Würde man fordern, daß der Geschäftsherr die Tätigkeit gleich gut hätte erledigen können, so könnten Unternehmen dieses Kriterium nie erfüllen, weil der unternehmensinternen Prüfung nicht das Vertrauen der Öffentlichkeit entgegengebracht wird, das der Wirtschaftsprüfer für sich beanspruchen kann. Aber auch, wenn natürliche Personen involviert sind, gibt es Geschäftsbesorgungsverträge häufig dort, wo fehlende eigene Kenntnisse erst dazu führen einen Dritten einzuschalten, wie etwa bei einem Steuerberatermandat. Dann aber kann der Geschäftsherr die Tätigkeit üblicherweise nicht in einer dem hinzugezogenen Dritten vergleichbaren Weise ausführen; es kann also gerade kein Kriterium für die Fremdnützigkeit sein, daß der Geschäftsherr die Tätigkeit gleich gut hätte selbst ausführen können. Die Prüfungstätigkeit ist zwar nicht wegen mangelnder Kenntnisse im Unternehmen ausgelagert, wohl aber, weil das Unternehmen zu derart umfassender Objektivität nicht imstande wäre. Dies auch deshalb nicht, weil es nicht selbst prüfen kann, sondern immer seine Organe tätig werden müssen. Dies

310 § 316 Abs. 1 S. 2 HGB.

steht dem Charakter der Prüfungstätigkeit als fremdnützige Aufgabe aber nicht entgegen.

Ein letzter Zweifel könnte allerdings bestehen, wenn man voraussetzt, daß fremdnützig nur diejenige Tätigkeit ist, die dem Vertragspartner auch tatsächlich Arbeit abnimmt. Dann müßte die Arbeit des Prüfers zur Folge haben, daß das Unternehmen selbst von der Prüfpflicht befreit wird. Dem ist eindeutig nicht so. Der Steuerberater, der beratend tätig wird und die Steuererklärung für den Vertragspartner verfaßt, sorgt ohne Zweifel dafür, daß der Vertragspartner in diesen Dingen nicht mehr selbst aktiv zu werden braucht. Wenn man die Prüfungstätigkeit als einen rein formalen Akt sieht, um ein öffentliches Interesse zu befriedigen, müßte man eine Tätigkeit im Interesse des Unternehmens in der Tat anzweifeln. Richtig ist jedoch, daß dem Unternehmen tatsächlich Arbeit abgenommen wird, auch wenn das Wort „Entlastung" vielleicht unpassend wäre. Denn historisch betrachtet war es, bevor sich der Beruf des Wirtschaftsprüfers überhaupt etablierte, Sache des Aufsichtsrates, die Buchführung zu kontrollieren. An der Kontrollfunktion des Aufsichtsrates hat sich im wesentlichen nichts geändert, allerdings kann sie, was Objektivität und Fachkenntnis betrifft, mit der Arbeit des Wirtschaftsprüfers kaum gleichziehen. Hinzu kommt, daß der Aufsichtsrat zwingendes Organ nur in der AG ist. Insbesondere kleinere Gesellschaften mit beschränkter Haftung werden von der Möglichkeit, einen Aufsichtsrat einzurichten, kaum Gebrauch machen. Weil die Prüfungstätigkeit durch formell Unternehmensinterne aber nicht die erhofften Erfolge brachte, wurde sie vom Wirtschaftsprüfer übernommen. Daß sie nicht vollständig von ihm abgenommen wurde, das Unternehmen also noch immer selbst für die Richtigkeit der Bücher zu sorgen hat, ist dem Umstand geschuldet, daß die Buchführungspflicht gesetzlich beim Kaufmann verblieben ist. Buchführung und -prüfung sind nicht trennbar. Gesunken sind mit Einsatz des Wirtschaftsprüfers aber die Ansprüche, die die Öffentlichkeit vormals an die unternehmensinterne Buchprüfung hatte. Die Erwartung, daß die Bücher ordnungsgemäß geführt sind, richtet sich jetzt gegen den Wirtschaftsprüfer, an dessen Bestätigungsvermerk sich die Öffentlichkeit orientiert. Nicht umsonst hat sich mit dem Begriff der Erwartungslücke ein Fachwort etabliert, das die – überzogenen – Ansprüche an Wirtschaftsprüfer seitens der Öffentlichkeit zum Ausdruck bringt.[311]

Um bei dem Beispiel des Steuerberaters zu bleiben. Derjenige, der seine Steuererklärung vom Steuerberater verfassen läßt, schließt einen Werkvertrag mit

311 Unter Erwartungslücke versteht man die (überzogene) Erwartung der Öffentlichkeit, die Buchprüfung seitens eines Wirtschaftsprüfers biete eine Art Garantie für den Fortbestand der Unternehmenstätigkeit. Vgl. *Förschle/Peemöller*, Wirtschaftsprüfung und Interne Revision, S. 45.

Geschäftsbesorgungscharakter. Das gleiche gilt für denjenigen, der sie selbst schreibt, sie aber vom Steuerberater auf inhaltliche Richtigkeit prüfen läßt. Es besteht keine Veranlassung, im ersten Fall den Verweis auf das Auftragsrecht in § 675 Abs. 1 BGB zuzulassen und im zweiten Fall zu verneinen mit dem Hinweis, es läge keine Geschäftsbesorgung vor, weil derjenige, der seine Steuererklärung selbst schreibt, auch auf inhaltliche Richtigkeit zu achten hat und die Prüfung durch den Steuerberater ihm daher keine Arbeit mehr abnehme.

e) Tätigkeit wirtschaftlicher Art

Eine fremdnützige Geschäftsbesorgung liegt für den BGH nicht bei jeder Tätigkeit vor, die der Geschäftsführer dem Geschäftsherrn abnimmt, sondern er fordert ausdrücklich eine Tätigkeit wirtschaftlicher Art.[312]

Daß der Wirtschaftsprüfer – wie gerade dargestellt – Vermögensinteressen wahrt, ist für dieses Merkmal nicht ausschlaggebend. Insbesondere ist auch nicht erforderlich, daß ein unmittelbarer Vermögensbezug gegeben ist. Vielmehr muß die Tätigkeit dem Bereich des Wirtschaftslebens zuzuordnen sein, es darf sich also nicht etwa um Kunst, Pädagogik, Musik oder ähnliches handeln.[313] Die Prüfungstätigkeit trägt einen Teil zum wirtschaftlichen Erfolg des Unternehmens bei und ist daher eindeutig dem wirtschaftlichen Bereich zuzuordnen.[314]

f) Zwischenergebnis

Als Zwischenergebnis bleibt festzuhalten, daß es sich bei der Prüfungstätigkeit um eine Aufgabe handelt, für die im Sinne des BGH ursprünglich der Geschäftsherr, also das Unternehmen selbst zu sorgen hatte, die ihm aber durch den Geschäftsführer, also den Wirtschaftsprüfer abgenommen wurde. Der BGH, der eine Geschäftsbesorgung in einer neueren Entscheidung bezweifelte, liefert für diese Ansicht keine Argumente.[315] Seine Begründung, es handele sich bei der Wirtschaftsprüferleistung um fest umrissene Leistungsgegenstände und nicht um eine allgemeine, laufende Tätigkeit und infolgedessen um einen Werkvertrag, vermag nur den Werk- vom Dienstvertrag abzugrenzen. So wie der BGH entscheidet sich wohl auch *Hirte*[316] für einen Werkvertrag, wenn es um Prüfungsleistungen geht,

---

312 Vgl. die Definition auf Seite 89.

313 *Mansel* in Jauernig BGB, § 675, Rn. 6; *Martinek* in Staudinger § 675, Rn. A 29 f.; *Sprau* in Palandt § 675, Rn. 3.

314 „Überwachung wirtschaftlicher Betätigung im weitesten Sinne" nach WP Handbuch 2006 D1.

315 BGH, Urteil vom 1. 2. 2000 in NJW 2000, 1107 (1107).

316 *Hirte*, Berufshaftung, § 2 Nr. 3a.

wobei sich dies seinen Ausführungen nicht mit letzter Sicherheit entnehmen läßt, weil er für allgemeine Wirtschafts- oder Steuerberatungsmandate einen Dienstvertrag mit Geschäftsbesorgungscharakter annimmt. Nach obiger Prüfung muß man zivilrechtlich zumindest die Fremdnützigkeit, wie sie für Geschäftsbesorgungen charakteristisch ist, bejahen. Das Ergebnis für das Zivilrecht kann ins Strafrecht übertragen werden. Es besteht nicht die Gefahr, die *Dallinger* anspricht, daß nämlich das Strafrecht in unangemessener Weise der bewaffnete Arm des Zivilrechts werden könnte und einfache zivilrechtliche Vertragsverletzungen über eine Generalklausel eine strafrechtliche Sanktion auslösen.[317] Ohne Anlehnung an das Zivilrecht wäre die Unsicherheit, welche Rechtsbeziehungen als fremdnützig gelten sollen, erheblich höher. Folge wäre deutlich größere Willkür bei der Anwendung der Untreue. Im übrigen bleibt die Konstuktion über das Zivilrecht eine Anwendungshilfe, die nicht davon entbindet, jeden Einzelfall in allen seinen Nuancen rechtlich zu beurteilen. Gewarnt werden soll davor, in Ansehung einer Vertragsverletzung das Merkmal der Vermögensbetreuungspflicht zu übergehen oder nur nachlässig zu prüfen und direkt das Mittel der Pönalisierung heranzuziehen. Die Fremdnützigkeit ist auch nur ein Aspekt der Vermögensbetreuungspflicht, der unter Heranziehung des Zivilrechts gelöst werden kann. Aber nicht jeder Geschäftsbesorgungsvertrag beinhaltet auch eine Vermögensbetreuungspflicht. So besteht beispielsweise zum Bergungsunternehmer ein Geschäftsbesorgungsverhältnis.[318] Eine Vermögensbetreuungspflicht muß aber daran scheitern, daß der Bergungsunternehmer nicht materiell Interner des Vertragspartners ist.

g) Fremdnützige Wahrnehmung gerade von Vermögensinteressen

Mit der Fremdnützigkeit allein läßt sich noch nicht begründen, ob es sich bei der Wahrnehmung der fremden Interessen tatsächlich um Vermögensinteressen handelt, was für eine Vermögensbetreuungspflicht aber entscheidend ist.

Dies könnte deswegen zweifelhaft sein, weil ein Einfluß auf das Unternehmensvermögen durch den Wirtschaftsprüfer nur sehr eingeschränkt möglich ist. Ihm fehlt eine Dispositionsfreiheit über Vermögensmittel der Gesellschaft dergestalt, daß er kontrolliert auf ihren Bestand einwirken und ihn reduzieren könnte. Er hat keinen unmittelbaren Zugriff, sondern kann nur mittelbar Vermögensschäden hervorrufen, indem er etwa vor erkannten Risiken nicht warnt, die sich in der Zukunft vermögensmindernd auswirken können. Die Frage ist, ob im Rahmen des Treueverhältnisses eine Dispositionsmacht über das fremde Vermögen derge-

317 *Dallinger* in MDR 1967, S. 173 (173).
318 OLG Frankfurt a. M., Urteil vom 6. 6. 1969 in VersR 1970, S. 260.

stalt gegeben sein muß, daß der Treuepflichtige befugt ist, unmittelbar auf das Vermögen zugreifen zu können oder es durch Unterlassen zu schädigen.

Bei einer nur mittelbaren Einflußmöglichkeit, wie sie dem Wirtschaftsprüfer zukommt, kann man wohl weniger von anvertrauten Mitteln sprechen. Es handelt sich eher um ihm ausgesetztes Vermögen, was vielleicht gegen die untreuetypische Betreuungssituation spricht. Nicht erforderlich ist für den Treubruchstatbestand sicherlich, daß über das fremde Vermögen eine rechtsgeschäftliche Verfügungsmacht besteht. Dann hätte der Treubruchstatbestand neben dem Mißbrauchstatbestand keinen eigenen Anwendungsbereich. Vom Wortlaut her muß der Täter imstande sein, fremde Vermögensinteressen sowohl „wahrzunehmen", als auch zu „betreuen". Dabei scheint mit dem Begriff „wahrnehmen" eher eine unmittelbare Einflußmöglichkeit verbunden zu sein, als mit dem Wortlaut „betreuen". Allerdings hat der Gesetzgeber beide Ausdrücke bewußt ohne Differenzierung verwendet, so daß sich hieraus nichts herleiten läßt.[319]

Die Lösung liegt vielmehr im Wort „Vermögensinteressen". Es ist nicht erforderlich, fremdes Vermögen zu betreuen, sondern nur fremde Vermögensinteressen zu betreuen. Vermögen ist gegenständlich, Vermögensinteressen sind subjektiv. Insbesondere können Vermögensinteressen auch bestehen, wenn es an Vermögen fehlt.[320] Vermögensinteressen können also wahrgenommen und damit auch verletzt werden, ohne daß überhaupt Vermögen vorhanden ist. Ob es in diesen Fällen zu einem Vermögensschaden kommen kann, soll an dieser Stelle nicht weiter vertieft werden.

Desweiteren kann die Betreuung oder Wahrnehmung von Vermögensinteressen auch bedeuten, nur Vermögensnachteile abzuwenden.[321] Hierfür bedarf es keines unmittelbaren Einflusses auf Vermögensgegenstände. Im Gegenteil, die Pflicht, Vermögensnachteile abzuwenden kann auch allein darin bestehen, eigene Geschäfte des Geschäftsherrn zu überwachen.[322] Genau diese Konstellation ist mit der des Prüfers vergleichbar. Er überwacht eigene Geschäfte des Geschäftsherrn, indem er die Unternehmensbücher prüft.

Ein Beispiel soll noch einmal zur Verdeutlichung dienen. Sowohl Vorstand, als auch Aufsichtsrat sind in einem Unternehmen vermögensbetreuungspflichtig.[323] Aufgabe des Vorstandes ist unter anderem die Vertretung der Gesellschaft gegenüber Dritten gemäß § 78 Abs. 1 AktG. Damit hat er Einfluß auf die Geschäftsabschlüsse und folglich auch unmittelbaren Einfluß auf die Vermögenslage des Unternehmens. Ein solcher Einfluß fehlt dem Aufsichtsrat. Er hat gemäß

319 *Schünemann* in LK § 266, Rn. 71.
320 *Schünemann* in LK § 266, Rn. 69.
321 *Tröndle/Fischer* § 266, Rn. 29.
322 *Schünemann* in LK § 266, Rn. 72.
323 *Mosiek* in wistra 2003, S. 374.

§ 111 Abs. 1 AktG lediglich die Aufgabe, die Geschäftsführung zu überwachen. Obwohl dies allenfalls einen mittelbaren Einfluß auf die Vermögenslage der Gesellschaft eröffnet, kommt dem Aufsichtsrat doch gleichermaßen eine Vermögensbetreuungspflicht zu, so daß eine unmittelbare Dispositionsbefugnis über das fremde Vermögen nicht Voraussetzung sein kann.[324]

Desweiteren ist zu untersuchen, ob es sich bei der Arbeit des Wirtschaftsprüfers inhaltlich um die Wahrnehmung von Vermögensinteressen handelt. Vermögensinteressen richten sich auf das Gewinnen, Erhalten und Vermehren wirtschaftlicher Werte.[325] Entscheidend ist, ob solche Interessen Gegenstand der Wirtschaftsprüfung sein können. Daß es mit der Neutralität des Wirtschaftsprüfers vereinbar ist, daß dieser seine Arbeit auch im Interesse des Unternehmens leistet, wurde bereits oben erläutert.[326] Aber bei diesem Interesse muß es sich gerade um ein Vermögensinteresse handeln. Es ist zu kurz gegriffen, ein Interesse des Prüfers an Erhaltung des Unternehmensvermögens damit zu begründen, daß er vom Unternehmen bezahlt wird. Dann müßte jedem Gläubiger eines gegenseitigen Vertrages ein Interesse am Vermögen des Vertragpartners unterstellt werden. Persönlich ist dem Wirtschaftsprüfer die Vermögenslage des Unternehmens gleichgültig. Dies wurde auch von Wirtschaftsprüfern so gesehen. Hier geht es hingegen um ein mögliches berufliches Interesse. Ein Interesse am Gewinnen, Erhalten oder Vermehren fremder wirtschaftlicher Werte wäre für den Buchprüfer dann zu bejahen, wenn schon der Buchführung ein solches Interesse zugrundeläge. Dokumentationsfunktion, Informationsfunktion und Ausschüttungssperrfunktion werden als bilanzrechtliche Zwecke im engeren Sinne angesehen. Alle drei Funktionen dienen zwar nicht nur, aber auch der Vermögenssicherung.

So beinhaltet die Dokumentationsfunktion die Pflicht zur Aufbewahrung von Belegen und dient damit der Beweissicherung. Dadurch kann im Einzelfall etwa vermieden werden, daß Forderungen, die gegen die Gesellschaft bestehen doppelt erfüllt werden. Damit hat die Dokumentationsfunktion eine unmittelbar vermögenserhaltende Wirkung.

Die Informationsfunktion dient unter anderem potentiellen Kreditgebern als Entscheidungsgrundlage.[327] Deshalb kommt ihr im Einzelfall sogar eine auf Gewinn gerichtete Funktion zu. Denn das durch Kredite überlassene Geld wird im günstigsten Fall gewinnbringend investiert.

Die Ausschüttungssperre dient letztlich der Substanzerhaltung. Die Buchführung ermöglicht die Ermittlung des verteilungsfähigen und ausschüttbaren Ge-

324 So auch *Kindhäuser* in Nomos-Kommentar § 266, Rn. 60.
325 BGH, Urteil vom 16. 12. 1960 in BGHSt 15, 342 (344); *Schünemann* in LK § 266, Rn. 69.
326 Vgl. oben im 5. Teil, II 2.
327 *Walz* in Heymann, HGB, Einl., Rn. 51.

winns.[328] In erster Linie wird so dem Gläubiger der Haftungsfond erhalten, aber auch die Gesellschaft kann nur bestehen bleiben, wenn ihr nur bis zu einer Grenze Vermögen entnommen und als Gewinn an die Gesellschafter ausgeschüttet wird.

All diese Sicherheiten vermögen nicht ordnungsgemäß geführte Bücher nicht zu bieten. Je nachdem, in welchem Bereich Fehler unterlaufen, kommt es dazu, daß beispielsweise bestehende Ansprüche vor Geltendmachung verjähren, daß liquide Mittel nicht effektiv eingesetzt werden, Verbindlichkeiten doppelt getilgt werden oder Unterschlagungen der Mitarbeiter verborgen bleiben. Werden derartige Nachlässigkeiten nicht unternehmensintern aufgedeckt, sollten sie dem Wirtschaftprüfer auffallen. So kann auch sein Interesse nur ein vermögensbezogenes sein. Dies wurde auch von befragten Wirtschaftsprüfern so gesehen und sogar angemerkt, daß die Fürsorgepflicht des Prüfers eine vermögenssichernde Verwaltung des Betriebsvermögens zumindest unterstütze. Daran ändert sich auch dadurch nichts, daß sich die Tätigkeit für das Unternehmen nicht in jedem Fall vermögensmehrend auswirkt. Zu denken ist etwa an die Fälle, in denen der Bestätigungsvermerk eingeschränkt oder gänzlich versagt wird und dies potentielle Kreditgeber abschreckt. Denn auch solche Maßnahmen des Wirtschaftsprüfers dienen der Behebung der aufgedeckten Fehler in der Buchführung, so daß sie langfristig vermögensbewahrend wirken. Es bleibt also festzuhalten, daß der Wirtschaftsprüfer fremdnützig Vermögensinteressen wahrt.

h) Zwischenergebnis

Bis hierhin läßt sich als Zwischenergebnis formulieren, daß es sich bei der Prüfungstätigkeit nicht nur um die fremdnützige Wahrnehmung von Belangen der Gesellschaft handelt, sondern gerade auch – und das ist erforderlich für die Untreue als Vermögensdelikt – um die Wahrnehmung von Vermögensinteressen. Somit ist die Wirtschaftsprüfung als fremdnützig typisierte Tätigkeit ausgestaltet. Der Wirtschaftsprüfer ist nicht etwa Erfüllungsgehilfe des Geschäftsführers, sondern er wird im Interesse des Unternehmens tätig.[329]

i) Die Besonderheit der Gründungsprüfung

Fraglich ist jedoch, ob dies auch für die Gründungsprüfung gilt, obwohl es bei ihr an einer vertraglichen Verbindung zwischen Prüfer und Unternehmen fehlt. Ihre Fremdnützigkeit ist im folgenden zu prüfen.

---

328 *Walz* in Heymann, HGB, Einl., Rn. 54.
329 *Schneider* in Scholz, GmbHG, § 43, Rn. 30.

Die Gründungsprüfung erfolgt zeitlich gesehen nach der Bestellung von Aufsichtsrat, Vorstand und Abschlußprüfer und nach Erstattung des Gründungsberichtes durch die Gründer gemäß § 32 AktG.[330] Ohne Gründungsprüfung kann eine Eintragung der Gesellschaft ins Handelsregister nicht erfolgen, es ist aber nicht Voraussetzung jeder Gründung, daß sie durch Wirtschaftsprüfer geprüft wird. Eine Gründungsprüfung erfolgt prinzipiell nur intern, durchgeführt von Mitgliedern des Vorstandes und des Aufsichtsrates. Nur in den in § 33 Abs. 2 Nr. 1 - 4 AktG aufgezählten Fällen bedarf es einer Prüfung durch Dritte, weil besonders dann Zweifel an der Objektivität einer internen Prüfung berechtigt sind. Der Prüfungsumfang ist ebenfalls gesetzlich in § 34 Abs. 2 AktG geregelt. Danach kommt es auf die Richtigkeit der Angaben der Gründer wie auch auf die Werthaltigkeit eingebrachter Sachen an. Die Gründungsprüfung soll im öffentlichen Interesse vor unsoliden Gesellschaften schützen.[331] Darin unterscheidet sie sich nicht von sämtlichen Buchprüfungen, so daß einer Vermögensbetreuungspflicht auch des Gründungsprüfers zunächst nichts entgegenzustehen scheint. Vorstellbar wäre etwa eine täterschaftliche Strafbarkeit des Gründungsprüfers für den Fall, daß der der Gesellschaft vom Aktionär im Rahmen einer Sachübernahme gewährte Vermögensgegenstand[332] nicht werthaltig ist und der Gründungsprüfer nicht einschreitet. Denn die Übernahme der vom Aktionär eingebrachten Sache erfolgt gegen Vergütung. Ist die Sache nicht werthaltig, erleidet das Unternehmen einen Vermögensnachteil.

Ferner müßte aber eine Vermögensbetreuungspflicht auch nach dem Inhalt der Tätigkeit eines Gründungsprüfers gegeben sein. Entscheidend ist somit, wie zuvor für die Fälle der Prüfungen, denen ein Rechtsgeschäft zugrundeliegt, ob es bei der Gründungsprüfung um ein Handeln für den Geschäftsherrn oder nur an den Geschäftsherrn geht. Ob sich der wesentliche Inhalt der Gründungsprüfung allerdings als eine fremdnützig typisierte Geschäftsbesorgung darstellt, erscheint höchst fraglich.

Aufgegriffen werden sollte hier zunächst der Gedanke, ob einer noch nicht eingetragenen Gesellschaft – und um eine solche handelt es sich im Zeitpunkt der Gründungsprüfung stets – schon eigene Vermögensinteressen zukommen können. Bei einer solchen Vorgesellschaft liegt noch keine juristische Person vor, sondern eine Gesellschaft sui generis.[333] Ihrem Wesen nach kommt sie nach herrschender Auffassung einer Gesamthandsgesellschaft am nächsten.[334] Insbesondere ist sie

330 Übersicht bei *Förschle/Peemöller*, Wirtschaftsprüfung und Interne Revision, S. 571.
331 *Förschle/Peemöller*, Wirtschaftsprüfung und Interne Revision, S. 571.
332 § 27 Abs. 1, S. 1 2. Alt. AktG.
333 BHG, Urteil vom 24. 10. 1968 in BGHZ 51, 30 (32) „Rechtsgebilde eigener Art".
334 BGH, Urteil vom 9. 3. 1981 in BGHZ 80, 129 (135).

selbst Zuordnungsobjekt und Rechtsträger ihres Vermögens.[335] Auch die Aufnahme der geschäftlichen Tätigkeit ist nicht von der Eintragung abhängig.[336] Der Vorgesellschaft ist daher aus denselben Gründen wie der juristischen Person sowohl ein Vermögens- wie auch ein Rentabilitätsinteresse zuzugestehen. Dafür spricht auch, daß im Gesellschaftsrecht von der Identität der Vorgesellschaft mit der späteren juristischen Person ausgegangen wird.[337] Mit der Eintragung ändert sich bildlich nur das „juristische Gewand".

Es ist für den Gründungsprüfer daher durchaus möglich, fremde Vermögensinteressen wahrzunehmen. Das heißt aber für die Praxis, daß er das Unternehmen durch Übernahme einer diesem obliegenden Tätigkeit entlasten müßte. Denn Indiz für ein solches Vertrauensverhältnis kann – wie oben bereits erläutert[338] – ein Schuldverhältnis mit Geschäftsbesorgungscharakter sein. An einem Schuldverhältnis zwischen Gründungsprüfer und Gesellschaft fehlt es. Dennoch sind die Elemente der Geschäftsbesorgung auch hier heranzuziehen, denn ein Schuldverhältnis ist als Grundlage einer Vermögensbetreuungspflicht nicht Voraussetzung. Vielmehr kommen gemäß § 266 StGB auch Gesetz, behördlicher Auftrag und ein Treueverhältnis in Betracht. Ohne Vertrag aber läßt sich die Fremdnützigkeit von Prüfungstätigkeiten nicht begründen. Es handelt sich bei der Gründungsprüfung nämlich gerade nicht um ein Geschäft des Unternehmens, das, wenn nicht vertraglich, dann gesetzlich dem Gründungsprüfer zur Fremdwahrnehmung überantwortet ist, sondern um ein im öffentlichen Interesse durch das Gericht übertragenes Amt, so daß der Prüfer nicht für die Gesellschaft tätig wird.[339] Die Fremdnützigkeit scheitert nicht schon daran, daß der Wirtschaftsprüfer nicht auf vertraglicher Grundlage, sondern aufgrund gerichtlicher Bestellung tätig wird, denn diese Alternative sieht § 266 StGB ausdrücklich vor. Es handelt sich auch nicht deswegen um kein Geschäft des Unternehmens, weil die Prüfung im öffentlichen Interesse liegt. An der Fremdnützigkeit fehlt es, weil die Gründungsprüfung keine Pflicht des Unternehmens ist, sondern eine Pflicht, die kraft Gesetzes den Unternehmensorganen und kraft Gerichtsentscheidung unter bestimmten Voraussetzungen dem Gründungsprüfer zugewiesen ist. Daher übernimmt der Gründungsprüfer nicht für das Unternehmen eine diesem obliegende Tätigkeit, was für die Fremdnützigkeit aber Voraussetzung ist. Die Pflicht, bei der Gründung die ge-

335 BGH, Beschluß vom 16. 3. 1992 in BGHZ 117, 323 (326).

336 *Hüffer*, AktG § 41, Rn. 1; *Pentz* in MüKo zum AktG § 41, Rn. 30.

337 Sog. Identitätstheorie (h. M.): *Hueck/Windbichler*, GesR, § 22, Rn. 6; *Pentz* in MüKo zum AktG § 41, Rn. 29; *Schmidt*, GesR, § 11 IV 2; a. A. *Hüffer*, AktG § 41, Rn. 16 f.

338 Vgl. oben im 5. Teil, II 4 a).

339 BayObLG, Beschluß vom 14. 8. 1973 in AG 1974, 22 (23); *Pentz* in MüKo zum AktG § 33, Rn. 64.

setzlichen Vorschriften einzuhalten, obliegt den Gründern und nicht der Vorgesellschaft. Daher ist die Gründungsprüfung im Sinne des § 33 AktG, die durch Mitglieder von Vorstand und Aufsichtsrat durchgeführt wird auch höchstpersönlicher Natur.[340] In den sonstigen Prüferfällen handelt es sich demgegenüber um eine vom Unternehmen an den Prüfer privatrechtlich übertragene Aufgabe. Der Unterschied zwischen den Prüfungsarten zeigt sich auch in Einzelheiten. So kann die Gesellschaft das Verhältnis zum Gründungsprüfer nicht kündigen und es bedarf auch keiner Annahmeerklärung seitens des Gründungsprüfers gegenüber der Gesellschaft. Es ist nicht ersichtlich, weshalb der Gründungsprüfer, der der Gesellschaft seinen Entschluß zur Leistung noch nicht einmal mitteilen muß, für die Gesellschaft tätig wird. Diese Konstellation läßt sich schon mit dem Wesen der Untreue nicht vereinbaren. Der Gründungsprüfer ist keine Person, die seitens des Geschäftsherrn besonderes Vertrauen in Anspruch nimmt und daraus eine Herrschaftsposition herleitet. Gegen eine Vertrauensbasis spricht schon, daß das Unternehmen keine Möglichkeit hat, die Person des Prüfers selbst (durch seine Organe) zu bestimmen. Die Mitglieder von Vorstand und Aufsichtsrat, die die Gründungsprüfung gemäß § 33 Abs. 1 AktG auch selbst durchführen, handeln auch nicht als Vertreter der Vorgesellschaft. Ihre Prüfungspflicht leitet sich aus der Organstellung ab und ist Nebenpflicht aus dem Anstellungsverhältnis.[341] Die Gründungsprüfung ist somit weder gesetzlich ausdrücklich Sache des Unternehmens, wie die ordnungsgemäße Buchführung und infolgedessen auch Buchprüfung gemäß § 238 Abs. 1 HGB, noch läßt sie sich als eine solche konstruieren. Vielmehr besteht in den Fällen des § 33 Abs. 2 Nr. 1-3 AktG die Gefahr der Voreingenommenheit der internen Prüfer und im Falle der Gründung mit Sacheinlagen oder -übernahmen (§ 33 Abs. 2 Nr. 4 AktG) zusätzliche Schwierigkeiten, die besonders qualifizierter Prüfer bedürfen.[342] Hauptanliegen der gesetzlichen Regelung ist die Objektivierung des Gründungsvorganges.[343] Festzuhalten bleibt, daß die Gründungsprüfung zwar gesetzlich vorgesehen ist, aber nicht als eine Aufgabe, die das Unternehmen dem Prüfer zuweist. Daß die Gründungsprüfung auch dem Unternehmensvermögen zugute kommt, ist lediglich als mittelbare Folge anzusehen, was für eine Fremdnützigkeit keinesfalls ausreichend ist und schon gar nicht als Hauptpflicht angesehen werden kann.

So hat bereits das Reichsgericht Tätigkeiten zum Nutzen eines fremden Vermögens lediglich zum Ausgangspunkt für die Eingrenzung der Vermögensbetreuungspflicht genommen, um dann mit Hilfe einschränkender Kriterien den De-

340 *Pentz* in MüKo zum AktG § 33, Rn. 8.
341 *Hüffer*, AktG § 33, Rn. 2.
342 *Förschle/Peemöller*, Wirtschaftsprüfung und Interne Revision, S. 572 f.
343 *Pentz* in MüKo zum AktG § 33, Rn. 14.

liktskern herauszuschälen.[344] Danach müssen all jene Rechtsverhältnisse ausscheiden, denen eine Fürsorgepflicht im Sinne einer Garantenpflicht fehlt.[345] Dies ist bei der Gründungsprüfung zu bejahen. Ihr liegt ein Rechtsverhältnis zugrunde, das keine Fürsorgepflicht begründet, weil es – wie oben gezeigt – nicht fremdnützig ausgestaltet ist.

j) Ergebnis

Als Ergebnis zur Untersuchung des wesentlichen Inhalts läßt sich somit folgendes formulieren: Eine Pflicht, fremde Vermögensinteressen wahrzunehmen, ist für den Wirtschaftprüfer wesentlicher Inhalt seiner Prüfungstätigkeit, soweit ein zivilrechtlicher Vertrag mit dem Unternehmen zugrundeliegt. Daran fehlt es bei der Gründungsprüfung, so daß für diese Fälle eine Vermögensbetreuungspflicht nicht in Betracht kommt. Ob weitere Merkmale zur Begründung einer Vermögensbetreuungspflicht erfüllt sein könnten muß für die Gründungsprüfung daher nicht mehr untersucht werden. Der Gründungsprüfer kommt als Täter einer Untreue nicht in Betracht.

5. Bedeutung der Tätigkeit

Die fremdnützige Wahrnehmung von Vermögensinteressen begründet aber nur dann eine Vermögensbetreuungspflicht, wenn der Tätigkeit eine nicht nur untergeordnete Bedeutung zukommt und der Prüfer materiell Interner ist. Für die Bedeutung der Tätigkeit zentrales Merkmal ist die Selbständigkeit. Daher wird diese als nächstes untersucht. Anschließend ist zu prüfen, ob es daneben noch auf Attribute wie Eigenverantwortlichkeit, Dauer oder Umfang ankommen kann.

Daß der Tätigkeit des Untreuetäters eine gewisse Bedeutung beigemessen werden muß, ist neben der Fremdnützigkeit als wesentlichem Inhalt der Tätigkeit die zweite Einschränkung, die der Treubruchstatbestand erfährt. Die Herrschaftsposition des Täters verträgt sich nicht mit bloß untergeordneten Tätigkeiten oder Diensten der Handreichung, die an diesem Punkt ausgesondert werden müssen.[346] Gemeinhin wird diese zweifache Einschränkung damit begründet, daß der Untreuetatbestand ansonsten eine uferlose Ausweitung erfahren würde. Und in der Tat handelt es sich in Situationen der Vermögensbeschädigung durch lediglich untergeordnet Beschäftigte häufig um Fälle der Unterschlagung beziehungsweise

344 *Schünemann* in LK § 266, Rn. 58.
345 *Samson/Günther* in SK § 266, Rn. 27.
346 *Schünemann* in LK § 266, Rn. 81.

um sonstige Eigentumsdelikte.[347] Dieser ohnehin schon formell subsidiäre Tatbestand hätte dann einen noch geringeren Anwendungsbereich und würde von einem auch im Einzelfall für die Rechtsprechung schwer handhabbaren Delikt abgelöst. Der Arbeitnehmer auf Fernfahrten etwa, der auch einen Teil der zu transportierenden Waren für sich verbraucht begeht eine Unterschlagung, sofern der Arbeitgeber die Fahrtroute nicht überschauen kann und ihm daher der eigene Gewahrsam fehlt.[348] Liegt eigener Gewahrsam des Arbeitgebers vor, ist Diebstahl zu bejahen. Würde man vom Kriterium der gewissen Bedeutung für eine Vermögensbetreuungspflicht absehen, so wäre, um eine Untreue im vorliegenden Fall zu bejahen, immer noch erforderlich, daß der Arbeitnehmer eine fremdnützig typisierte Tätigkeit erbringt, was im vorliegenden Beispiel in der Theorie zwar eindeutig ist, in der Praxis aber zu erheblichen Begründungsschwierigkeiten führen kann, weil das Merkmal inhaltlich schwer zu greifen ist.

Eine ausreichende Bedeutung erlangt die Tätigkeit bei Gesamtschau aller Ansichten nur, wenn sie neben der fremdnützigen Typisierung die Merkmale Selbständigkeit und Eigenverantwortlichkeit aufweist und ferner von einiger Dauer sowie einigem Umfang ist.[349] Die weitere Untersuchung wird jedoch zeigen, daß die Tätigkeit bereits allein dann, wenn sie das Merkmal der Selbständigkeit erfüllt, die erforderliche Bedeutung aufweist. Eigenverantwortlichkeit, Dauer und Umfang sind nicht geeignet, zusätzliche Aspekte zur Definition der Vermögensbetreuungspflicht beizutragen. Die Selbständigkeit hingegen bedarf eingehender Untersuchung, insbesondere weil sie in Rechtsprechung und Literatur auf unterschiedliche Weise gehandhabt wird.

a) Selbständigkeit im Grundsatz in Literatur und Rechtsprechung

Es gibt im Strafrecht keine einheitlich verbreitete Definition für das Merkmal der Selbständigkeit, vielmehr ist die Selbständigkeit selbst Teil der Definition für die Vermögensbetreuung. Sie wird von allen Seiten als notwendige Voraussetzung erachtet, über ihren Inhalt besteht jedoch Uneinigkeit.[350] Die Bedeutung des Merkmals ist geprägt durch den Zusammenhang, in dem es hier verwendet wird. In diesem Kontext der Vermögensbetreuungspflicht und des Tatbestandes der Untreue als solches ist Selbständigkeit immer in eine vermögensrechtliche Beziehung zu setzen. Selbständig im allgemeinen Sprachgebrauch ist beispielsweise

347 *Arzt/Weber*, StrR BT, § 22, Rn. 65.
348 *Rengier*, StrafR BT I, § 2, Rn. 19.
349 RG, Urteil vom 14. 12. 1934 in RGSt 69, 58 (60 ff.); *Arzt/Weber*, StrR BT, § 22, Rn. 57; *Lenckner/Perron* in Schönke/Schröder § 266, Rn. 24; *Tröndle/Fischer* § 266, Rn. 28.
350 *Kindhäuser* in Nomos-Kommentar § 266, Rn. 47.

auch derjenige, der zu seinem Büro einen eigenen Schlüssel hat oder nicht an feste Arbeitszeiten gebunden ist. Der Rechtsanwalt, der in seiner Kanzlei erscheint, wann er möchte, ist selbständig, trotzdem sagt dieser Umstand der Ungebundenheit über eine etwaige Vermögensbetreuungspflicht gegenüber dem Vermögen eines Mandanten gar nichts aus. Erforderlich ist also mindestens, daß der Täter Entscheidungen trifft, die sich in irgendeiner Form mittelbar oder unmittelbar auf die Vermögenslage des Opfers auswirken können.

Neben dem Gesichtspunkt der Verhinderung uferloser Tatbestandsausweitung ist die Frage interessant, weshalb es des Merkmals der Selbständigkeit überhaupt bedarf, um einer Tätigkeit eine untreuerelevante Bedeutung beizumessen. Die Antwort liegt im Wesen der Untreue selbst als einer Norm, deren Rechtsgut zwar nur das Vermögen ist, die aber daneben auch immer ein Treueverhältnis, eine Obhutsbeziehung beinhaltet. Plakativ formuliert kann der Handlanger nicht Hüter sein. Jemandem, der nur mechanische Tätigkeiten ausführt, fehlt es unter Umständen an dieser untreuespezifischen Selbständigkeit. Er ist zwar nicht in der Weise unselbständig wie ein Tatmittler im Sinne des § 25 Abs. 1, 2. Alt. StGB, der in seiner Person eine Strafbarkeitslücke aufweist, ihm fehlt aber die Position, die die Grundlage für eine Vertrauensbildung und Obhutsbeziehung sein kann. Untreuestrafbarkeit bedeutet vom Rechtsgut her zwar nur Vermögensverletzung, ausblenden läßt sich aber gleichzeitig nicht, daß der Täter auch Vertrauen verletzt und Verantwortung mißbraucht. In den Fällen rein mechanischer Tätigkeiten aber verbleibt die Verantwortung in so hohem Maße beim Geschäftsherrn, daß er Vertrauen hinsichtlich der Vermögenssorge nur in sich selbst haben kann. An einer selbständigen Tätigkeit fehlt es deswegen in all den Fällen, in denen der Geschäftsherr, also das eigentliche Opfer, keine Vertrauensbeziehung aufbaut, weil er selbst Herr der Lage bleibt. Dies kann auf zweifache Weise geschehen: Entweder der Tätigwerdende ist an seine strikten Anweisungen gebunden, oder er wird von ihm kontrolliert. Natürlich verletzt auch der Arbeiter, der Werkzeug stiehlt, in gewisser Weise Vertrauen, aber das Werkzeug wird dem Arbeiter auch nicht zur Vermögenssorge überantwortet. Der Geschäftsherr muß schon eine gesteigerte Form von Vertrauen aufbauen, damit eine Untreue möglich ist.

Was den Wirtschaftsprüfer betrifft, so scheint es an gleich zwei Stellen Anknüpfungspunkte zur Bejahung seiner Selbständigkeit gegenüber dem Unternehmen zu geben, ohne daß es auf den näheren Inhalt seiner Prüfungstätigkeit ankäme. Die ausdrückliche Erwähnung des Wortes „selbständig" findet sich nämlich zunächst auch in § 43a Abs. 1 WPO. Allerdings fehlt hier der bereits oben beschriebene untreuespezifische Kontext. Selbständig meint hier das Gegenteil von angestellt,[351] so daß für Erkenntnisse bezogen auf die Vermögensbetreuungs-

351 WP Handbuch 2006, A 52.

pflicht nichts erreicht ist. Desweiteren könnte sich die Selbständigkeit aus dem Geschäftsbesorgungsvertrag zwischen Prüfer und Unternehmen herleiten lassen. Denn eine Geschäftsbesorgung verlangt gerade eine selbständige Tätigkeit wirtschaftlicher Art.[352] Aber nicht jedes Geschäftsbesorgungsverhältnis stellt im Falle eines Vermögensschadens einen Untreuesachverhalt dar. Denn auch in Geschäftsbesorgungsverhältnissen kann es im Einzelfall unterschiedlich sein, inwieweit dem Handelnden freie Hand gewährt wird.[353] Das heißt also, daß ein Geschäftsbesorgungsvertrag mit seiner zivilrechtlichen Selbständigkeit durchaus vorliegen kann, ohne daß man auch von einer untreuerelevanten Selbständigkeit ausgehen würde, schon deswegen, weil in einem Geschäftsbesorgungsverhältnis neben selbständigen Aufgaben auch unselbständige Aufgaben vereinbart sein können, ohne daß sich gleich der Vertragstyp ändert oder ein neuer Vertrag entsteht. So macht sich etwa der Rechtsanwalt noch nicht nach § 266 StGB strafbar, wenn er nur Gelder nach festgelegten Konditionen auszuzahlen hat.[354] Gleichwohl kann dies eine Aufgabe sein, die ihm im Rahmen eines Rechtsberatungsvertrages obliegt. Dann behält der Rechtsberatungsvertrag trotzdem seinen Charakter als Geschäftsbesorgungsdienstvertrag.[355]

Es ist also doch erforderlich, die Selbständigkeit inhaltlich zu erfassen, um dann im Wege einer Subsumtion ein Ergebnis formulieren zu können. Was die Anforderungen an den Inhalt der Selbständigkeit anbelangt, so sind sie in der Rechtsprechung geprägt durch die Aufzählung von Berufsgruppen, die in ihren Tätigkeiten wenig bis gar nicht vergleichbar sind. Schlagworte, die eine argumentative Linie aufzeigen würden, finden sich allenfalls vereinzelt in der Literatur.[356] Dies hat auch in der Kommentarliteratur zum Teil zu Fehlern geführt, die man wohl nur als Zuordnungsunsicherheit bezeichnen kann. So sprechen *Samson/Günther* im Systematischen Kommentar sowohl Kellnern, als auch Lohnkutschern eine ausreichende Vermögensfürsorgepflicht zu,[357] während *Schünemann* im Leipziger Kommentar Kellnern und Taxichauffeuren (also denselben oder zumindest vergleichbaren Berufsgruppen) lediglich Dienste der Handreichung bescheinigt.[358] Dies mag zum Teil an Rechtsprechungsänderungen liegen, gene-

352 *Mansel* in Jauernig BGB, § 675, Rn. 5; *Sprau* in Palandt § 675, Rn. 3.
353 *Kindhäuser* in Nomos-Kommentar § 266, Rn. 47.
354 *Kindhäuser* in Nomos-Kommentar § 266, Rn. 58.
355 *Heermann* in MüKo zum BGB § 675, Rn. 26.
356 So etwa bei *Hübner* in LK, 10. Auflage, § 266, Rn. 32.
357 *Samson/Günther* in SK § 266, Rn. 26.
358 *Schünemann* in LK § 266, Rn. 81.

rell ist jedoch festzustellen, daß sich zur inhaltlichen Bestimmung der Selbständigkeit die Aufzählung von Berufsgruppen nur bedingt eignet.[359]

aa) Die Selbständigkeit nach Hübner

Hübner definiert die Selbständigkeit losgelöst von Berufszugehörigkeiten dahingehend, ob „der Betreuer so handeln muß, oder auch anders handeln darf."[360] Mit dieser Definition erhält das Merkmal sehr bestimmte Grenzen. *Hübner* leistet damit einen Beitrag zur Anwendungssicherheit. Dies hat zur Folge, daß der Selbständigkeit zur Umschreibung der Vermögensbetreuungspflicht mehr Gewicht zukommt. Für Betreuungsverhältnisse, in denen der Betreuer gerade nicht anders handeln darf, läßt sich argumentativ nur noch schwer eine Vermögensbetreuungspflicht bejahen. Demgegenüber ist die Rechtsprechung dem Irrtum erlegen, eine größere Bedeutung der Selbständigkeit führe dazu, daß von der Wahrnehmung fremder Vermögensinteressen dann nur noch bei Geschäftsführern von Unternehmen und selbständigen Verwaltern von Vermögensmassen gesprochen werden könnte;[361] daß sich also der Kreis möglicher Untreuetäter zu stark zugunsten offensichtlich selbständiger Personengruppen verschiebt. Diese Bedenken können nicht geteilt werden, da nach *Hübners* Definition beispielsweise auch Architekten oder einfache Beauftragte – sofern es sich nicht um ein genau umgrenztes Einzelgeschäft handelt – selbständig sind. Entscheidend ist die Freiheit zu eigener, auch abweichender Entscheidung.

Die Ansicht *Hübners* ist aber in der Literatur auch auf Kritik gestoßen. So merkt *Schünemann* an, daß es bei einer hinterher pflichtwidrigen Handlung doch im Vorfeld nicht davon abhängen kann, ob der Täter eine oder zwei legale Alternativen hatte.[362] Außerdem gehe es bei der Wahlfreiheit um die Bindung im Innenverhältnis und die Obhutsstellung über fremdes Vermögen betrifft gerade die Gestaltung des Außenverhältnisses.[363]

Weitere Konturen oder Versuche einer knappen Umschreibung wie derjenigen von *Hübner* sind im Schrifttum ansonsten nicht zu erkennen. *Lenckner/Perron* sprechen von dem Erfordernis einer besonders qualifizierten Garantenbezie-

359 Kritik auch bei *Kindhäuser* in Nomos-Kommentar § 266, Rn. 51: „die Tätigkeit des Kassierers wird nicht unter den Tatbestand subsumiert, sondern zu einer der Tatbestandsauslegung vorgegebenen Richtschnur gemacht."

360 *Hübner* in LK, 10. Auflage, § 266, Rn. 32.

361 OLG Köln, Urteil vom 12. 2. 1963 in NJW 1963, S. 1992.

362 *Schünemann* in LK § 266, Rn. 85.

363 Vgl. die Stellungnahme zu dieser Kritik auf Seite 117.

hung,[364] dies aber nur in Bezug auf das fremdnützig typisierte Schuldverhältnis und nicht in Bezug auf die Selbständigkeit.[365]

bb) Die Selbständigkeit in der Rechtsprechung

Das Kriterium der Selbständigkeit hat in der Rechtsprechung eine Abwertung erfahren, die eigentlich unverständlich ist, wenn man sich vor Augen hält, daß sich die für eine Wahrnehmung fremder Interessen notwendige Individualität gerade in diesem Merkmal am besten ausdrückt. Bis 1934 war dieses Kriterium fester und wichtiger Bestandteil der Untreueprüfung. Systematisch unterschied man den Bevollmächtigten vom bloßen Vermittler oder Boten und verneinte eine Vermögensbetreuungspflicht für letzteren. Das Entscheidende beim Bevollmächtigten lag aber gerade in seiner (rechtsgeschäftlichen) Selbständigkeit.[366] Der Untreuetatbestand wurde mit dem am 1. 6. 1933 in Kraft getretenen Gesetz zur Abänderung strafrechtlicher Vorschriften vom 26. 5. 1933 neu gefaßt.[367] Mit seiner damals wegweisenden Entscheidung vom 14. 12. 1934 schränkte das Reichsgericht das Kriterium der Selbständigkeit bereits ein. Erforderlich war nur noch eine gewisse Selbständigkeit oder Bewegungsfreiheit, die in ihrem Umfang hinter Vermögensverwaltern im eigentlichen Sinne zurückbleibt.[368] Der damit beschrittene Weg setzte sich auch in der Rechtsprechung des BGH fort. Es wird nicht die Anstrengung unternommen, das Wort selbständig abstrakt inhaltlich unter die Lupe zu nehmen; Ansatz ist vielmehr, es überhaupt wegzulassen. In BGHSt 13, 315 (319) wird die Selbständigkeit zwar noch erwähnt, hat aber bei näherem Hinsehen keinerlei Bedeutung. Denn sie steht nicht am Anfang, sondern am Ende der Argumentationskette. Subsumiert wird nicht unter den Tatbestand, sondern unter die Merkmale Einkassieren, Verwalten und Abliefern von Geld unter besonderer Berücksichtigung von Kontrolle und Herausgabe von Wechselgeld.[369] Das aber können alles nur Beispiele sein. Eine Untreuestrafbarkeit kann nicht danach entschieden werden, ob die Tätigkeit eines Kassenwalters vergleichbar ist mit derjenigen eines Betriebszellenobmanns. Dies trägt zur Konkretisierung der Vermögensbetreuungspflicht nicht nur nichts bei, sondern wirkt ihr eher entgegen.[370] Kritisiert werden muß in diesem Zusammenhang auch die von der Recht-

364 *Lenckner/Perron* in Schönke/Schröder § 266, Rn. 23a.
365 Mißverständlich *Schünemann* in LK § 266, Rn. 84.
366 RG, Urteil vom 10. 6. 1910 in RGSt 43, 432 (433).
367 RGBl 1933 I, 295.
368 RG, Urteil vom 14. 12. 1934 in RGSt 69, 58 (62).
369 BGH, Urteil vom 11. 12. 1957 in BGHSt 13, 315 (319).
370 So auch *Otto*, Grundkurs Strafrecht BT, § 54, Rn. 23.

sprechung vorgenommene schlagwortartige Unterteilung in übergeordnete und rein mechanische Tätigkeiten.

Zur Verdeutlichung soll folgendes Beispiel dienen: Wer mit einem Kühlwagen mit 1000 Litern Milch über Dörfer zieht mit der Maßgabe des Bauern, die Milch für mindestens 500 Euro zu verkaufen, hat hinreichende Entscheidungsfreiheit. Den Preis pro Liter kann er selbst aushandeln, kann sogar einen Teil der Milch selbst verbrauchen, wenn er nur weiterhin die Marke von 500 Euro überschreitet. Trotzdem dürfte das Ausschenken der Milch in den einzelnen Orten ähnlich „mechanisch" ablaufen wie das Sortieren von Obst. Und von einer übergeordneten Tätigkeit kann man wohl kaum sprechen. Dennoch liegt eine selbständige Tätigkeit vor.

Das Beispiel zeigt, daß auch untergeordnete Tätigkeiten vermögensfürsorgerisch ausgestaltet sein können. Der Täterkreis wird von der Rechtsprechung insofern erheblich erweitert, als ein Treubruch nur für völlig untergeordnete und unbedeutende Tätigkeiten nicht mehr in Betracht kommt.[371] Feste Regeln vermag die Rechtsprechung nicht aufzustellen und gibt selbst zu, daß die Wahrnehmung von Vermögensinteressen nur nach den gesamten Umständen des jeweiligen Einzelfalles entschieden werden kann.[372]

Unternimmt man dennoch den Versuch mit den Mitteln der Rechtsprechung Erkenntnisse über die Vermögensbetreuungspflicht für den Fall der Prüfungstätigkeit des Wirtschaftsprüfers zu gewinnen, so bereitet dies besonders Probleme, weil es an einer Aufnahme dieser Berufsgruppe in den Katalog der Betreuungspflichtigen oder gerade nicht Betreuungspflichtigen bisher fehlt. Das oben zur Rechtsprechung Erläuterte wurde insbesondere für den Beruf des Kassenhalters entwickelt, der Einnahmen entgegennimmt, Bücher führt, Quittungen erteilt und Wechselgeld herausgibt. Diese Abrechungsaufgaben sind mit der Tätigkeit des Wirtschaftsprüfers im Rahmen der Buchprüfung nur schwer bis gar nicht vergleichbar. Daß das Merkmal der Selbständigkeit nach der Rechtsprechung in den Fällen des Einkassierens, Verwaltens und Ablieferns von Geldern nur eine untergeordnete Rolle spielen soll, ist für eine Subsumtion nicht hilfreich, wenn es sich im Einzelfall um einen solchen Umgang mit Geld gar nicht handelt. Einnahme, Verwaltung und Investition von finanziellen Mitteln sind vielmehr Sache der Gesellschaft und der für sie tätigwerdenden natürlichen Personen. Aufgabe des Wirtschaftsprüfers ist im Rahmen seiner Prüfungstätigkeit nicht der unmittelbare Umgang mit Geld. Dieser scheint aber für die Rechtsprechung gerade besonders aussagekräftig zu sein, wenn es um die Darstellung von Vermögensbetreuungs-

371 *Arzt/Weber*, StrR BT, § 22, Rn. 64.
372 BGH, Urteil vom 11. 12. 1957 in BGHSt 13, 315.

pflichten geht. So spielt auch die Höhe der anvertrauten Mittel eine Rolle,[373] obwohl diese nur immer relativ bestimmt werden kann, weil sie in ein Verhältnis zur Vermögenslage des Opfers gesetzt werden muß. Neben der Höhe der anvertrauten Mittel kann es kumulativ oder alternativ auf geordnete Abrechnungsverfahren ankommen.[374]

Im Hinblick auf die Vergleichbarkeit des Kassenhalters mit dem Wirtschaftsprüfer sind hier zwei Fragen von Bedeutung. Zum einen, ob auch nur das Kriterium der Abrechnung ausreichend ist, ohne Einkassieren, Verwalten und Abliefern von Geldern, denn letzteres ist ja gerade nicht Inhalt der Tätigkeit des Prüfers. Zum anderen, ob es auch ausreicht, wenn man gewisse Abrechnungsverfahren zwar nicht befolgen, aber doch verfolgen, also nachkontrollieren muß. Hierzu sei noch einmal erwähnt, daß das Kriterium der Selbständigkeit gerade in den Fällen des dargestellten Umgangs mit Geld nicht mehr in maßgeblichem Umfang zum Tragen kommen soll. Das heißt nichts anderes, als daß die Rechtsprechung eine Ersetzung oder zumindest eine Verdrängung vornimmt. Das Kriterium der Selbständigkeit verliert an Bedeutung zugunsten eines „gewissen Spielraums" im Umgang mit anvertrauten Mitteln.[375] Die Antwort auf die erste Frage müßte dann konsequenterweise lauten, daß nur die Abrechnung ohne den vorherigen Umgang mit Mitteln wohl nicht ausreichend ist, denn der Spielraum rührt ja gerade aus der – hier untechnisch zu verstehenden – Verfügung über die Mittel. Auf der anderen Seite kann eine Untreue selbst nach der Rechtsprechung nicht nur dann begangen werden, wenn der Täter das veruntreute Geld vorher einmal tatsächlich in Händen gehalten hat. Vielmehr reicht auch ein mittelbarer Einfluß, der dann zu einem Vermögensnachteil führt. Die Lösung kann nur darin liegen, daß man die Wendung „anvertraute Mittel" nicht dahingehend wörtlich versteht, daß immer auch ein Griff in die Kasse möglich sein muß. Dies ist vielmehr in den Fällen des Einkassierens, Verwaltens und Ablieferns von Geld zufällig so. Die Abrechnungskompetenz reicht also offenbar alleine nicht; entscheidend ist aber nicht ein unmittelbarer Einfluß auf das Geld, sondern ausreichend ist auch ein nur mittelbarer.

Bezogen auf die zweite Frage ist festzustellen, daß die bloße Nachkontrolle alleine nicht ausreichend ist. Um in den Denkstrukturen der Rechtsprechung fortzufahren, ergibt dies der Fall eines Sortenkassierers.[376] Dieser hatte anhand von Kontoauszügen lediglich zu überprüfen, ob Ist- und Sollbestand übereinstimmen, ohne eventuelle Abrechnungsunterlagen selbst erstellt zu haben. Unter diesen

---

373 OLG Hamm, Urteil vom 22. 5. 1973 in NJW 1973, 1809 (1810).
374 *Kindhäuser* in Nomos-Kommentar § 266, Rn. 51.
375 RG, Urteil vom 14. 12. 1934 in RGSt 69, 58 (61 f.).
376 BGH, Beschluß vom 26. 5. 1983 in NStZ 1983, S. 455.

Umständen verneinte der BGH eine Vermögensbetreuungspflicht. Hingegen würde es für eine Vermögensbetreuungspflicht ausreichen, wenn er selbst die Bücher zu führen hätte. Zumindest Vergleiche von Ist- und Sollbestand finden sich auch in der Arbeit des Wirtschaftsprüfers. Seine Tätigkeit reicht aber in der gesamten Ausgestaltung deutlich weiter.

Im Ganzen muß festgestellt werden, daß der fallbezogene Ansatz der Rechtsprechung zur Ermittlung der Selbständigkeit überall dort seine Grenzen hat, wo es den Berufen an Vergleichbarkeit fehlt, denn allgemeingültige Aussagen können nicht getroffen werden. Auf der einen Seite hat der Wirtschaftsprüfer einen mittelbaren Vermögenseinfluß, auf der anderen Seite kontrolliert er vergleichbar einem Sortenkassierer nur die Bücher oder Abrechnungen anderer. Es ist also nicht zielführend, Fallbeispiele der Rechtsprechung auseinanderzunehmen und auf ihren allgemeingültigen Gehalt hin zu untersuchen. Die berufsspezifische Vergleichbarkeit muß von Anfang an gegeben sein. Handelt es sich also wie beim Wirtschaftsprüfer nicht um eine Tätigkeit, bei der Geld kassiert, verwaltet und abgeliefert wird, lassen sich auch die weiteren von der Rechtsprechung zu dieser Fallgruppe entwickelten Grundsätze – also etwa der Umstand, ob Abrechnungsunterlagen zu erstellen sind – nicht verallgemeinernd auf den Wirtschaftsprüfer anwenden. So finden diese Grundsätze auch in Lehrbüchern immer nur im Zusammenhang mit der Fallgruppe Erwähnung und nie als allgemeingültige Grundsätze.[377]

cc) Eigener Ansatz

Aufgabe ist es also, allgemeingültige Kriterien für das Merkmal Selbständigkeit zu entwickeln, um die Prüfungstätigkeit des Wirtschaftsprüfers überhaupt subsumieren zu können. Denn die Selbständigkeit ist nur dann dazu geeignet, zur Konkretisierung der Vermögensbetreuungspflicht wichtige Hinweise zu liefern, wenn man sie inhaltlich hinreichend präzisiert. Das Merkmal hat nicht – wie die Rechtsprechung vermutet – einen nur beschränkten Erkenntniswert[378] und es ist nicht zielführend der Rechtsprechung argumentativ hinterherzulaufen, denn wie bereits gezeigt, wird durch die fehlende Vergleichbarkeit der bisher entschiedenen Fälle eine allgemeingültige Definition verhindert.[379]

---

377 *Rengier*, StrafR BT I, § 18, Rn. 16 f.; *Wessels/Hillenkamp*, StrR BT 2, Rn. 772.

378 BGH, Urteil vom 11. 12. 1957 in BGHSt 13, 315 (317); a. A. *Wessels/Hillenkamp*, StrR BT 2, Rn. 771.

379 Vgl. den Versuch von *Schünemann*: „Die Selbständigkeit erfordert zumindest die eigene Abrechunungskompetenz. Natürlich kann sie sich stattdessen auch aus anderen Momenten ergeben, (...)“ in LK § 266, Rn. 86.

Wie der Inhalt der Selbständigkeit zu bestimmen ist, muß sich nach dem übergeordneten Wesen der Vorschrift richten. Maßgeblich muß immer sein, welchen Zweck, welche Lenkungsfunktion die Untreue wahrnehmen soll, welche Stellung dem Täter zukommen muß, damit seine Pönalisierung überhaupt gewollt ist. Als oberstes Gebot muß beachtet werden, welches Handeln der Gesetzgeber unter Strafe stellen wollte. Der Wortlaut der Norm ist dafür immer der wichtigste Anknüpfungspunkt. In „wahrnehmen" und mehr noch in „betreuen" schwingt das Merkmal der Selbständigkeit mit.[380] Betreuen, verstanden als umsorgen, beinhaltet die Absicht, das Bestmögliche für das Vermögen zu erreichen. Damit ist nicht gemeint, daß es in jedem Fall auf eine Vermögensmehrung ankommen muß.[381] Unabdingbare Voraussetzung ist aber die Entscheidungsmacht über das fremde Vermögen. Das charakteristische Handlungsunrecht der Untreue liegt gerade im Fehlgebrauch dieser Entscheidungsmacht.[382]

Auch unter diesem Gesichtspunkt ist es problematisch, daß die Rechtsprechung in den Fällen des Einkassierens, Verwaltens und Ablieferns von Geldern vom Merkmal der Selbständigkeit absieht und stattdessen die Abrechnungskompetenz und die Höhe der Mittel für überwiegend maßgeblich erachtet. Dies führt zu einer Richtungsänderung des Tatbestandes, die ursprünglich vom Gesetzgeber so nicht gewollt war. Besonders deutlich zeigt sich dies an dem Fall der Kassiererin in einem Selbstbedienungsladen. Diese bekommt morgens einen bestimmten Betrag an Wechselgeld. Den Tag über zieht sie die vom Kunden ausgewählte Ware über einen Scanner oder gibt die jeweiligen Preise per Hand ein und kassiert den Betrag. Abends addiert sie diese Beträge zu einer Endsumme und liefert diese inklusive des Wechselgeldes bei ihrem Geschäftsherrn ab. Die Rechtsprechung hält sie für eine taugliche Täterin.[383] Aber die Höhe der Gelder, die Abrechnungskompetenz und die Herausgabe von Wechselgeld suggerieren eine Macht über die Mittel, die in Wirklichkeit nicht besteht. Tatsächlich ist die Abrechnungskompetenz nur die Dokumentation einer im Ganzen höchst unfreien und mechanischen Tätigkeit. Richtigerweise lehnen es daher *Wessels/Hillenkamp* ab, eine Vermögensfürsorge schon dann anzuerkennen, wenn ohne eigene Dispositionsbefugnis Bücher zu führen oder Abrechnungsunterlagen zu erstellen sind.[384] Neuerdings wird dies auch dadurch sichtbar, daß es in einigen Supermärkten Versuche gibt, bei denen die Kunden ihre Ware mit Hilfe eines entsprechenden Computers selbst abrechnen. Ob es sich um eine mechanische oder selbständige Tätigkeit handelt, kann auch nicht daran gemessen werden, ob es sich

380 RG, Urteil vom 14. 12. 1934 in RGSt 69, 58 (61 f.).
381 *Schünemann* in LK § 266, Rn. 85.
382 *Kindhäuser* in Nomos-Kommentar § 266, Rn. 3.
383 OLG Hamm, Urteil vom 22. 5. 1973 in NJW 1973, 1809 (1810).
384 *Wessels/Hillenkamp*, StrR BT 2, Rn. 772.

um einen *Allein*kassierer handelt.[385] Denn eine Tätigkeit ändert sich inhaltlich nicht dadurch, daß sie von mehreren ausgeübt wird.

Den Täter für einen Tatbestand zu ermitteln, ist letztlich auf zweifache Weise möglich. Entweder nimmt man zunächst alle Personen als potentielle Täter an und sondert dann einzelne aus, oder man geht zunächst von der Unschuld aller aus und ermittelt dann, bei wem die jeweiligen Tatbestandsmerkmale vorliegen. Welcher Ansatz gewählt wird, ist im Einzelfall davon abhängig, ob man ein Tatbestandsmerkmal positiv oder negativ definiert. So wird etwa das Merkmal der Wegnahme in § 242 Abs. 1 StGB positiv dahingehend definiert, daß nur derjenige tauglicher Täter sein kann, der fremden Gewahrsam gebrochen und neuen, nicht notwendig eigenen Gewahrsam, begründet.[386] Somit ist anfänglich niemand Täter, erst diejenigen, auf die die positive Definition paßt, kommen in Betracht. Andererseits kann ein unechtes Unterlassungsdelikt nicht begehen, wem eine Garantenstellung fehlt. Jede positive Definition läßt sich dabei grammatikalisch auch in eine negative Definition wandeln und umgekehrt. Insofern könnte man der Auffassung sein, daß es gleichgültig ist, in welche Richtung die Definition formuliert wird. Geht es allerdings um die Definition der Untreue, ist neben dem Wesen dieser Vorschrift, das sich auf den Inhalt der Definition auswirken wird, auch das Wesen des Treubruchstatbestandes zu beachten. Dieser trägt die Gefahr in sich, daß er zum einen zu weit und zum anderen zu wenig konkret ausfällt. Dieser zum Teil uferlosen Weite ließe sich entgegenwirken, wenn man das Merkmal in doppelter Hinsicht einschränken würde. Nämlich sowohl positiv, als auch negativ. Jede Definition filtert den Täterkreis; werden sowohl positive, als auch negative Definitionen hintereinandergeschaltet, so erreicht man am ehesten ein Ergebnis. Auch aus diesem Grund verwundert es, daß die Rechtsprechung vom Merkmal der Selbständigkeit in bestimmten Fällen absieht. Denn jede fehlende Eingrenzung bedeutet eine weitere Ausweitung des Tatbestandes.

Mit dem Merkmal der Selbständigkeit muß der Kreis der potentiellen Täter um all diejenigen verringert werden, denen das Opfer gar nicht ausgeliefert sein kann, weil es keine Vertrauensbeziehung aufbaut. An einer solchen fehlt es nämlich immer dann, wenn das Opfer sich selbst weiterhin mehr vertraut als dem potentiellen Täter. So ist die Kassiererin in einem Selbstbedienungsladen nur ausführende Hand. Ihr ist es nicht erlaubt, nach eigenem Ermessen gestaltend tätig zu werden. Sie setzt die Verkaufsidee und die Preisgestaltung ihres Vorgesetzten nur um. In Verkauf und Preis äußert sich aber gerade das Vermögensinteresse des Vorgesetzten, das dieser also weiterhin selbst wahrnimmt und der Kassiererin

385 So aber *Krey/Hellmann*, StrR BT Band 2, Rn. 566 f.

386 *Eser* in Schönke/Schröder § 242, Rn. 22; *Maurach/Schröder/Maiwald*, StrR BT, Teilband 1, § 33, Rn. 11; *Rengier*, StrafR BT I, § 2, Rn. 10.

nicht anvertraut. Selbständiger Täter kann also nicht sein, wer von vorneherein keine Dispositionsbefugnis besitzt oder wem eine anfänglich eingeräumte Dispositionsbefugnis wieder durch Vorgaben oder nachträgliche Kontrolle entrissen wird. Daraus ergibt sich die folgende zweistufige Definition für das Merkmal selbständig:

Der Täter muß auf der ersten Stufe in Ansehung einer Alternative eine vermögenswirksame Entscheidung treffen können. Hinzukommen muß sodann, daß er auf der zweiten Stufe bezüglich der getroffenen Entscheidung keine festen Bahnen vorfindet, etwa aufgrund von Vorgabe oder nachträglicher Kontrolle.

Elemente dieser Umschreibung finden sich in ähnlicher Form vielfach in der Literatur. So ist auch für *Kindhäuser* die vorhandene Entscheidungsfreiheit maßgeblich, womit er meint, daß der Handelnde sich nicht nur unter bestimmten Bedingungen in vorentschiedenen Bahnen bewegen darf.[387] Die Selbständigkeit bejaht er beispielsweise für den Fall, daß jemand Gelder bis zu einer Höchstgrenze erhält, um bei einer Kunstauktion nach eigenem Sachverstand einen angebotenen Manet zu ersteigern. Wendet man oben entwickelte Definition an, so ist zunächst festzustellen, daß der Käufer auf der ersten Stufe die Alternative hat, ob er überhaupt mitbietet, oder nicht. Denn allein die Bindung an seinen Sachverstand beinhaltet auch, daß er das Bild etwa dann nicht ersteigern soll, wenn er feststellt, daß es beschädigt, oder etwa eine Kopie ist. An seiner Entscheidungsfreiheit auf der ersten Stufe ändert sich auch nichts, wenn man davon ausgeht, daß ein allwissender Dritter die Entscheidung bereits kennt, weil es nur theoretisch mehrere Möglichkeiten gibt, es in der Praxis aber bei nur noch einer Entscheidung verbleibt. So etwa, wenn das Bild vor der Auktion gestohlen wird. Dann könnte man der Auffassung sein, aufgrund dieses besonderen Umstandes fehle es schon auf der ersten Stufe an einer Alternative. Maßgeblich ist aber die Beziehung zwischen Täter und Opfer und zugrundezulegen ist der Fall, den sich die Parteien im Vorfeld vorgestellt haben. Dies wird auch daran deutlich, daß die Konstellation, in der der Täter das Bild (etwa aufgrund des Diebstahls) gar nicht ersteigern konnte und stattdessen dann pflichtwidrig einfach für ein anderes Bild mitbietet, nicht anders entschieden werden kann wie der Fall, in dem der angebotene Manet zu ersteigern gewesen wäre, der Täter das Geld aber trotzdem für einen Degas ausgibt.

Die Selbständigkeit ist aber nur dann zu bejahen, wenn der Täter auch auf der zweiten Stufe nicht gebunden ist. Entscheidet er sich dafür, mitzubieten, so ist ihm bis zu der auferlegten Höchstgrenze völlig freigestellt, wieviel er für das Bild zahlen will. Hierin ist ein ausreichender Spielraum zu sehen. Ersteigert er das Bild hingegen nicht – etwa, weil die Gebote die Höchstgrenze, an die er gebun-

387 *Kindhäuser* in Nomos-Kommentar § 266, Rn. 50, 54.

den ist, überschreiten oder weil das Bild tatsächlich wertlos ist – so könnte man dann der Auffassung sein, ihm wären jetzt feste Bahnen vorgegeben, denn will er sich weiter pflichtgemäß verhalten, bleibt ihm nur, das Geld seinem Auftraggeber zurückzuzahlen. Dies ist für ihn die einzige Möglichkeit, wenn er rechtmäßig handeln will und bei der Beurteilung von Handlungsalternativen kann es immer nur auf den erlaubten Rahmen ankommen. Anderenfalls wäre der Handlungsspielraum jedes Menschen unbegrenzt und somit jeder Mensch selbständig. Diese Rückzahlungspflicht kann jedoch nicht maßgeblich für die Beurteilung der Selbständigkeit sein, sie sollte sie insbesondere nicht ausschließen können. Denn es handelt sich um eine rein schuldrechtliche Pflicht. Anspruchsgrundlage wäre entweder § 667 BGB oder das Bereicherungsrecht, sofern der Auftrag nicht wirksam zustandegekommen sein sollte.[388] Rein schuldrechtliche Pflichten aber können eine Vermögensbetreuungspflicht weder begründen noch ausschließen. Was für den Gesichtspunkt der Fremdnützigkeit anerkannt ist,[389] muß auch für die Bedeutung der Tätigkeit gelten. So kann beispielsweise im Falle der Leihe die Pflicht zum sorgfältigen Umgang mit der Sache nicht die Fremdnützigkeit begründen, weil es sich um eine allgemeine Schuldnerpflicht handelt. Genausowenig kann aber die Rückgabepflicht aus § 604 Abs. 1 BGB dann die Selbständigkeit ausschließen. In den Fällen des fehlenden Geschäftsabschlusses auf der ersten Stufe beinhaltet die zweite Stufe immer nur ein schuldrechtliches Rückabwicklungsverhältnis. Für diese Konstellationen ist auf der zweiten Stufe hypothetisch zu prüfen, ob der potentielle Täter ausreichenden Spielraum gehabt hätte, wenn es zum Geschäftsabschluß gekommen wäre. Dann hätte er bei obigem Beispiel den Preis innerhalb der Höchstgrenze frei bestimmen können. Die Selbständigkeit ist also für obigen Auktionsfall mit *Kindhäuser* zu bejahen.

Die zweite Ebene ist insbesondere ausschlaggebend, wenn der Fall dahingehend abgewandelt würde, daß die Anweisung lautet, zu versuchen, den Preis eines bestimmten Bildes um 1000 Euro herunterzuhandeln, es aber ansonsten zum angebotenen Preis zu kaufen. Hier besteht auf der ersten Ebene dieselbe Entscheidungsmöglichkeit wie oben, allerdings findet der Beauftragte auf der zweiten Stufe enge Vorgaben vor, innerhalb derer er sich zu bewegen hat. Insbesondere können hier nicht vorgegebene feste Bahnen mit dem Argument verneint werden, der Beauftragte könnte das Bild auch ohne zu Handeln direkt zum angebotenen Preis kaufen, ohne daß der Auftraggeber dies kontrollieren könnte und sei deswegen selbständig. Denn entscheidend ist, daß man innerhalb eines erlaubten Rahmens frei agieren kann und nicht dadurch selbständig wird, daß man diesen Rahmen verläßt. Der erlaubte Rahmen ist vorliegend aber durch feste Vorga-

388 *Sprau* in Palandt § 667, Rn. 1.
389 BGH, Urteil vom 3. 5. 1978 in BGHSt 28, 20 (23).

ben geprägt: Das Bild muß gekauft werden, wenn nicht zu einem um 1000 Euro verringerten Preis, eben zu dem Preis, den der Eigentümer verlangt. Somit muß in der Fallabwandlung die Vermögensbetreuungspflicht verneint werden, auch wenn man geneigt ist, ihre Verletzung gerade darin zu sehen, daß der Beauftragte nicht handelt. Die Selbständigkeit und damit die Vermögensbetreuungspflicht fehlt bei Durchführung eines genau umgrenzten Einzelgeschäfts.[390]

Auch der bereits diskutierte Ansatz von *Hübner* käme für beide Fälle zum selben Ergebnis und steht obiger Definition daher nicht entgegen, er zielt vielmehr in dieselbe Richtung. *Hübner* stellt – wie oben bereits erwähnt[391] – darauf ab, ob der Betreuer so handeln muß, oder auch anders handeln darf. In der prägnanten Formel stecken, nicht anders als in obiger Definition, Kriterien wie die Freiheit zu eigener, auch abweichender Entschließung oder als deren Gegenteil, die Weisungsgebundenheit.[392]

Die von *Schünemann* an *Hübner* geübte Kritik ist deswegen auch auf obige Definition gleichermaßen passend und muß diskutiert werden. Daß es auf das Kriterium der Wahlfreiheit, also der Entscheidungsfreiheit ankommen soll, wie es bei *Hübner* und auch in obiger Definition zum Ausdruck kommt, wird von *Schünemann* abgelehnt. Eine gesteigerte Form der Herrschaft über fremdes Vermögen lasse sich nicht mit der Entscheidungswahlfreiheit begründen, weil man die Wahlfreiheit nur im Innenverhältnis habe, während sich die Herrschaft über das fremde Vermögen im Außenverhältnis auswirke.[393] Dem kann nicht gefolgt werden, weil Innen- und Außenverhältnis hier nicht so strikt zu trennen sind. Was sich im Außenverhältnis zeigt ist vielmehr das, was im Innenverhältnis vereinbart wurde. Wie bereits erwähnt, muß für die Beurteilung der Selbständigkeit zugrundegelegt werden, daß sich der potentielle Täter wie vom Vermögensinhaber gewollt verhält. Die Selbständigkeit kann sich nicht danach beurteilen, ob es dem Täter möglich ist, trotz einer Überschreitung im Innenverhältnis, im Außenverhältnis noch wirksam zu handeln. Letztlich kann jeder tun und lassen, was er will, daher kommt es zur Abgrenzung der Selbständigkeit von der Unselbständigkeit entscheidend auf den vom Vermögensinhaber vorgegebenen erlaubten Rahmen an. Das Außenverhältnis ist somit immer nur der Spiegel des Innenverhältnisses, so daß zur Begründung der Selbständigkeit auf das Innenverhältnis abzustellen ist. Die Pflicht, fremde Vermögensinteressen zu betreuen, erwächst aus dem Innenverhältnis; nur wenn man den Inhalt von Gesetz, behördlichem Auftrag, Rechtsgeschäft oder Treueverhältnis kennt, kann man überhaupt beurteilen, ob

390 BGH, Urteil vom 4. 11. 1952 in BGHSt 3, 289 (294); *Kindhäuser* in Nomos-Kommentar § 266, Rn. 58.

391 Vgl. oben im 5. Teil, II 5 a) aa).

392 *Hübner* in LK, 10. Auflage, § 266, Rn. 32.

393 *Schünemann* in LK § 266, Rn. 85.

jemand zu dem Zeitpunkt selbständig war, als er im Außenverhältnis tätig wurde. Wird jemand von seinem Geschäftsherrn jeden Morgen verpflichtet, eine bestimmte Anzahl an Brötchen an einen bestimmten Bäcker auszufahren und dafür eine festgelegte Geldsumme zu kassieren und diese anschließend abzuliefern, dann ist er unselbständig. Er bleibt unselbständig, wenn er eines morgens auf die Idee kommt, die Brötchen an einen anderen Bäcker zu liefern oder auf mehrere zu verteilen und anfängt, über den Preis zu verhandeln, auch wenn sich dieses Verhalten im Außenverhältnis als selbständig darstellen mag. Die von *Kindhäuser* an *Schünemann* geübte Kritik zielt in dieselbe Richtung. Die Selbständigkeit hängt davon ab, ob man sie auch wahrnehmen darf und sie einem nicht unter Überschreitung des erlaubten Rahmens nur faktisch möglich ist.[394]

Desweiteren bezweifelt *Schünemann*, ob Entscheidungsfreiheit überhaupt als eine Bedingung für Selbständigkeit gelten kann.[395] Sie kann seiner Meinung nach nur im Einzelfall eine Ausprägung dieses Merkmals sein. Dem ist entgegenzuhalten, daß die Fürsorge für fremdes Vermögen nur von demjenigen ausgeübt werden kann, der auch vermögenswirksame Entscheidungen treffen kann. Ob man dies gesondert prüft, oder im Rahmen der Selbständigkeit kann dahinstehen, Entscheidungsfreiheit ist in jedem Fall unabdingbare Voraussetzung, wenn man Vermögensinteressen betreut. Wer nur unter den Vorgaben eines Hintermannes agiert, kann nicht tauglicher Täter sein.

Dem verschließt sich auch *Schünemann* nicht, er zieht nur andere Konsequenzen, was den Inhalt der Selbständigkeit betrifft. Für ihn kommt es maßgeblich auf die Abwesenheit von Kontrolle an, wobei er unter Kontrolle nicht die Frage einer nachträglichen Prüfung, sondern die gleichzeitige Steuerung und Überwachung verstanden wissen will.[396] Zunächst einmal kann Kontrolle schon rein logisch betrachtet nur etwas Nachträgliches sein, denn das zu Kontrollierende muß im Vorhinein entstanden sein. Gleichzeitige Überwachung kann also nur bedeuten, daß einem gleichsam „über die Schulter geblickt wird". Dies aber dürfte in der Praxis nur höchst selten der Fall sein. Jemand, der in allen Einzelheiten kontrolliert wird, ist sicher nicht selbständig, aber im Arbeitsleben eben auch kaum anzutreffen. Von ihm zu unterscheiden ist nach *Schünemann* derjenige, der sich selbst zu kontrollieren hat, denn die besondere Gefährlichkeit liege in eigener Tätigkeit und eigener Abrechnung.[397] Problematisch ist daran einerseits, daß es zahlreiche Tätigkeiten gibt, die mit Vermögen in Berührung kommen, ohne daß etwas abgerechnet wird. So rechnet der Vorstand die Ergebnisse seiner Ge-

394 *Kindhäuser* in Nomos-Kommentar § 266, Rn. 50.
395 *Schünemann* in LK § 266, Rn. 85.
396 *Schünemann* in LK § 266, Rn. 85, ähnlich auch *Sax* in JZ 1977, 743 (748).
397 *Schünemann* in LK § 266, Rn. 86.

schäftsführungsmaßnahmen nicht selbst ab, sondern hat bei größeren Gesellschaften dafür eine Buchführungsabteilung. Andererseits kann die eigene Abrechnungskompetenz auch nicht die besondere Gefährlichkeit begründen. Denn eine Abrechnung wird nicht um ihrer selbst Willen erstellt. Üblicher ist es, daß die Abrechnung später dem Geschäftsherrn die Kontrolle über die Tätigkeit ermöglicht, so daß auch die Trennung zwischen Eigen- und Fremdkontrolle schwerfällt.[398] So läßt sich das von *Schünemann* gegen das Kriterium der Entscheidungsfreiheit angeführte Beispiel einer im Ergebnis unselbständigen Haushaltshilfe, die entscheidet, ob sie erst die Betten macht, oder die – sonst sauer werdende – Milch in den Kühlschrank stellt, mit seinen Instrumenten nicht befriedigend lösen. Eine eigene Abrechnung macht sie wohl kaum, ob sie sich selbst zu kontrollieren hat, ist ebenfalls fraglich, denn im Grunde obliegt jedem ein gewisses Maß an Selbstkontrolle um eigene Fehler sofort zu verbessern. Allerdings wird die Haushälterin kaum gleichzeitig überwacht, denn dann könnte die Hausherrin die Arbeit auch selbst erledigen. Vielmehr muß eine nachträgliche Nachprüfung durch die Hausherrin bejaht werden, aber dies soll unter Kontrolle gerade nicht verstanden werden.

Mit obigem Ansatz sind hingegen eindeutigere Ergebnisse zu erzielen. So hat die Haushälterin auf der ersten Stufe die Alternative zwischen Betten machen und Milch kaltstellen. Gleichgültig für was sie sich entscheidet, fehlt es ihr dann aber auf der zweiten Ebene an dem nötigen Spielraum. Somit handelt sie letztlich unselbständig und hat keine Vermögensbetreuungspflicht. Genauso verhält es sich mit einer Haushälterin, die mit fünf Euro auf den Markt geschickt wird, um einen Liter Milch und ein Pfund Butter möglichst billig einzukaufen. Auch sie hat auf der zweiten Stufe keinen Spielraum, da sie sich auf dem Markt nach einem Preisvergleich für die billigste Ware entscheiden muß. Für *Schünemann* muß das Ergebnis anders ausfallen, denn die Haushälterin wird beim Gang zum Markt nicht kontrolliert und rechnet hinterher bestimmt noch selbst ab. Aber wie im Falle der Kassiererin in einem Selbstbedienungsladen suggeriert die Abrechnung auch hier eine Macht über die Mittel, die in Wirklichkeit gar nicht besteht.[399]

Das Erstellen eigener Abrechnungsunterlagen zum Kriterium für die Selbständigkeit zu machen, führt im übrigen nur zu dem von der Rechtsprechung geprägten Denkmuster der Einteilung nach Berufsgruppen. Wer nicht kontrolliert wird, ist meist sein eigener Chef und übt seltener untergeordnete oder mechanische Tätigkeiten aus. So aber gelangt man nur zu einer im Einzelfall unflexiblen Zweiteilung von Berufsgruppen.

---

398 Kritisch zum Ansatz von *Schünemann* auch *Kindhäuser* in Nomos-Kommentar § 266, Rn. 52 f.

399 Vgl. oben auf Seite 113.

dd) Zwischenergebnis

Als Zwischenergebnis bleibt festzuhalten, daß im Hinblick auf den Inhalt der Selbständigkeit, zunächst Rechtsprechung und Literatur stark divergieren, aber auch innerhalb der Literatur unterschiedliche Ansätze zu finden sind. Aus diesen verschiedenen Linien mußte eine subsumtionsfähige Definition entwickelt werden. Die Rechtsprechung ließ sich in dieser Hinsicht am schwierigsten handhaben, da sie in Einzelfällen vom Kriterium der Selbständigkeit absieht und sich zudem, ohne allgemeingültige Aussagen zu treffen, in Entscheidungen hinsichtlich einzelner Berufsgruppen zersplittert. Die letztlich gefundene Definition entspricht den Ansichten von *Hübner* und *Kindhäuser*. Das Kriterium der Selbstkontrolle bei *Schünemann* läßt sich kaum auf die Praxis anwenden, insbesondere sind die potentiellen Täter schwer zu beurteilen, die nicht kontrolliert werden, aber auch sich selbst nicht kontrollieren.

Tauglich sind vielmehr Definitionen, die auf die Wahlmöglichkeit aus mehreren Alternativen, die Entscheidungsfreiheit und das Nichtvorliegen fester Bahnen abstellen. So dargestellt findet sich die Selbständigkeit in obiger Definition, wie auch bei *Hübner*, *Kindhäuser* aber auch bei *Lenckner/Perron*.[400] Nach *Lenckner/ Perron* kommt es darauf an, daß die Tätigkeit nicht durch ins einzelne gehende Weisungen vorgezeichnet ist, ohne daß Raum für eigenverantwortliche Entscheidungen bleibt. Dem folgt in einigen Entscheidungen auch die Rechtsprechung.[401] Allerdings haben diese Kriterien bei ihr immer nur die Bedeutung von Anhaltspunkten,[402] so daß auch in Fällen, in denen die Selbständigkeit überhaupt geprüft wird, sie häufig kaum ins Gewicht fällt und wenig Aussagekraft hat.[403]

Dennoch kann sie natürlich für den Beruf des Wirtschaftsprüfers nicht unerwähnt und ungeprüft bleiben. Sie tritt auch nicht so offen zutage, wie es der erste Blick vielleicht vermuten läßt und ist im folgenden zu prüfen.

b) Selbständigkeit des Wirtschaftsprüfers bei Erledigung einzelner Aufgaben

Zweifel am Vorliegen der Selbständigkeit ergeben sich aus theoretischen Überlegungen. Prüfung bedeutet Revision; sie ist also der Blick über etwas Bestehen-

400 *Lenckner/Perron* in Schönke/Schröder § 266, Rn. 23a.

401 BGH, Urteil vom 4. 11. 1952 in BGHSt 3, 289 (293 f.); BGH, Urteil vom 3. 3. 1953 in BGHSt 4, 170 (172); BGH, Urteil vom 11. 12. 1957 in BGHSt 13, 315 (317); BGH, Urteil vom 3. 5. 1991 in NJW 1992, 250 (251); BGH, Urteil vom 22. 5. 1991 in NJW 1991, 2574.

402 Dies läßt das Reichsgericht schon erkennen: RG, Urteil vom 14. 12. 1934 in RGSt 69, 58.

403 *Lenckner/Perron* in Schönke/Schröder § 266, Rn. 24.

des, ohne etwas aus sich heraus Neues zu schaffen. Daraus könnte sich eine Abhängigkeit zwischen zu prüfendem Gegenstand und Prüfungsergebnis ergeben, die Zweifel an eigenständigen Entscheidungen des Prüfers begründet. Selbständigkeit, also das Bestehen alternativer Handlungsmöglichkeiten, setzt immer auch die Fähigkeit voraus, Entscheidungen treffen zu können.[404] Derjenige, der in festen Bahnen geleitet wird, kann das nicht. Es ist also die Frage, ob das Ergebnis der Prüfung als Zahlenwerk so feststeht, daß Prüfung nur noch den Gang eines durch das zu Prüfende vorgezeichneten Weges bedeutet. Dafür spricht der Gedanke, daß man eine maximale Prüfungsgenauigkeit mit größtmöglicher mathematischer Nachweisbarkeit, also strengster Bindung erreicht.[405] Andererseits fehlen Bindungen dort, wo seitens des Gesetzgebers Spielräume belassen wurden.[406] Diese Toleranzen erschweren die Prüfungshandlung in der Praxis[407] und könnten letztlich Ursache für die Bejahung der Selbständigkeit sein.

Aber nicht nur das Prüfungsergebnis könnte möglicher Auslöser für einen späteren Schaden sein, die Kausalkette kann weit früher beginnen. So hat der Wirtschaftsprüfer bereits im Rahmen der Prüfungsplanung eine Risikoanalyse vorzunehmen. Untreuerelevant können bereits zu diesem Zeitpunkt Konstellationen sein, in denen das wirtschaftliche Umfeld, das im Rahmen dieser Risikoanalyse überblickt werden muß, Unsicherheiten aufweist, denen sich der Prüfer bewußt verschließt. Eine vorsätzlich falsche Einschätzung in der Phase der Prüfungsplanung kann somit schon die Ursache für einen späteren Schaden setzen.

aa) Prüfungsplanung

Im Rahmen der Prüfungsplanung wäre ein Untreuefall in folgender Konstellation denkbar: In einem Unternehmen ist die Kasse besonders anfällig für Diebstähle und Unterschlagungen durch Mitarbeiter und das inhärente Risiko[408] daher entsprechend hoch. Eine vorsätzlich falsche Einschätzung dieses Risikos kann ohne weiteres zur Nichtaufdeckung von Unterschlagungsfällen und damit zu einem Schaden führen. In der Praxis wäre etwa denkbar, daß die falsche Einschätzung des Prüfungsrisikos zu Fehlern in der Zeitplanung führt, so daß dem Wirtschaftsprüfer nicht ausreichend Bearbeitungszeit für einzelne Prüffelder verbleibt und er

---

404 *Kindhäuser* in Nomos-Kommentar § 266, Rn. 54.

405 Anschaulich hierzu das Beispiel bei *Helmschrott/Buhleier*, Der Beruf des Wirtschaftsprüfers, S. 111 f.

406 „(...) Immer, wenn man Prozesse analysiert, muß man auch abseits der ausgetretenen Pfade denken." So Wirtschaftsprüfer Klaus Tissen in einem Interview des Frankfurter Allgemeine Hochschulanzeigers, Okt 05, S. 007.

407 *Helmschrott/Buhleier*, Der Beruf des Wirtschaftsprüfers, S. 112.

408 Als inhärentes Risiko bezeichnet man die Wahrscheinlichkeit, Fehler vorzufinden.

dann lückenhafte Informationen des Unternehmens ungeprüft übernimmt,[409] wodurch es später zu einem Schaden kommt.

Anhaltspunkte für eine Untreue würden in einem solchen Fall insbesondere dann vorliegen, wenn der Prüfer in der Phase der Prüfungsplanung selbständig wäre. Er müßte also in Ansehung wenigstens einer Alternative eine vermögenswirksame Entscheidung treffen können. Noch vor der Planung ist der Prüfer nach dem Grundsatz der Privatautonomie natürlich nicht verpflichtet, einen Auftrag anzunehmen. Wie oben erläutert kann diese Alternative für sich allein die Selbständigkeit jedoch nicht begründen. Abgesehen davon wird im Fall der Ablehnung des Prüfungsauftrages eine Untreuestrafbarkeit kaum praktisch bedeutsam werden.

Die Prüfungsplanung hat im Vorfeld zu jeder Prüfungsdurchführung stattzufinden. Sie hat ihre Grundlage in § 37 BS WP/vBP und in IDW PS 240.7. Ziel der Prüfungsplanung ist die Sicherstellung eines sachlich, personell und zeitlich adäquaten Prüfungsverlaufs unter Einhaltung des Wirtschaftlichkeitsprinzips. Als Fall der Untreue vorstellbar ist somit auch, daß dem Unternehmen infolge mangelhafter Planung durch den Wirtschaftsprüfer zu hohe Kosten entstehen, ohne daß die Buchhaltung zu beanstanden wäre. In der Praxis ist dies besonders denkbar in Fällen, in denen der Wirtschaftsprüfer nachlässig plant und ihm dolus eventualis nachgewiesen werden kann.

Basis jeder Prüfungsplanung ist die Abgrenzung der Prüfungsobjekte. Diese werden bei Pflichtprüfungen überwiegend durch die Gesetze bestimmt.[410] Zusätzlich können sie sich aus dem Prüfungsauftrag ergeben. Insbesondere bei freiwilligen Prüfungen ist das der Fall.[411] Aus der Abgrenzung der Prüfungsobjekte kann somit nicht die für die Selbständigkeit erforderliche Alternativität der Möglichkeiten abgeleitet werden. Bei Pflichtprüfungen ist es zwar möglich, weitere Gegenstände, die nicht gesetzlich genannt sind, einer Kontrolle zu unterziehen, allerdings ist der Wirtschaftsprüfer hier abhängig von Anweisungen seitens des Unternehmens.

Alternativen könnten sich ihm jedoch im Rahmen der Risikoanalyse eröffnen. Betriebswirtschaftliche Prüfungen orientieren bestimmte Entscheidungen am Risiko.[412] Ergebnis der Risikoanalyse ist somit die Feststellung, wie wahrscheinlich Falschdarstellungen im Prüfungsgegenstand sind.[413] Darauf aufbauend entwickelt der Prüfer seine Prüfungsstrategie.[414] Inhaltlich stehen dem Prüfer zur systemati-

409 Vgl. hierzu auch im 8. Teil, II Beispiel 7.
410 Etwa § 317 HGB.
411 ADS § 317, Rn. 12.
412 *Göbel* in Theorie und Praxis der Wirtschaftsprüfung, S. 41 (43).
413 *Helmschrott/Buhleier*, Der Beruf des Wirtschaftsprüfers, S. 118.
414 *Marten/Quick/Ruhnke*, Wirtschaftsprüfung, S. 229.

schen Risikoanalyse verschiedene betriebswirtschaftliche Verfahren zur Verfügung. So dient etwa das SWOT-Verfahren[415] der systematischen Erfassung von Stärken, Schwächen, Chancen und Risiken. Demgegenüber geht es bei der PEST-Analyse[416] um die Aufbereitung von Informationen der politischen, wirtschaftlichen, gesellschaftlichen und technologischen Einflußfaktoren.[417] Die alternativen Handlungsmöglichkeiten für den Prüfer sind offensichtlich. Er entscheidet anhand der Unternehmensumstände, welches Modell er anwendet. Hat er eine Risikoanalyse erst einmal vorgenommen, dürften seine Entscheidungsmöglichkeiten jetzt nicht durch feste Bahnen eingeschränkt sein. Dies ist der Fall. Denn aufbauend auf der Risikoanalyse trifft der Wirtschaftsprüfer jetzt eine Einschätzung über das Fehlerrisiko, also die Wahrscheinlichkeit, Fehler vorzufinden (sogenanntes inhärentes Risiko) und das Kontrollrisiko, also die Wahrscheinlichkeit, selbst Fehler zu machen. In dieser Einschätzung ist er ungebunden. So kann es durchaus sein, daß verschiedene Wirtschaftsprüfer in gewissen Grenzen hier zu unterschiedlichen Ergebnissen kommen. Wie hoch ein bestimmtes Risiko ist, ist immer auch subjektive Anschauung und keine feste Größe. Für den Bereich der Prüfungsplanung liegt die Selbständigkeit damit vor.

bb) Prüfungsdurchführung

Im Rahmen der Prüfungsdurchführung ist eine mögliche Untreue leicht vorstellbar, wenn man etwa annimmt, daß der Prüfer Unregelmäßigkeiten entdeckt und darauf nicht hinweist oder nicht warnt. Diese sogenannte Redepflicht des Prüfers geht auf ein bereits erwähntes BGH-Urteil vom 15. 12. 1954 zurück.[418] Dort formulierte der BGH eine Treuepflicht des Prüfers gegenüber dem Unternehmen, wobei er als Grundlage den Prüfungsvertrag und eine Organstellung zwischen Prüfer und Unternehmen ansah.

Diese Treuepflicht ist nicht vergleichbar mit der Vermögensbetreuungspflicht aus dem Tatbestand der Untreue. Sie ist rein gesellschaftsrechtlicher Natur und dient im Einzelfall dazu, weitergehende Pflichten – wie etwa Rede- oder Warnpflichten oder die Vermögensbetreuungspflicht – zu begründen. Die Treuepflicht ist nicht grundsätzlich vermögensbezogen sondern mitgliedschaftsbezogen. Treuepflichten, die auf eine Organstellung zurückzuführen sind, bestehen etwa auch zwischen den Gesellschaftern und dem Unternehmen,[419] ohne daß es bei einer Verletzung allein deswegen zu einer Untreuestrafbarkeit kommt. Für die Un-

415 Die Abkürzung steht für strengths, weaknesses, opportunities, threats.
416 Political, economical, social, technological.
417 Zu weiteren Verfahren vgl. *Marten/Quick/Ruhnke*, Wirtschaftsprüfung, S. 323.
418 BGH, Urteil vom 15. 12. 1954 in Wpg 1955, S. 138 ff. und vgl. oben Fn. 254.
419 *Hüffer*, AktG § 53a, Rn. 19, 20.

treuestrafbarkeit ist allein die Verletzung der Vermögensbetreuungspflicht maßgeblich, wobei natürlich im Einzelfall gleichzeitig auch ein Verstoß gegen die gesellschaftsrechtliche Treuepflicht vorliegen kann.

Somit müßte der Wirtschaftsprüfer auch im Rahmen der Prüfungsdurchführung selbständig handeln. Wie bei der Prüfungsplanung scheint dies bei nur oberflächlicher Betrachtung kaum problematisch zu sein. Bereits allgemeine Erwägungen veranlassen jedoch zu einer detaillierteren Prüfung. So wird Prüfung definiert als „Prozeß zur Gewinnung eines vertrauenswürdigen Urteils durch den Vergleich eines vom Prüfer nicht selbst herbeigeführten Ist-Objektes mit einem vorgegebenen oder zu ermittelnden Soll-Objekt und anschließender Urteilsmitteilung an diejenigen, die aufgrund der Prüfung Entscheidungen fällen".[420] Die Selbständigkeit mag zu bezweifeln sein, wenn man sich Ist- und Soll-Objekt als feste Größen vorstellt. Dann nämlich liegt es nahe, daß die Prüfungsdurchführung ein Prozeß ist, in dem nur Bestehendes nachvollzogen wird und der Prüfer auf vorgegebener Bahn das Ziel, also das Urteil ansteuert.

Jede Prüfungsdurchführung gliedert sich in vier Teilprozesse. Zunächst sind Ist- und Soll-Objekt zu ermitteln, diese werden verglichen und es wird in Ansehung der Abweichung ein Urteil formuliert.[421]

Der Prüfer müßte also schon im Rahmen der Ist-Objektermittlung eine Entscheidung treffen können und dürfte bezüglich seiner Wahl dann keine festen Bahnen vorfinden. Ersteres ist zu bejahen, weil der Prüfer zur Ist-Objektermittlung verschiedene „Werkzeuge" zur Verfügung hat, die er je nach Situation einsetzen kann. So kann er etwa eigene Beobachtungen machen, Befragungen oder Einzelfallprüfungen durchführen.[422] Je nachdem, welchen Weg der Prüfer wählt, dürfte er dann nicht an feste Bahnen gebunden sein. Stellt man sich bildlich vor, daß das Ist-Objekt eine feste Größe ist, so wird man zu der Annahme verleitet, daß der einmal eingeschlagene Weg dann auch ohne weitere Entscheidungen zur Ermittlung dieser Größe führen muß. Dies ist jedoch nicht zutreffend, vielmehr hat der Prüfer weiterhin Spielräume. So beinhaltet etwa die Einzelfallprüfung immer die freie Auswahl unter einer Vielzahl von Fällen. Zwar ergeben sich gewisse Bindungen daraus, daß die Stichproben so gewählt sein müssen, daß die anschließende Verallgemeinerung kein verzerrtes Bild ergibt.[423] Dies kann aber im ganzen ein selbständiges Vorgehen nicht ausschließen. Auch bei Befragungen oder Beobachtungen steht dem Prüfer frei, welche Fragen er stellt und welche Bereiche er beobachtet. Bereits der Ist-Objektermittlungsprozeß ist somit als

420 *Marten/Quick/Ruhnke*, Wirtschaftsprüfung, S. 238.

421 *Förschle/Peemöller*, Wirtschaftsprüfung und Interne Revision, S. 1.

422 *Buchner*, Wirtschaftliches Prüfungswesen, S. 227.

423 *Marten/Quick/Ruhnke*, Wirtschaftsprüfung, S. 289 f. mit dem Beispiel, daß man zweckmäßigerweise die Buchungsvorgänge mehrerer Sachbearbeiter untersucht.

selbständig zu qualifizieren, weil sich mit der Anwendung eines einmal gewählten Werkzeuges wieder eine Fülle von Alternativen eröffnet.

Zu untersuchen ist desweiteren die Selbständigkeit bezüglich der Soll-Objektermittlung. Kennzeichen des Sollobjektes ist es, daß es dem Prüfer im Gegensatz zum Istobjekt nicht offen erkennbar vorliegt. Der Prüfer muß es sich vielmehr erschließen. Um selbständig zu handeln müßte er dabei zunächst wieder zwischen wenigstens zwei Alternativen eine vermögenswirksame Entscheidung treffen können. Das Sollobjekt wird anhand von Normen ermittelt, wobei der Begriff untechnisch zu verstehen ist. Neben gesetzlichen Rechnungslegungsbestimmungen wie den §§ 238 ff. HGB gehören dazu auch veröffentlichte wissenschaftliche Meinungen oder etwa unternehmensinterne Anweisungen.[424] Aufgabe des Prüfers ist es, aus diesen Prüfungsnormen die im Einzelfall relevanten und zielführenden zu ermitteln.[425] Er ist also vor eine Alternativsituation gestellt, die ihm eine Entscheidung abverlangt, die zudem einen Vermögensbezug aufweist, weil sich Fehler bei der Bestimmung des Sollobjektes immer auch auf die Prüfungsqualität auswirken. Dies wird auch daran deutlich, daß der Prüfer bei der Wahl der Normen etwa zu beurteilen hat, ob interne Anweisungen mit jeweils vorrangigen Rechtsnormen kollidieren könnten und dann nicht angewendet werden können.[426] Ist die Entscheidung über die anzuwendenden Normen gefallen, müßte auch das weitere Vorgehen dem Prüfer Spielräume belassen. Anhand der normierten Sollvorgabe hat der Prüfer den Soll-Sachverhalt im Unternehmen zu ermitteln. Für die Selbständigkeit ist dabei entscheidend, daß ein Großteil der Rechtsnormen durch die Gewährung von Bilanzierungswahlrechten Ermessensspielräume zuläßt. So ist beispielsweise bei der Bewertung der im Jahresabschluß ausgewiesenen Vermögensgegenstände und Schulden gemäß § 252 Abs. 1 Nr. 2 HGB von der Fortführung der Unternehmenstätigkeit auszugehen, sofern – und das ist entscheidend – nicht tatsächliche oder rechtliche Gegebenheiten entgegenstehen. Dem Prüfer obliegt also die Ermittlung zuverlässiger Frühindikatoren für ökonomische Krisen, die im Einzelfall schwierig ist, so daß unterschiedliche Ergebnisse durchaus möglich sind.[427] Aber auch dort, wo die Prüfungsnorm kein Ermessen beinhaltet, ist für den Prüfer noch Spielraum verblieben. So kann er bei der Ermittlung des Sollzustandes grundsätzlich zwischen verschiedenen Hilfsmitteln wählen. Es kommen etwa Interviews und Fragebögen oder zur Überschaubarkeit komplexer Zusammenhänge Ablaufdiagramme in Betracht.[428] Der Jahresabschluß hat gemäß § 246 Abs. 1 S. 1 HGB beispielsweise sämtliche Vermö-

424 *Buchner*, Wirtschaftliches Prüfungswesen, S. 228.
425 *Lück*, Wirtschaftsprüfung und Treuhandwesen, S. 125 f.
426 *Buchner*, Wirtschaftliches Prüfungswesen, S. 228.
427 *Ballwieser* in MüKo zum HGB § 252, Rn. 13.
428 *Buchner*, Wirtschaftliches Prüfungswesen, S. 230 f.

gensgegenstände zu enthalten. Hier ist kein Ermessen eröffnet, der Prüfer hat aber die Wahl, ob er sämtliche Vermögensgegenstände etwa durch Befragung erfaßt oder sich selbst ein Bild macht. Noch dazu muß er jeweils beurteilen, mit welchem Hilfsmittel er das Fehlerrisiko gering hält, so daß er jeweils eine selbständige Analyse möglicher Fehlerquellen vorzunehmen hat. Auch die Sollobjektermittlung erfolgt also selbständig.

An die Sollobjektermittlung schließt der Vergleichs- oder Fehlerfeststellungsprozeß an. Zur Feststellung von fehlerbegründenden Abweichungen müßten dem Prüfer wiederum zunächst mehrere Alternativen zur Verfügung stehen. Zur Erlangung von Prüfungsnachweisen über Abweichungen hat der Prüfer die Wahl zwischen Systemprüfungen und aussagebezogenen Prüfungen. Allerdings werden Prüfungsnachweise nur in einzelnen Fällen allein durch aussagebezogene Prüfungshandlungen erreicht. Üblicherweise ist eine angemessene Kombination beider Prüfungshandlungen anzuwenden.[429] Dabei bestimmt sich die Art der Prüfungshandlung nach dem sogenannten Prüfungsrisikomodell, wobei als Prüfungsrisiko die Wahrscheinlichkeit definiert wird, daß der Prüfer ein Prüffeld akzeptiert, obwohl wesentliche Fehler vorliegen.[430] Die Ermittlung des Prüfungsrisikos verlangt vom Prüfer eine Beurteilung von inhärentem Risiko, Kontrollrisiko und Entdeckungsrisiko. In dieser Beurteilung sind dem Prüfer keine engen Vorgaben gemacht und auch aus der Natur von Risiken an sich ergibt sich, daß sie immer auch von subjektiver Einschätzung geprägt sind. Dies impliziert zugleich eine weitestgehende Wahlfreiheit in Bezug auf die jeweils anzuwendende Prüfungshandlung. Desweiteren erschließt sich aus dem Risikomodell der notwendige Vermögensbezug der Entscheidung. Denn akzeptiert der Prüfer ein Prüffeld, obwohl es etwa aufgrund von Mitarbeiterunterschlagungen fehlerhaft ist, so kann dieser Sachverhalt nicht aufgedeckt werden, und für das Unternehmen entsteht weiterer Schaden. Im Rahmen der gewählten Prüfungshandlung dürfte der Prüfer dann ferner nicht an feste Bahnen gebunden sein. Bei den aussagebezogenen Prüfungshandlungen hat der Prüfer wiederum einzuschätzen, ob er sich analytischer Prüfungshandlungen oder Einzelfallprüfungen bedient. Einzelfallprüfungen sind etwa dann erforderlich, wenn analytische Prüfungshandlungen keine ausreichende Prüfungssicherheit erbringen können.[431] Schon allein diese Beurteilung erfordert einen größtmöglichen Spielraum und ist nur unwesentlich durch äußere Umstände seitens des Unternehmens beeinflußt. Genauso verhält es sich mit der Einzelfallprüfung selbst. Hier hat der Prüfer die Wahl, ob er eine bewußte oder eine Zufallsauswahl trifft oder etwa eine Vollprüfung durchführt. Analytische Prü-

---

429 IDW PS 300, Rn. 14.
430 *Marten/Quick/Ruhnke*, Wirtschaftsprüfung, S. 203.
431 IDW PS 300, Rn. 24.

fungshandlungen sind Plausibilitätsbeurteilungen von Verhältniszahlen und Trends, durch die Beziehungen von prüfungsrelevanten Daten eines Unternehmens zu anderen Daten aufgezeigt sowie auffällige Abweichungen festgestellt werden.[432] Somit ist auch hier ein hohes Maß an Bewegungsfreiheit vorausgesetzt.

Gegenstand der Systemprüfung ist das interne Kontrollsystem (IKS) des Unternehmens, das aus dem internen Steuerungssystem und dem internen Überwachungssystem besteht. Die Systemprüfung hat also den Hintergrund, das unternehmenseigene Kontrollsystem auf seine Effizienz hin zu prüfen und daraus auf die Fehlerhaftigkeit der Buchführung zu schließen. Systemprüfungen gliedern sich in Aufbau- und Funktionsprüfung, wobei stets beides vorzunehmen ist, so daß der Prüfer zunächst daran gebunden ist, beides durchzuführen. Die Aufbauprüfung erfordert erst einmal eine Systemerfassung, um dann vorläufig das System beurteilen zu können. Die Selbständigkeit des Prüfers liegt hier wie oftmals schon in der Wahl der Mittel. So ist ihm nicht vorgegeben, ob er zur Erfassung des Systems selbst beobachtet, Mitglieder der Unternehmensleitung befragt oder etwa die unternehmenseigene Systemdokumentation auswertet.[433] Kaum anders verhält es sich mit der Funktionsprüfung. Diese soll sicherstellen, daß das IKS auch tatsächlich umgesetzt wird. Mittel hierzu ist die Stichprobenauswahl,[434] bei der der Prüfer erneut nicht an feste Vorgaben gebunden ist, sondern zwischen Techniken wie der echten oder unechten Zufallsauswahl wählen kann. Im Ganzen ergibt sich der Entscheidungsspielraum hinsichtlich der Systemprüfung letztendlich aus der abschließenden Systembeurteilung, bei der der Prüfer mit den Ergebnissen von Aufbau- und Funktionsprüfung Schwachstellen und Fehlermöglichkeiten subjektiv einschätzen muß.

Als Zwischenergebnis kann festgestellt werden, daß der Prüfer auch im Rahmen des Vergleichsprozesses ausreichend selbständig agiert.

cc) Prüfungsurteilsbildung und Dokumentation

Der Prozeß der Urteilsbildung ist der dritte Teilprozeß der Prüfungsdurchführung und stellt mit der Dokumentation des Endergebnisses zugleich den Abschluß der gesamten Prüfung dar. Untreue ist auch in diesem Bereich der Prüfung vorstellbar, so etwa, wenn während der Prüfungsdurchführung festgestellte Unregelmäßigkeiten letztlich nicht dokumentiert werden. Die Tathandlung liegt dann im Stadium der Urteilsfindung, so daß es für eine Strafbarkeit in diesen Fällen dar-

432 IDW PS 300, Rn. 22.
433 IDW PS 260, Rn. 61.
434 *Marten/Quick/Ruhnke*, Wirtschaftsprüfung, S. 266.

auf ankommt, ob der Wirtschaftsprüfer die Beurteilung selbständig vornehmen kann. Zweifel hieran könnten aufgrund der Überlegung bestehen, daß das Endurteil nur die Summe der Erkenntnisse ist, die schon im Rahmen der Prüfungsdurchführung ermittelt wurden, mithin also nach Abschluß der Prüfungsdurchführung schon unverrückbar feststehen und nur noch formuliert zu werden brauchen.

Der Prüfer müßte zunächst wiederum vor vermögensbezogene Alternativen gestellt sein. Die Ermittlung der Abweichungen im Anschluß an die Sollobjektermittlung führt zu einer Vielzahl von Einzelinformationen, die in ein Gesamturteil transformiert werden müssen.[435] Von besonderer Bedeutung ist dabei in der anglo-amerikanischen Rechnungslegung der Grundsatz der Materiality. Aus der Vielzahl von Einzelsachverhalten sollen all diejenigen ausgeschieden werden, die für das Endurteil keine Entscheidungskraft besitzen, also unwesentlich sind.[436] Bisher ungeklärt ist in der internationalen Rechnungslegung, ob die Bestimmung der Wesentlichkeit dem Abschlußprüfer überlassen werden soll[437] oder ob quantitative Richtgrößen verbindlich vorgeschrieben werden sollten.[438] Die Einführung allgemeiner Bezugsgrößen und Materiality-Grenzen wird vom Institut der Wirtschaftsprüfer abgelehnt.[439] Dies vor allem deswegen, weil die mit festen Richtgrößen verfolgte Objektivierung der Entscheidungsfindung erhebliche Nachteile birgt. Denn eine erhöhte Vergleichbarkeit von Sachverhalten und eine gleichartige Beurteilung gleichgelagerter Sachverhalte vermeidet Fehler nur dort, wo nicht spezifische Umstände eine Abweichung verlangen und gerade dies ist in der Wirtschaftsprüfung allzu häufig notwendig. Anhand dieses Konfliktes wird deutlich, daß zur Erlangung vertrauenswürdiger Urteile im Rahmen der Urteilsbildung ein gewisses Maß an Selbständigkeit unabdingbar ist. Der Wirtschaftsprüfer beurteilt die Wesentlichkeit in der deutschen Rechnungslegung daher im Rahmen seines beruflichen Ermessens.[440] Er hat damit die Entscheidungsmacht zwischen einer Vielzahl von Alternativen. Aber auch nach der Bestimmung, welche Sachverhalte als wesentlich in das abschließende Urteil einfließen sollen, hat der Wirtschaftsprüfer erhebliche Spielräume. So hat er letztlich die im Einzelfall als wesentlich erachteten Sachverhalte in ein Gesamturteil zu gießen, wobei er einschätzen muß, ob erst die Summe oder bereits einzelne Unregelmäßigkeiten etwa zur Einschränkung oder Versagung eines Bestätigungsvermerks führen. Zu einem Problem können dann allenfalls die Fälle werden, in denen der Prüfer gar

435 *Buchner*, Wirtschaftliches Prüfungswesen, S. 243.
436 *Lück*, Wirtschaftsprüfung und Treuhandwesen, S. 165.
437 *Marten/Quick/Ruhnke*, Wirtschaftsprüfung, S. 218 f.
438 Für eine Konkretisierung als Entscheidungshilfe für den Wirtschaftsprüfer *Lück*, Lexikon der Rechnungslegung und Abschlußprüfung, S. 525.
439 IDW PS 250, Rn. 13.
440 IDW PS 250, Rn. 13.

keine Beanstandungen findet und damit auch nichts vorliegt, dessen Wesentlichkeit er zu beurteilen hätte. Zu einem Urteil kommt der Prüfer aber auch in diesen Fällen nur, wenn er aus der Vielzahl der einzelnen Prüfungsnachweise nach eigenem Ermessen, also selbständig nach seiner Kenntnis, diejenigen aussondert, die dann sein Urteil stützen. Der Prüfer stellt in der Praxis zunächst eine Urteilshypothese.[441] Diese würde also bei obiger Annahme lauten, daß keine Beanstandungen gegeben sind. Der Prüfer wählt sodann unter den einzelnen Nachweisen diejenigen aus, die angemessen sind, um seine Hypothese zu bestätigen oder zu verwerfen. Dabei kann es immer nur eine hinreichende Urteilssicherheit geben, deren Erreichen der Einschätzung des Prüfers unterliegt. Daher ist die Annahme unzutreffend, ein Prüfungsgegenstand, der keine Beanstandungen aufweise, sei eine feste Größe, bei deren Vorliegen der Prüfer gezwungenermaßen ein uneingeschränktes Testat zu erteilen habe. Richtig ist vielmehr, daß die Tatsache, daß das Testat uneingeschränkt erteilt werden muß und dies ein allwissender Beobachter auch schon vor der Prüfung weiß, die Selbständigkeit nicht ausschließen kann, weil es im Belieben des Prüfers liegt, mit welchen Mitteln und Informationen er auf dieses Ergebnis kommt.

In einer Vielzahl von Fällen wird dem Prüfer bis zur schriftlichen Dokumentation seines Urteils keine Pflichtwidrigkeit, sondern höchstens nachlässiges Verhalten vorgeworfen werden können. In diesen Fällen führt der Prüfer die Prüfung sachgerecht durch, verschweigt dann aber die erkannten Fehler und Unregelmäßigkeiten in seinem Prüfungsbericht. In diesen Fällen ist die schriftliche Dokumentation die Tathandlung, auf die an entsprechender Stelle im objektiven Tatbestand noch einzugehen sein wird.[442] Die Selbständigkeit, wie die Vermögensbetreuungspflicht insgesamt muß in der Prüfungstätigkeit als Ganzem begründet sein. Diesbezüglich kann folgendes Fazit gezogen werden.

dd) Fazit zur Selbständigkeit

Auch, wenn es sich bei der gesetzlichen Jahresabschlußprüfung um die Vorbehaltsaufgabe des Wirtschaftsprüfers handelt, stellt sich Prüfen immer als ein Soll-Ist-Vergleich mit anschließender Beurteilung dar.[443]

Ob der Prüfer dabei selbständig vorgeht, bedurfte eingehender Prüfung, weil es sich oberflächlich betrachtet nur um das Nachvollziehen des geistigen Werkes eines anderen handelt. Ein inhaltlich gestaltender Einfluß auf die Bücher ist dem

441 *Marten/Quick/Ruhnke*, Wirtschaftsprüfung, S. 400.

442 Vgl. unten 5. Teil, IV.

443 *Förschle/Peemöller*, Wirtschaftsprüfung und Interne Revision, S. 1; *Helmschrott/Buhleier*, Der Beruf des Wirtschaftsprüfers, S. 114; *Lück*, Wirtschaftsprüfung und Treuhandwesen, S. 24; *Marten/Quick/Ruhnke*, Wirtschaftsprüfung, S. 2.

Wirtschaftsprüfer nicht eröffnet. Die Selbständigkeit mußte sich also aus einem anderen Gesichtspunkt ergeben. Der Wirtschaftsprüfer handelt zum einen selbständig, weil er in der Wahl der Mittel und Methoden, mit denen er die Buchführung überprüft, frei ist. Zum anderen profitiert er davon, daß Bücher nicht nur inhaltlich richtig sondern auch normgemäß geführt sein müssen. Normen müssen aber, wenn sie auf unterschiedliche Sachverhalte gleichermaßen Anwendung finden wollen Ermessen, also gewisse Spielräume, eröffnen. Dieses ausüben zu können, also die Auswirkungen von festgestellten Ergebnissen selbst beurteilen zu können, macht die Tätigkeit des Wirtschaftsprüfers selbständig.[444]

ee) Die Selbständigkeit des Wirtschaftsprüfers nach Auffassung anderer Autoren und der Rechtsprechung

Nach *Kindhäuser* ist die Selbständigkeit aus dem Leitbild des Mißbrauchstatbestandes heraus zu entwickeln. Nach seiner Meinung ist selbständig, wem der Vermögensinhaber die Befugnis übertragen hat, ihm zurechenbare Entscheidungen zu treffen, also solche Entscheidungen, die er gegen sich gelten lassen will und (bei rechtlicher Bindung im Außenverhältnis) auch gelten lassen muß.[445] Es muß beim Vermögensinhaber – also bei der Gesellschaft, vertreten durch das zuständige Organ – zu einem Verlust von Entscheidungsmacht kommen. Der Wirtschaftsprüfer besitzt insofern Entscheidungsmacht, als er über die Normgemäßheit des jeweiligen Prüfungsgegenstandes sein Urteil fällt. Und dazu gehört nicht nur die Abgleichung eines bestimmten Ergebnisses, sondern auch die gesamte Unternehmensorganisation in dem entsprechenden Bereich. Prüfungsurteile kann das Unternehmen gegen sich gelten lassen, sofern es die Prüfungsleistung freiwillig in Anspruch nimmt, bei entsprechender rechtlicher Bindung im Außenverhältnis – etwa bei der Prüfung des Jahresabschlusses – muß es die aufgedeckten Unregelmäßigkeiten beseitigen, da anderenfalls der Jahresabschluß nicht festgestellt werden kann. Der Vermögensinhaber erwartet vom Prüfer also eine Entscheidung in Bezug auf den Prüfungsgegenstand, die er selbst mangels hinreichender Objektivität nicht in gleicher Weise hätte treffen können, und berücksichtigt dann in seiner weiteren wirtschaftlichen Arbeit das Prüfungsergebnis. Somit beinhaltet die Prüfungstätigkeit genau diese von *Kindhäuser* geforderte Übertragung von Entscheidungsmacht auf andere, hier konkret die Entscheidung über einen Prü-

444 Vgl. etwa IDW PS 250, Rn. 20, wonach der Abschlußprüfer bei der Beurteilung der Frage, ob Prüfungsaussagen im Prüfungsbericht und im Bestätigungsvermerk getroffen werden können, zu entscheiden hat, ob bestimmte bei der Prüfung festgestellte und nicht bereinigte Unrichtigkeiten und Verstöße einzeln oder insgesamt wesentlich sind.

445 *Kindhäuser* in Nomos-Kommentar § 266, Rn. 54.

fungsgegenstand, wie er vom Unternehmen gehandhabt worden ist. Auch mit der Definition von *Kindhäuser* ist somit die Selbständigkeit zu bejahen. Dabei geht es ihm nicht um die faktische Gefährlichkeit für fremdes Vermögen, sondern um die Übertragung rechtlich relevanter Dispositionsmacht.[446] Dies erscheint systematisch konsequent, als es ohne Vermögensbezug letztlich auch nicht zu einem Vermögensschaden kommen kann, so daß Probleme des Vermögensbezuges auch spätestens an dieser Stelle relevant werden. Andererseits soll die Selbständigkeit als ein Teilbeweis für die Vermögensbetreuungspflicht dienen, so daß ein zumindest mittelbarer Einfluß auf das Vermögen unabdingbare Voraussetzung schon an dieser Stelle der Prüfung sein sollte. Außerdem ist kaum vorstellbar, daß jemandem rechtliche Dispositionsmacht übertragen wird, ohne daß er Einfluß auf Vermögenswerte gewinnt.

Hübner definiert die Selbständigkeit anhand des Kriteriums der Entscheidungsfreiheit. Maßgeblich soll sein, ob der Betreuer so handeln muß oder auch anders handeln darf.[447] Diesem Gedanken der eigenen Dispositionsfreiheit liegt zugrunde, daß dem potentiellen Vermögensbetreuer nur allgemeine Richtlinien gegeben sind, die ihn noch frei entschließen lassen und er nicht Weisungen strikt zu befolgen hat. Wie oben gezeigt, eröffnen sich für den Prüfer bei Planung und Durchführung der Prüfung an zahlreichen Stellen Möglichkeiten, auch alternative Wege zu beschreiten. Was auch hier anzusprechen ist, ist der Fall, daß der Prüfer keine Beanstandungen feststellt und dann im Grunde gezwungen ist, ein uneingeschränktes Testat zu erteilen. Denn dann könnte man der Auffassung sein, daß er in diesem Augenblick so handeln muß und nicht anders handeln darf. Dies würde zu dem absurden Ergebnis führen, daß der Prüfer nur dann selbständig ist, wenn der Prüfungsgegenstand Beanstandungen zuläßt, deren Wesentlichkeit für das Endurteil der Prüfer dann nach freiem Ermessen beurteilt. Nach eigener Einschätzung wählt er dann aus, welche Beanstandungen das Urteil formen sollen, wobei er jeweils auch anders handeln darf. Er könnte also etwa mehrere unwesentliche Fehler in ihrer Häufung als wesentlich ansehen oder stattdessen einen für sich wesentlichen Fehler heranziehen.[448] Aber auch in dem hypothetischen Fall, daß keine Beanstandungen gefunden werden, „darf" der Prüfer auch immer anders handeln. Wie bereits oben dargestellt, hat er nämlich die Dispositionsfreiheit bezogen auf den Zeitpunkt, wann hinreichende Urteilssicherheit erreicht ist.[449] Dies kann früher oder später sein, je nachdem für wie angemessen der Prüfer die einzelnen Nachweise hält, die sein hypothetisches Urteil stützen sollen.

---

446 *Kindhäuser* in Nomos-Kommentar § 266, Rn. 53.
447 *Hübner* in LK, 10. Auflage, § 266, Rn. 32.
448 *Buchner*, Wirschaftliches Prüfungswesen, S. 241.
449 *Marten/Quick/Ruhnke*, Wirtschaftsprüfung, S. 400.

Das Testat stellt sich letztlich als die Summe der von ihm ausgewählten Nachweise dar. Da diese bei unterschiedlichen Prüfern variieren können, ist es jeweils einzigartig, so daß sich die Testate, auch wenn keine Beanstandungen gefunden werden, inhaltlich unterscheiden. Der Prüfer darf also immer auch anders handeln im Sinne von anders gestalten. Auch nach der Definition von *Hübner* ist somit die Selbständigkeit zu bejahen, auch wenn es sich wohl um einen Grenzfall handelt.

Für *Schünemann* kommt es für das Merkmal der Selbständigkeit darauf an, daß sich der potentielle Täter bei seiner fremdnützigen Tätigkeit gewissermaßen selbst zu kontrollieren hat. Entscheidend soll nicht eine nachträgliche, sondern die gleichzeitige Steuerung und Überwachung sein.[450] Wem also gewissermaßen ständig über die Schulter geblickt wird, dem kann kein Vermögen zur Betreuung überlassen sein. Zunächst einmal ist der Wirtschaftsprüfer selbst als „Überprüfer" tätig, wenn er den Prüfungsgegenstand auch nicht gegenwärtig in seiner Entstehung verfolgt.[451] Dies schließt natürlich nicht aus, daß es hinter dem Prüfer eine weitere Instanz gibt, die diesen kontrolliert.

Daß diese Instanz der Geschäftsherr selbst, also das Unternehmen sein könnte, ist abwegig, denn damit würde jegliche Unabhängigkeit des Prüfers zunichte gemacht. Das wäre systemfremd. Ganz ohne Aufsicht wiederum würde aber die Prüfungsqualität auf Dauer nachlassen. Der Grundsatz der Unabhängigkeit kann deswegen nicht soweit gehen, daß er jede Kontrollmöglichkeit über den Berufsstand, beispielsweise durch die Wirtschaftsprüferkammer, ausschließt. Fraglich ist allerdings, ob er gegenwärtige Kontrolle durch Dritte zuläßt, oder ob lediglich nachträgliche Überprüfungen die Qualität sichern. Nach der Berufssatzung für Wirtschaftsprüfer wahrt der Wirtschaftsprüfer dann seine Unabhängigkeit, wenn er von sich aus keine Bindungen eingeht.[452] Dies schließt aber eine gegenwärtige Überwachung durch selbst unabhängige Kontrollorgane zunächst nicht aus. Insbesondere kann die Unabhängigkeit als Handlungsmaxime nicht ihrer eigenen Überprüfbarkeit entgegenstehen.

---

450 *Schünemann* in LK § 266, Rn. 85.

451 Dies macht auch die betriebswirtschaftliche Dogmatik deutlich, nach der die „Kontrolle" intern Sache des Unternehmens ist, der Wirtschaftsprüfer hingegen „Prüfungen" durchführt. *Lück*, Wirtschaftsprüfung und Treuhandwesen, S. 24. Im Sprachgebrauch meint „Kontrolle" eine gegenwärtige, „Prüfung" hingegen eine nachträgliche Besichtigung.

452 BS WP/vBP (Berufssatzung für Wirtschaftsprüfer/vereidigte Buchprüfer) § 2 Abs. 1, S. 1.

Daß die Qualitätssicherung ein Problem darstellt, zeigt die Stellungnahme der Wirtschaftsprüferkammer zum Referentenentwurf des APAG[453] (Abschlußprüferaufsichtsgesetz);[454] es hat die Fortentwicklung der Berufsaufsicht über Abschlußprüfer zum Gegenstand.

Als mögliche Kontrollorgane für Wirtschaftsprüfer kommen neben der Wirtschaftsprüferkammer andere Wirtschaftsprüfer sowie die durch das APAG neu geschaffene Abschlußprüferaufsichtskommission (APAK) in Betracht. Jedoch ist nicht nur fraglich, ob die APAK eine gleichzeitige Überwachung der Wirtschaftsprüfer betreibt, sondern zu untersuchen ist als Voraussetzung hierfür auch, ob sie überhaupt direkt gegenüber den Wirtschaftsprüfern tätig wird. Die APAK hat die Aufgabe, eine öffentliche fachbezogene Aufsicht über die WPK zu führen.[455] Damit ist die Überwachung einzelner Wirtschaftsprüfer nicht Gegenstand ihrer Tätigkeit, von einer gleichzeitigen Steuerung kann daher schon gar nicht ausgegangen werden.

Als Instanz, die unmittelbar gegenüber den Wirtschaftsprüfern tätig wird, kommt dann aber die Wirtschaftsprüferkammer in Betracht. Immerhin hat diese laut Gesetz die Erfüllung der beruflichen Pflichten zu überwachen.[456] So wie der Grundsatz der Unabhängigkeit eine Überwachung auf der einen Seite nicht vollständig ausschließen kann, begrenzt er die Berufsaufsicht auf der anderen Seite dennoch. In diesem Punkt ist die Situation des Wirtschaftsprüfers mit derjenigen des Notars vergleichbar.[457] Nach der Rechtsprechung des BGH findet die Aufsicht der Kammer dort ihr Ende, wo die persönliche und sachliche Unabhängigkeit beginnt, denn die Kontrolle der Wirtschaftsprüferkammer beinhaltet nur den Anspruch auf Auskunft und Belehrung in berufsrechtlichen Fragen.[458] Dies dient der Vermeidung von Berufspflichtverletzungen. Insbesondere sind Kontrollen und Weisungen in inhaltlichen Angelegenheiten unzulässig.[459] Für *Schünemann* ist die Selbständigkeit aber nur dann ausgeschlossen, wenn die fremdnützige Tätigkeit inhaltlich der Steuerung unterliegt. Sonst würde seine Definition dazu führen, daß die Selbständigkeit für alle Berufe, die nach außen besondere Pflichten zu erfüllen haben, deren Einhaltung überwacht wird, ausgeschlossen wäre. So wären zum Beispiel alle Berufsgruppen unselbständig, die dem Ladenschlußge-

453 Einsehbar unter www.wpk.de/pdf/WPK_Magazin_3-2004_Stellungnahme_01.pdf. Zuletzt abgerufen am 26. 07. 2006.

454 Vom 27. 12. 2004 in BGBl 2004 I, S. 3846, in Kraft getreten am 28. 12. 2004.

455 § 66a Abs. 3 WPO.

456 § 57 Abs. 1 WPO.

457 WP Handbuch 2006, A 367.

458 WP Handbuch 2006, B 34.

459 So für den Fall eines Notars BGH, Beschluß vom 2. 8. 1993 in NJW-RR 1994, S. 181 (182).

setz unterfallen, da die Einhaltung der Öffnungszeiten überwacht wird. Daraus folgt, daß einer gegenwärtigen Überwachung und Steuerung, wie sie von *Schünemann* angedacht ist, im Fall des Wirtschaftsprüfers die berufliche Unabhängigkeit entgegensteht, da sie die inhaltliche Freiheit der Tätigkeit sichert. Zur Unselbständigkeit des Wirtschaftsprüfers nach den Grundsätzen von *Schünemann* führt daher auch nicht die sogenannte Qualitätskontrolle. Dieses in § 57a WPO geregelte Verfahren dient der Überwachung von Maßnahmen zur Qualitätssicherung, wobei es durch vom zu prüfenden Wirtschaftsprüfer verschiedene Berufsangehörige durchgeführt wird. Allerdings wird die Qualitätskontrolle im Abstand von drei Jahren durchgeführt, so daß von einer gegenwärtigen Überwachung nicht gesprochen werden kann. Es erfolgt außerdem keine Prüfung in Bezug auf die konkrete Tätigkeit oder konkret vorzunehmende Handlungen. Eine Kontrolle durch Dritte kann für den Wirtschaftsprüferberuf somit nicht festgestellt werden. Selbständigkeit liegt nach *Schünemann* hingegen bei demjenigen vor, der sich selbst zu kontrollieren hat, wobei es dann auf die Gegenwärtigkeit offenbar nicht ankommt. Gemäß § 55b WPO hat der Wirtschaftsprüfer selbst die Einhaltung seiner Berufspflichten zu überwachen, er hat sich also selbst zu überprüfen. Die Regelung wurde zwar erst durch das APAG eingeführt, die Idee dahinter ist jedoch nicht neu. So hat der Wirtschaftsprüfer auch nach der Berufssatzung zur Sicherung der Abwicklung von Prüfungsaufträgen eine Nachschau durchzuführen.[460] Der Grundsatz der Unabhängigkeit führt also letztlich dazu, daß eine gegenwärtige Überwachung des Wirtschaftsprüfers durch Dritte zugunsten seiner Selbstüberprüfung verdrängt wird. Nicht ausgeschlossen ist jedoch die nachträgliche Überprüfung, die aber nach der Definition von *Schünemann* eine Unselbständigkeit nicht begründen kann. Somit ist der Wirtschaftsprüfer auch nach *Schünemann* selbständig.

Die Selbständigkeit wird von der Rechtsprechung heute zunehmend vernachlässigt und nicht mehr als solche thematisiert.[461] Wird sie überhaupt erwähnt, dient sie als bloßer Anhaltspunkt und findet sich in einer Aufzählung mit Umschreibungen wie Entscheidungsspielraum oder Verantwortlichkeit des Verpflichteten in Abgrenzung zu untergeordneten, mechanischen Tätigkeiten, ohne daß auf ihren Inhalt besonders Bezug genommen wird.[462] Die Rechtsprechung

---

460 § 39 BS WP/vBP (Berufssatzung für Wirtschaftsprüfer/vereidigte Buchprüfer).

461 Exemplarisch BGH, Urteil vom 2. 4. 1963 in BGHSt 18, 312 (313). In Ansehung eines Vermögensschadens von 10.000 DM ging der BGH in diesem Fall auf die Selbständigkeit nicht ein, obwohl ihr Vorliegen höchst zweifelhaft ist.

462 BGH, Urteil vom 4. 11. 1952 in BGHSt 3, 289 (293 f.); BGH, Urteil vom 8. 8. 1978 in GA 1979, 143 f.; BGH, Beschluß vom 26. 5. 1983 in NStZ 1983, 455; BGH, Beschluß vom 23. 8. 1995 in NJW 1996, 65 (66).

schätzt den Aspekt der Selbständigkeit also eher gering,[463] was die Entscheidung, wie sie den Wirtschaftsprüfer behandeln würde, erleichtert. Bei diesem kann man wohl kaum von einer bloß untergeordneten Tätigkeit sprechen, die rein mechanisch durchgeführt wird. Im Gegenteil hat der Wirtschaftsprüfer in erheblichem Umfang eigene Entscheidungen zu treffen. Somit kann von Seiten der Rechtsprechung seine Selbständigkeit kaum zweifelhaft sein. Exemplarisch zeigt sich dies auch daran, daß der Prüfer bei der Ermittlung des Soll-Objektes die gleichen Überlegungen anstellt, wie der Buchende bei Vornahme der Buchung.[464] Ist einem Buchhalter ein gewisser Spielraum eingeräumt, so kommt Untreue auch nach der Rechtsprechung in Betracht.[465]

c) Eigenverantwortlichkeit

Es ist schon fraglich, ob das Kriterium der Eigenverantwortlichkeit neben der Selbständigkeit überhaupt noch zur Ermittlung der Vermögensbetreuungspflicht herangezogen werden sollte. So erwähnt etwa *Kindhäuser* nur das Kriterium der Selbständigkeit, ohne auf die Eigenverantwortlichkeit einzugehen.[466] Andere sprechen von einem gewissen Grad an Verantwortlichkeit.[467] *Rengier* hingegen hebt die Eigenverantwortlichkeit deutlich hervor und läßt demgegenüber eher die Selbständigkeit in den Hintergrund treten.[468] Außerdem werden die Begriffe Selbständigkeit und Eigenverantwortlichkeit häufig synonym zur Umschreibung von Bewegungsfreiheit und gewissem Spielraum verwendet, so daß die Eigenverantwortlichkeit selbst gar nicht geprüft werden soll. Es geht eher um die Umschreibung eines allgemeinen Freiheitsgefühls in Abgrenzung zu den mechanischen Tätigkeiten.

Die Eigenverantwortlichkeit neben der Selbständigkeit als einen weiteren Prüfungspunkt für die Vermögensbetreuungspflicht anzusprechen ist nur sinnvoll, wenn sie inhaltlich etwas zur Klarheit und zum Nachweis der Vermögensbetreuung beitragen kann. Wenn ohne sie also Personen als Täter erfaßt würden, die nach dem Normzweck von der Untreue nicht erfaßt werden sollen. Denn durch das neben der Selbständigkeit noch zu fordernde Kriterium der Eigenverantwortlichkeit würde die Strafbarkeit weiter eingeschränkt.

---

463 *Satzger* in Jura 1998, S. 570 (574); *Schomburg* in wistra 1984, S. 143 (144); *Sowada* in JR 1997, S. 28 (30); *Wessels/Hillenkamp*, StrR BT 2, Rn. 771.

464 *Buchner*, Wirtschaftliches Prüfungswesen, S. 229.

465 BGH, Beschluß vom 7. 10. 1986 in wistra 1987, S. 27.

466 *Kindhäuser* in Nomos-Kommentar § 266, Rn. 47 ff.

467 So etwa *Wessels/Hillenkamp*, StrR BT 2, Rn. 771.

468 *Rengier*, StrafR BT I, § 18, Rn. 9.

Eigenverantwortlichkeit meint vom Wortsinn her für eigene Handlungen einzustehen, also die Konsequenzen – in eigener Verantwortung – tragen zu müssen. Damit ist sie zur einschränkenden Auslegung der Vermögensbetreuungspflicht ungeeignet, denn wer für etwas die Betreuung übernimmt, ist immer auch verantwortlich. Die eigene Verantwortung des Täters für das Vermögen des Opfers gilt es ja gerade nachzuweisen. Der zu definierende Begriff kann nicht Teil der Definition werden. Unter dem Prüfungspunkt der Vermögensbetreuungspflicht soll gerade die Frage beantwortet werden, wann das Opfer die Verantwortung über sein Vermögen auf den Täter übertragen hat. Darauf kann die Antwort nicht lauten, dann, wenn die Verantwortung beim Täter liegt. Die Antwort muß vielmehr lauten, dann, wenn der Täter das Vermögen so handhaben kann, wie es das Opfer zuvor konnte.

Die Eigenverantwortlichkeit vermag keinen zusätzlichen Aspekt zur Definition der Vermögensbetreuungspflicht beizutragen. Dies zeigt sich auch daran, daß sie von denen, die sie fordern, nicht von der Selbständigkeit abgegrenzt werden kann, sondern daß für sie ein Anzeichen für die Eigenverantwortlichkeit wiederum die Selbständigkeit ist.[469]

Weiterhin ist problematisch, daß der Begriff Verantwortlichkeit im Strafrecht bereits besetzt ist. Das Prinzip der Verantwortlichkeit ist nämlich Teil der Schuld.[470] Dahinter steckt die Frage, ob dem Täter die Tat persönlich vorzuwerfen ist. Es ist der strafrechtlichen Systematik nicht förderlich, einen Begriff innerhalb des Strafrechts mit zwei Bedeutungen zu belegen. Dagegen hat die Eigenverantwortlichkeit im Rahmen der Wirtschaftsprüferordnung einen anderen Inhalt. Gemäß § 44 Abs. 1 WPO übt eine eigenverantwortliche Tätigkeit nicht aus, „wer sich (...) an Weisungen zu halten hat." Wer aber auf Weisung des Vorstands im Prüfungsbericht erhebliche Umstände verschweigt, handelt strafrechtlich sehr wohl in eigener Verantwortung, denn er macht sich gemäß § 332 Abs. 1 HGB strafbar.

Als Fazit bleibt festzuhalten, daß sich das Kriterium der Eigenverantwortlichkeit in keinster Weise eignet, um die Vermögensbetreuungspflicht inhaltlich auszugestalten. Es ist deswegen grundsätzlich nicht zu prüfen.

d) Dauer und Umfang der Tätigkeit

Es ist zu untersuchen, inwieweit das Kriterium der Dauer zum Inhalt und der näheren Bestimmung der Vermögensbetreuungspflicht etwas beitragen kann.

---

469 *Rengier*, StrafR BT I, § 18, Rn. 9; *Wessels/Hillenkamp*, StrR BT 2, Rn. 771.
470 *Baumann/Weber/Mitsch*, StrR AT, § 18, Rn. 27; *Wessels/Beulke*, StrR AT, Rn. 397.

Würde man auf das Vertrauen als von der Untreue zu umfaßtes Schutzgut abstellen, so ist tatsächlich fraglich, ob die einmalige Begründung und Ausführung einer nur kurzen Tätigkeit ausreichend sein kann, um schon Vertrauen aufzubauen. Dann wäre es sogar problematisch, wie man mit den Konstellationen umgeht, in denen das spätere Opfer den Täter bereits vor Einräumung der Herrschaftsposition über sein Vermögen kannte, wie in dem Fall, in dem einem guten Freund einmalig zu einem bestimmten Zweck Geld anvertraut wird. Im Grunde wäre dann die Dauer für die Bildung des Vertrauens gar nicht mehr nötig, aber fraglich wäre doch, ob die vor der Tatausführung liegende Freundschaft zur Erfüllung des Tatbestandes mit berücksichtigt werden darf.

Rechtsgut ist jedoch einzig das Vermögen.[471] Der Schutz des Vermögens besteht solange, wie auch die Vermögensbetreuungspflicht gegeben ist. Es kann nicht davon ausgegangen werden, daß sich mit zunehmender Dauer der Tätigkeit die Vermögensbetreuungspflicht erst entwickelt. Das wäre nicht handhabbar und auch nicht bestimmt genug, denn die ausreichende Bestimmtheit des Tatbestandes ist gerade auch damit zu begründen, daß der Täter eine herrschende Position zu einem Zeitpunkt endgültig und umfassend einnimmt. Die Vermögensbetreuung wird nicht immer intensiver, je länger die Tätigkeit andauert. Dann aber macht das Kriterium der Dauer nur Sinn, wenn Kurzfristigkeit die Vermögensbetreuungspflicht ausschließen könnte. Es leuchtet jedoch nicht ein, weshalb derjenige, der einmalig anvertrautes Geld für sich verwendet, anders behandelt werden soll, als derjenige, der mit derselben Aufgabe mehrfach oder regelmäßig betraut wird. Das Kriterium der Dauer vermag somit die Vermögensbetreuungspflicht weder zu begründen, noch auszuschließen. Deshalb ist es auch nicht nötig, darauf im Rahmen der Subsumtion einzugehen.[472] Falsch ist insbesondere der Schluß, daß jemand, der länger beschäftigt wird, wohl nicht ganz unbedeutend sein kann und ihm eine Vermögensbetreuung daher eher zuzutrauen ist. Es gibt zahllose Tätigkeiten, die jahrelang ausgeübt werden, ohne daß auch nur ansatzweise eine Vermögensbetreuung gegeben sein kann. Wenn nach der Rechtsprechung die Dauer von Bedeutung „sein kann“[473], führt dies auch nur zu Verunsicherung. Denn auch die Ausführung eines einzelnen Vermögensgeschäfts kann eine Vermögensbetreuungspflicht beinhalten.[474] Daher ist die Dauer kein verläßliches Kriterium.

Was den Umfang angeht, so bedarf es zunächst der Klärung, was damit überhaupt gemeint ist. Dies liegt in Literatur und Rechtsprechung völlig im Dunkeln.

---

471 *Mitsch*, StrR BT/Teil 2, Teilband 1, § 8, Rn. 1 und siehe 3. Teil, IV 2.

472 *Lenckner/Perron* in Schönke/Schröder § 266, Rn. 24; *Samson/Günther* in SK § 266, Rn. 31.

473 OLG Hamm, Urteil vom 18. 11. 1971 in NJW 1972, 289 (301).

474 *Kindhäuser* in Nomos-Kommentar § 266, Rn. 35.

Wie das Reichsgericht spricht auch der BGH ganz allgemein vom Umfang der Treuabrede, ohne den Begriff weiter auszugestalten.[475] Für andere wiederum dient Umfang als Oberbegriff für Selbständigkeit und Verantwortung.[476] Letztlich kann mit Umfang aber auch die wirtschaftliche Bedeutung gemeint sein, also der Wert des anvertrauten Gutes und damit des betroffenen Vermögens.[477] Nach *Wessels/Hillenkamp* ist der Umfang ein Anzeichen dafür, daß es sich nicht um eine ganz unbedeutende Angelegenheit handelt, wobei offenbleibt, was eigentlich ganz unbedeutende Angelegenheiten sein sollen.[478]

Vom Wortsinn her kann es sich beim Umfang nicht um Inhalt handeln. Das mag spitzfindig sein, aber so leuchtet ein, daß Umfang nicht als Oberbegriff für Selbständigkeit und Verantwortung herangezogen werden kann, denn gerade die Selbständigkeit charakterisiert den Inhalt der Vermögensbetreuungspflicht. Im übrigen ist der Umfang als Oberbegriff auch gar nicht nötig, denn es reicht aus, die ihm vermeintlich unterstellten Merkmale zu prüfen. Somit kann mit Umfang am treffendsten ein bedeutender wirtschaftlicher Wert gemeint sein. Für diesen Fall würden Pflichten, die sich auf geringfügige wirtschaftliche Interessen beziehen, nicht unter den Treubruchstatbestand fallen.[479] Das ist vom Gesetzgeber aber wohl schwerlich gewollt gewesen, denn dann würde die Verweisung in § 266 Abs. 2 StGB auf § 248a StGB nur noch wenig Sinn ergeben. Nach § 248a StGB wird die Untreue, die sich auf geringwertige Sachen bezieht, nur auf Antrag verfolgt, soweit nicht ein besonderes öffentliches Interesse an der Verfolgung besteht. Diese Verweisung liefe in allen Fällen leer, in denen nur ein geringer Betrag zu betreuen wäre, denn dann würde bereits der Tatbestand verneint werden müssen. § 248a StGB wäre nur noch dort anwendbar, wo jemand Millionenbeträge verwaltet, aber nur 20 Euro veruntreut. Dies dürfte in der Realität höchst selten vorkommen, weil die wenigsten Täter das Risiko einer Bestrafung wegen Untreue für einen Betrag von 20 Euro eingehen werden, wenn sie die Chance auf Erzielung einer weitaus größeren Summe haben. Es muß also Treueverhältnisse auch bei nur kleinen Beträgen geben.[480] Im übrigen ist nicht überzeugend, daß immer erst ein ganz erheblicher Schaden eingetreten sein muß, bevor gemäß § 266 StGB bestraft werden kann.

---

475 BGH, Urteil vom 23. 05. 2002 in BGHSt 47, 295 (297); RG, Urteil vom 14. 12. 1934 in RGSt 69, 58 (61 f.).

476 *Maurach/Schroeder/Maiwald*, StrR BT, Teilband 1, § 45, Rn. 34.

477 *Mitsch*, StrR BT/Teil 2, Teilband 1, § 8, Rn. 44.

478 *Wessels/Hillenkamp*, StrR BT 2, Rn. 771.

479 So *Mitsch*, StrR BT/Teil 2, Teilband 1, § 8, Rn. 45; *Samson/Günther* in SK, § 266, Rn. 30.

480 *Arzt/Weber*, StrR BT, § 22, Rn. 66.

Damit bleibt als Fazit festzuhalten, daß ein gewisser Umfang im Sinne einer wirtschaftlichen Bedeutung der Tätigkeit vom Gesetzgeber nicht gefordert wird und auch nicht zu prüfen ist.

6. Der Wirtschaftsprüfer als materiell Interner (dreifache Einschränkung)

Dem Innenschädigungscharakter der Untreue wird aber nur dann ausreichend Rechnung getragen, wenn der Täter neben der betreuenden Komponente, die sich in Fremdnützigkeit und Selbständigkeit ausdrückt, auch die verdrängende Komponente erfüllt. Dies ist jetzt zu prüfen.

Der Wirtschaftsprüfer müßte auch das dritte einschränkende Kriterium erfüllen, um vermögensbetreuungspflichtig zu sein.

Seine Vermögensbetreuungspflicht kann nicht schon daran scheitern, daß er nicht Organ der zu prüfenden Gesellschaft ist, denn darauf, daß er formell Interner ist, kommt es nicht an.[481]

Der Wirtschaftsprüfer müßte materiell Interner sein. Das wäre zu bejahen, wenn er mit der Prüfungstätigkeit ein intern freigewordenes Machtvakuum füllen würde. Die Prüfungstätigkeit ist vom Unternehmen selbst in geeigneter Form nicht zu leisten. Historisch war diese Aufgabe dem Aufsichtsrat zugedacht, der sie nicht erfüllen konnte. Damit ist in der Vermögensverwaltung – und die Prüfung gehört, wie die Führung der Bücher in diesen Bereich – eine interne Lücke entstanden, die jetzt vom Wirtschaftsprüfer ausgefüllt wird. Der Wirtschaftsprüfer hat an dieser Stelle also den Aufsichtsrat zum Teil aus seiner kontrollierenden Aufgabe gedrängt, so daß fachliche Buchprüfungskenntnisse von Aufsichtsratsmitgliedern heute nicht mehr gefordert werden.[482] Desweiteren erscheint der Prüfer zwar nicht selbst als Vermögensinhaber – dies ist bei juristischen Personen nicht möglich, – er könnte sich jedoch für Dritte als jemand darstellen, der mit der Vermögenssorge der Gesellschaft beauftragt ist. Zum einen investieren Dritte – nämlich Anteilskäufer – ihr Vermögen im Vertrauen auf die testierte Meinung des Prüfers in ein Unternehmen. Zum anderen beschränkt sich die Stellung des Prüfers nicht darauf, einen Kontrollblick über die Bücher zu werfen. Seine vermögensbezogenen Pflichten gehen deutlich weiter. Er deckt nicht nur Fehler auf, sondern muß bei erkannten strafbaren Handlungen auch warnend einschreiten. Wenn aber formell Externe, wie der Wirtschaftsprüfer, mit vermögensbezogenen Tätigkeiten in einer Weise beauftragt werden, daß sich Dritte auf ihren vermögensschützenden Einsatz verlassen, dann werden formell Externe untreuerecht-

481 Vgl. oben im 3. Teil, II 1 b) aa).
482 Vgl. oben S. 32.

lich zu materiell Internen. Die Öffentlichkeit geht erkennbar davon aus, daß sich der Wirtschaftsprüfer als Beauftragter um das Unternehmensvermögen kümmert; nur so ist die Erwartungslücke zu erklären. Die Vermögenssorge betreibt nach der Unternehmensverfassung das Kontrollorgan, also der Aufsichtsrat, der aber, was fachliche Aspekte von Prüfungen angeht, vom Wirtschaftsprüfer beerbt worden ist. Der Wirtschaftsprüfer kontrolliert nicht den Aufsichtsrat, der ohne Zweifel vermögensbetreuungspflichtig ist. Vielmehr ist es umgekehrt. Der Aufsichtsrat orientiert sich am Wirtschaftsprüfer.

Spätestens seit Einführung des KonTraG[483] wird auch aus dem Gesetz heraus deutlich, daß der Wirtschaftsprüfer nicht externer Helfer, sondern Partner des Aufsichtsrates ist.[484] Auch *Ebke* hält den Wirtschaftsprüfer ausdrücklich nicht für einen Gehilfen des Aufsichtsrates. Allerdings sei auch die Bezeichnung als Partner mißverständlich.[485] Aber auch er gibt zu, daß dem Wirtschaftsprüfer seit den Neuregelungen durch das KonTraG ein stärkeres und eigenständigeres Gewicht im Rahmen der Unternehmensverfassung zukommt.[486] Dieses stärkere Gewicht hat er zulasten des Aufsichtsrates übernommen, was ihm die materiell interne Stellung verleiht. Gesellschaftsexterner ist er nur formell. In vermögensbetreuungsrechtlicher Hinsicht relevant sind folgende Änderungen im HGB und im AktG. Zum einen hat sich die Stellung des Aufsichtsrates verändert. Gemäß § 111 Abs. 2 S. 3 AktG erteilt nunmehr der Aufsichtsrat dem Abschlußprüfer den Prüfungsauftrag und nicht mehr der Vorstand. Der Wirtschaftsprüfer soll also stärker mit dem Aufsichtsrat, dem internen Kontrollorgan, verknüpft werden. Außerdem ist gemäß § 171 Abs. 1 S. 2 AktG die Teilnahme des Abschlußprüfers an Verhandlungen des Aufsichtsrates jetzt obligatorisch, wenn der Jahresabschluß durch den Abschlußprüfer geprüft worden ist. Der Aufsichtsrat profitiert damit von den Kenntnissen des Abschlußprüfers, dem die größere Sachkompetenz zukommt. Gleichzeitig gibt er ein Stück Vermögensverantwortung an den Wirtschaftsprüfer ab, wenn sich der Aufsichtsrat zunehmend auf dessen Ausführungen verläßt. Was die Vermögensbetreuungspflicht angeht, hat sich zum anderen auch der Aufgabenkreis des Wirtschaftsprüfers erweitert. Gemäß § 317 Abs. 4 HGB überprüft er das vom Vorstand einzurichtende Überwachungssystem. Mit Hilfe dieses Systems sollen den Fortbestand der Gesellschaft gefährdende Entwicklungen frühzeitig erkannt werden. Damit hat die Prüfungsaufgabe

483 Vgl. oben S. 33 f.

484 „Gesellschaftsinterner Zuarbeiter (...) des Aufsichtsrates" nach *Hommelhoff* in BB 1998, S. 2567 (2568); vgl. auch die Zusammenarbeit von Aufsichtsrat und Wirtschaftsprüfer in § 171 Abs. 1 S. 2 AktG sowie *Mattheus* in ZGR 1999 (Band 28), S. 682 (686).

485 *Ebke* in MüKo zum HGB § 316, Rn. 28.

486 *Ebke* in MüKo zum HGB § 316, Rn. 28.

des Wirtschaftsprüfers einen vermögenswahrenden Charakter. Ebenso verhält es sich mit § 317 Abs. 2 S. 2 HGB. Hier hat der Wirtschaftsprüfer zu prüfen, ob die Risiken der künftigen Entwicklung des Unternehmens zutreffend dargestellt sind. Er dient damit auch der Vermögenserhaltung für die Zukunft.

Es soll noch einmal das Beispiel des Anlageberaters zur Verdeutlichung herangezogen werden.[487] Die Anlageberatung ist eine vermögensfürsorgerische Tätigkeit. Sie begründet aber nur dann eine Vermögensbetreuungspflicht, wenn der Vermögensinhaber aus der Vermögenssorge ausgeschlossen und die Anlageentscheidung vom Berater auch durchgeführt wird. Die Prüfungstätigkeit ist ebenso vermögensfürsorgerisch ausgestaltet. Sie begründet für den Wirtschaftsprüfer aber nur dadurch eine Vermögensbetreuungspflicht, daß er sie selbst ausführt und nicht etwa dem Aufsichtsrat beratend zur Seite steht, damit dieser dann nach eigenem Ermessen das Testat verweigert oder ausstellt.

7. Wertende Gesamtbetrachtung zur Vermögensbetreuungspflicht

Ob dem abschließenden Urteil über Bestehen oder Nichtbestehen einer Vermögensbetreuungspflicht eine wertende Gesamtbetrachtung vorauszugehen hat oder nicht, hängt davon ab, ob man die einzelnen Kriterien als bloße Anhaltspunkte oder als verbindliche Prüfungspunkte begreift.[488] Ersteres wird von der Rechtsprechung präferiert, die grundsätzlich nach den Umständen des Falles entscheidet, ob Vermögensinteressen wahrgenommen werden, oder nicht.[489] Das führt zu weitestgehender Flexibilität; die Frage ist jedoch, ob dies im Strafrecht gewollt sein kann. Ob man sich also tatsächlich die Möglichkeit eröffnen muß, ähnlich gelagerte Fälle unterschiedlich entscheiden zu können, indem mal dem einen, mal dem anderen Kriterium der Vorrang eingeräumt wird. Abwägungen oder Wertungen bergen die Gefahr, daß sie zu einer Einbuße an Rechtssicherheit führen. Deshalb muß Ausgangspunkt für eine Abwägung immer eine ergebnisoffene Situation sein. Als solche kann man die Schwelle verstehen, an der der Sachverhalt den gesetzlichen Regelungsbereich verlassen hat und daher Raum für subjektive Entscheidungen läßt. Folge für den Rechtsunterworfenen ist ein Vorhersehbarkeitsdefizit und das Problem nicht ausreichender Tatbestandsbestimmtheit.

Eine wertende Gesamtbetrachtung wäre dagegen in den Fällen, in denen es um das Vorliegen einer Vermögensbetreuungspflicht geht, nicht erforderlich,

487 Vgl. oben S. 56 f.

488 So *Joecks* in Studienkommentar StGB § 266, Rn. 28, der allerdings selbst offenläßt, zu welcher Ansicht er tendiert.

489 BGH, Urteil vom 11. 12. 1957 in BGHSt 13, 315; so auch *Samson/Günther* in SK § 266, Rn. 25 mwN.

wenn anhand des Wortlautes der Norm ausreichend verbindliche Kriterien zur Lösung des Sachverhalts entwickelt werden könnten.[490] Die Kriterien müssen so gewählt sein, daß sie dem Wortlaut – in diesem Fall also der Vermögensbetreuungspflicht – entsprechen und nur die Personen erfaßt werden, deren Verhalten nach dem Willen des Gesetzgebers auch tatsächlich unter Strafe gestellt werden soll. Unter diesem Gesichtspunkt ist stets ein fremdnützig typisiertes Schuldverhältnis zu fordern.[491] Daneben kommt es auf die Selbständigkeit des Täters und darauf an, daß er materiell Interner ist. Punkte wie Dauer oder Schadensumfang können – wie oben dargestellt[492] – keine Voraussetzung sein. Alle drei Erfordernisse müssen kumulativ vorliegen. Alternativität reicht nicht; ebensowenig darf ein Prüfungspunkt zulasten eines anderen Prüfungspunktes aufgewertet werden.[493] Nur, wenn die Prüfungspunkte obligatorisch und gleichgewichtet sind, erreicht man nämlich einen eindeutig abgrenzbaren Täterkreis. Nach dem gesetzgeberischen Anliegen soll derjenige bestraft werden, der ein erhöhtes Maß an Verantwortung über fremdes Vermögen trägt und dem, von der Opferseite aus, besonderes Vertrauen entgegengebracht wird. Dieser Tatbestandsausrichtung wird durch die ausnahmslose Prüfung eines fremdnützig typisierten Schuldverhältnisses, der Selbständigkeit sowie dem Gesichtspunkt Rechnung getragen, daß jemand materiell Interner ist.

Zieht man alleine diese drei Kriterien heran, ist es auch möglich, den Pfad der Rechtsprechung zu verlassen und einfachen oder niederen Tätigkeiten nicht per se eine Vermögensbetreuungspflicht abzusprechen. Dominiert bei einfachen Tätigkeiten die Fremdnützigkeit, werden sie selbständig ausgeführt und ist der potentielle Täter materiell Interner, so ist das ihnen anvertraute Vermögen nicht minder schutzwürdig. Laufburschen etwa fehlt es nicht grundsätzlich an einer Vermögensbetreuungspflicht; es kommt immer auf den jeweiligen Auftrag an.

Eine Abwägung oder Wertung einzelner Gesichtspunkte führt nicht nur zu erheblicher Unsicherheit, was die Anwendung des Treubruchstatbestandes anbelangt, sondern steht auch im Widerspruch zum Wortlaut des § 28 Abs. 1 StGB. Nach ganz herrschender Meinung handelt es sich bei der Vermögensbetreuungspflicht nämlich um ein besonderes persönliches Merkmal im Sinne des § 28 Abs. 1 StGB.[494] Dieses kann nach dem Wortlaut des Gesetzes entweder fehlen oder vorhanden sein. Das spricht dafür, daß es eine eindeutige Grenze zwischen Personen gibt, die das jeweilige Merkmal erfüllen und solchen, bei denen es fehlt. Im übrigen handelt es sich bei besonderen persönlichen Merkmalen nach

490 Für verbindliche Kriterien auch *Satzger* in Jura 1998, S. 570 (574).
491 So auch *Lackner/Kühl* § 266, Rn. 11.
492 Vgl. oben 5. Teil, II 5 d).
493 OLG Köln, Urteil vom 12. 2. 1963 in NJW 1963, S. 1992.
494 *Lackner/Kühl* § 266, Rn. 2 mwN. und vgl. oben Fn. 132.

der Legaldefinition in § 14 Abs. 1 StGB um besondere persönliche Eigenschaften, Verhältnisse oder Umstände. Wesentliches Merkmal für Eigenschaften und Verhältnisse ist ihre Dauerhaftigkeit.[495] Da die Dauer selbst nach Auffassung der Rechtsprechung nicht notwendigerweise prüfungsrelevant ist, kann es sich bei der Vermögensbetreuungspflicht nur um einen Umstand handeln. Einen Umstand muß man aber anhand seines tatsächlichen Vorliegens bejahen und nicht nach Maßgabe einer gewissen Tendenz.

Für den Wirtschaftsprüfer wurden sowohl die fremdnützig typisierte Geschäftsbesorgung, wie auch die Selbständigkeit bejaht. Zudem ist er materiell Interner. Damit steht fest, daß er im Rahmen seiner Prüfungstätigkeit vermögensbetreuungspflichtig ist. Einzige Ausnahme ist sein Auftreten als Gründungsprüfer.[496]

8. Sonderproblem: Begründung eines Treueverhältnisses zu sittenwidrigen Zwecken

In Fällen der freiwilligen Prüfung, in denen der Vorstand als Vertreter der Gesellschaft den Prüfungsvertrag mit dem Wirtschaftsprüfer schließt, kann die Frage relevant werden, ob das Vermögen der Gesellschaft schutzwürdig ist, wenn einziger Hintergrund der Prüfung von Anfang an ein geschöntes Testat ist. Es handelt sich also nicht um die Frage nach dem Schutz von bereits unredlich erlangtem Vermögen. Zu untersuchen ist jedoch, ob eine Vermögensbetreuungspflicht nur dann entsteht, wenn die ihr zugrundeliegende Beziehung rechtlich unbedenklich ist. Es kommt entscheidend auf die Frage an, ob das Vermögen des potentiellen Untreueopfers schutzwürdig ist, wenn das Opfer es wissentlich für sittenwidrige Zwecke verwendet, wenn also die zivilrechtliche Vereinbarung – der Prüfungsvertrag – nichtig ist.

Nach einer Ansicht steht der Vertragspartner im Falle einer nichtigen Vereinbarung zum Vermögen des potentiellen Opfers wie jeder andere Dritte.[497] Eine Verletzung vermag dann keine Strafbarkeit gemäß § 266 StGB zu begründen.[498] Nach anderer und wohl herrschender Meinung wird die sogenannte Ganovenun-

---

495 *Joecks* in MüKo zum StGB § 28, Rn. 21.

496 Vgl. oben im 5. Teil, II 4 i).

497 BGH, Urteil vom 27. 3. 1953 in NJW 1954, S. 889; OLG Braunschweig, Urteil vom 27. 10. 1949 in NJW 1950, S. 656; AG Siegen, Urteil vom 23. 10. 1984 in wistra 1985, S. 196 (197); *Joecks* in Studienkommentar StGB § 266, Rn. 29 mwN.; *Kühl* in JuS 1989, 503 (513); *Lenckner/Perron* in Schönke/Schröder § 266, Rn. 31 mwN.

498 *Mitsch*, StrafR BT/Teil 2, Teilband 1, § 8, Rn. 30.

treue bejaht.[499] Nach dieser Auffassung gibt es kein schlechthin schutzunwürdiges Vermögen.[500] Zumindest für die hier vorliegende Konstellation ist dem zuzustimmen. Sie zeichnet sich nämlich durch ein Dreipersonenverhältnis zwischen Unternehmen, Vertretungsorgan und Wirtschaftsprüfer aus. Auch, wenn das Unternehmen als juristische Person rechtsfähig ist, kann es nicht selbst Kenntnis von etwas haben. Auch nicht von der Nichtigkeit und Sittenwidrigkeit des Prüfungsvertrages. Es ist also mit seinem Vermögen schutzbedürftig, weil es auf die Redlichkeit seines Vertretungsorgans angewiesen ist. Fehlt es an ihr, darf das Vermögen des Unternehmens nicht schutzlos gestellt werden und eine Untreuestrafbarkeit muß zugelassen werden.

III. Vermögensbetreuungspflicht gegenüber dem Vermögen der Anteilseigner und Dritter

Zu untersuchen ist auch die Vermögensbetreuungspflicht des Wirtschaftsprüfers gegenüber Dritten, wie etwa Gesellschaftern, Anteilseignern oder sogar Gläubigern. Ihnen allen gemeinsam ist der Umstand, daß sie nicht rechtsgeschäftlich mit dem Wirtschaftsprüfer verbunden sind. Besteht schon keine vertragliche Beziehung, so könnte als Anknüpfungspunkt für eine Vermögensbetreuungspflicht allenfalls ein Vertrag mit Schutzwirkung zugunsten Dritter (VSD) in Frage kommen. Abgesehen davon, ob aus einer solchen Einbeziehung des Dritten eine Vermögensbetreuungspflicht erwachsen kann, ist das Vorliegen des VSD in Pflichtprüfungsfällen stark umstritten. Die herrschende Lehre geht davon aus, daß § 323 Abs. 1 S. 3 HGB eine abschließende Regelung für die Dritthaftung des gesetzlichen Abschlußprüfers enthalte.[501] Danach ist der Abschlußprüfer, sofern er seine Pflichten vorsätzlich oder fahrlässig verletzt, nur der Kapitalgesellschaft oder einem verbundenen Unternehmen zum Schadenersatz verpflichtet. Diese Meinung wird unterstützt durch die Auffassung des Rechtsausschusses des Deutschen Bundestages, wonach § 323 Abs. 1 S. 3 HGB den Anspruch eines Dritten vom Wortlaut her ausschließe.[502] Außerdem ist praxisnah davon auszugehen, daß gesetzlicher Abschlußprüfer und prüfungspflichtige Gesellschaft dem Prüfungsauftrag ausdrücklich keine Schutzwirkungen für prüfungsvertragsfremde Dritte

499 H. M.: BGH, Urteil vom 17. 11. 1955 in BGHSt 8, 254 (256 ff.); *Bruns* in NJW 1956, S. 151 f.; *Hartung* in JZ 1956, S. 572 f.; *Hübner* in LK, 10. Auflage, § 266, Rn. 79 mwN.; *Lackner/Kühl* § 266, Rn. 10 mwN.; *Wessels/Hillenkamp*, StrR BT 2, Rn. 774 mwN.

500 BGH, Urteil vom 26. 10. 1998 in NStZ-RR 1999, S. 184 (185 f.).

501 *Ebke* in BB 1997, S. 1731 (1732) mwN.

502 BT-Drucks. 13/10038 vom 4. 3. 1998, S. 22, 25.

beilegen wollen.[503] Nach Ansicht des OLG Düsseldorf müssen Unternehmen und Abschlußprüfer zumindest übereinstimmend davon ausgehen, daß die Prüfung im Interesse eines bestimmten Dritten durchgeführt wird. Der VSD kann nicht schon aus dem allgemeinen Interesse des Dritten abgeleitet werden.[504] Für eine Anwendbarkeit des VSD sprechen sich aber etwa das OLG Hamm, wie auch das LG Passau aus.[505] Das Urteil des OLG Hamm wurde vom BGH jedoch aufgehoben. Nach seiner Auffassung kann von der Einbeziehung einer unbekannten Vielzahl Dritter im Sinne eines VSD beim Prüfervertrag nicht ausgegangen werden. Hingegen ist es möglich, daß die Vertragsparteien übereinstimmend davon ausgehen, daß der Vertrag Wirkungen für bestimmte Dritte entfalten soll.[506]

Aber selbst, wenn der VSD anzunehmen wäre, spricht gegen die Herleitung einer fremdnützig typisierten Hauptpflicht aus einem VSD seine Rechtsfolge. Er bewirkt, daß ein Dritter in die Schutzwirkung des bestehenden Schuldverhältnisses einbezogen wird.[507] Diese allen Verträgen zugrundeliegenden Obhuts- und Sorgfaltspflichten, die vom Vertragspartner gebührende Rücksicht verlangen, reichen zur Begründung der Vermögensbetreuungspflicht gerade nicht aus.[508] Daher unterscheidet sich die Beziehung des Wirtschaftsprüfers zum Dritten in vermögensrechtlicher Hinsicht überhaupt nicht von derjenigen zu einem normalen Vertragspartner, die auch keine Vermögensbetreuungspflicht begründet. Somit kommt eine Untreue des Wirtschaftsprüfers gegenüber Dritten nicht in Betracht.[509]

Der Wirtschaftsprüfer ist also nur gegenüber der zu prüfenden Gesellschaft vermögensbetreuungspflichtig. Damit ist er tauglicher Täter und es ist weiter zu prüfen, wie sich die Tathandlung darstellt.

---

503 *Schüppen* in DB 1998, S. 1317 (1319); *Schulze-Osterloh* in Baumbach/Hueck, GmbHG § 41, Rn. 176.

504 OLG Düsseldorf, Urteil vom 19. 11. 1998 in NZG 1999, S. 901 (903).

505 OLG Hamm, Urteil vom 12. 7. 1996 in BB 1996, S. 2295 (2297); LG Passau, Urteil vom 28. 5. 1998 in BB 1998, S. 2052 (2053).

506 BGH, Urteil vom 2. 4. 1998 in VersR 1998, S. 907 (909); *Ebke* in JZ 1998, S. 991 (995).

507 *Grüneberg* in Palandt § 328, Rn. 13; *Stadler* in Jauernig BGB, § 328, Rn. 20; *Westermann* in Erman, BGB, Vor § 328, Rn. 9.

508 BGH, Urteil vom 8. 5. 1951 in BGHSt 1, 186 (188); BGH, Urteil vom 3. 3. 1953 in BGHSt 4, 170 (172); *Lenckner/Perron* in Schönke/Schröder § 266, Rn. 23.

509 So auch BGH, Beschluß vom 3. 8. 2005 in NStZ 2006, 38 (39).

IV. Tathandlung: verletzen

1. Inhalt und mögliche Verletzungshandlungen

a) Allgemeines

Den Untreuetatbestand kann nur verwirklichen, wer seine Vermögensbetreuungspflicht verletzt. Dabei kann „verletzen" jedes Verhalten sein, Rechtsgeschäftlichkeit ist im Unterschied zum Mißbrauchstatbestand für den Treubruchstatbestand nicht erforderlich. Auch ein tatsächliches Verhalten reicht aus.[510] Seine Pflichten verletzt der Täter durch ein Verhalten, zu dem er gerade aufgrund der ihm übertragenen Betreuung in der Lage ist, mit dem er aber die ihm eingeräumte Entscheidungsfreiheit durch Fehl- oder Nichtgebrauch überschreitet.[511] Der Wirtschaftsprüfer hat die Pflicht zur Abfassung eines richtigen Testates; ein unrichtiges Testat stellt damit immer eine Verletzung dar. Ebenfalls nicht zu fordern ist positives Tun. Genausogut kann die Tathandlung in einem Unterlassen bestehen. Positives Tun läge etwa vor, wenn der Wirtschaftsprüfer durch Ausstellen eines falschen Testates die wahre Lage der Gesellschaft verschleiert. Eine Verletzung durch Unterlassen kommt in Betracht, wenn er seinen Warnpflichten nicht nachkommt. § 266 StGB ist dann echtes Unterlassungsdelikt, so daß es eines Rückgriffs auf § 13 StGB nicht mehr bedarf.[512] Eine Verletzung durch Unterlassen liegt vor, wenn schädigende Ereignisse nicht abgewendet[513] oder vermögensmehrende Handlungen nicht vorgenommen werden.[514] Die Pflichtverletzung ist in jedem Fall ex ante und nicht ex post zu beurteilen.[515] Eine Beschränkung der Tathandlung ergibt sich aus der Vermögensbetreuungspflicht. Die Verletzung muß sich als pflichtwidriges Ausnutzen der Herrschaftsposition darstellen.[516] Der Treueverstoß muß also innerhalb des Pflichtenkreises liegen.

---

510 *Lackner/Kühl* § 266, Rn. 15; *Lenckner/Perron* in Schönke/Schröder § 266, Rn. 35; *Wessels/Hillenkamp*, StrR BT 2, Rn. 769.

511 *Kindhäuser* in Nomos-Kommentar § 266, Rn. 63.

512 *Güntge* in wistra 1996, S. 84 (88); *Lackner/Kühl* § 266, Rn. 2; *Lenckner/Perron* in Schönke/Schröder § 266, Rn. 35; *Tröndle/Fischer* § 266, Rn. 38.

513 BGH, Urteil vom 17. 12. 1953 in BGHSt 5, 187 (190).

514 BGH, Urteil vom 12. 1. 1956 in BGHSt 9, 203 (210).

515 *Samson/Günther* in SK § 266, Rn. 39.

516 *Kindhäuser* in Nomos-Kommentar § 266, Rn. 63.

b) Verstöße gegen gesetzliche Pflichten

Eine Pflichtverletzung kann insbesondere in einem Verstoß gegen gesetzliche Bestimmungen liegen.[517] Zu den gesetzlichen Bestimmungen gehören für den Wirtschaftsprüfer auch die Berufspflichten aus § 43 Abs. 1 WPO. Stellt der Prüfer vorsätzlich ein falsches Testat aus, wird neben diesem für sich vorwerfbaren Verhalten häufig ein Verstoß gegen den Grundsatz der Unabhängigkeit des Prüfers vorliegen, denn ein solcher ist immer schon dann anzunehmen, wenn die berufliche Entscheidungsfreiheit beeinträchtigt wird, etwa bei finanziellen Beziehungen zum Mandanten.[518] Solche werden möglichen Untreuefällen aber häufig zugrundeliegen. Denn für ein vorsätzlich falsches Testat wird der Wirtschaftsprüfer eine Gegenleistung erwarten, die über sein übliches Honorar hinausgeht. Da er sich damit in wirtschaftliche Abhängigkeit begibt, überschreitet er sein rechtliches Dürfen im Innenverhältnis und verletzt so seine Vermögensbetreuungspflicht. Selten wird die Verletzung einer einzelnen Pflicht Ursache für eine Untreuestrafbarkeit sein. So ist mit der Pflicht zur Unabhängigkeit auch häufig die der Unbefangenheit tangiert. Neben finanziellen Beziehung kommen genauso persönliche oder gesellschaftliche Bindungen in Betracht, die eine Verletzung begründen können.[519]

Desweiteren ist an Untreue zu denken, wenn der Prüfer einen Auftrag annimmt, obwohl er weiß, daß ihm zu seiner ordnungsgemäßen Erfüllung die fachlichen Kenntnisse fehlen. Dann nämlich liegt ein Verstoß gegen den Grundsatz der Gewissenhaftigkeit aus § 43 Abs. 1 S. 1 WPO vor. Dieser müßte aber auch in den Pflichtenkreis des Wirtschaftsprüfers fallen. Der Wirtschaftsprüfer ist nicht zur Auftragsannahme verpflichtet.[520] Vielmehr muß er den Auftrag ablehnen, wenn er sich zur ordnungsgemäßen Durchführung nicht in der Lage sieht. Problematisch ist aber, daß es sich bei der Inkompetenz lediglich um eine Feststellung über die Eignung des Prüfers handelt. Dies ist eine Vorfrage, die vor der Aufnahme der eigentlichen Tätigkeit des Prüfers steht. Angenommen, der Prüfer wäre ungeeignet, würde einen Auftrag zwar annehmen, aber nie ausführen, so könnte allein in der Auftragsannahme keine Verletzung der Vermögensbetreuungspflicht liegen, denn der Pflichtenkreis kann sich erst dann eröffnen, wenn die fürsorgerische Tätigkeit tatsächlich ausgeübt wird. Ist ein Prüfer ungeeignet, verstößt er mithin zwar gegen den Grundsatz der Gewissenhaftigkeit, begeht aber keine Verletzung innerhalb seines Pflichtenkreises, solange er die Tätigkeit nicht

517 *Lenckner/Perron* in Schönke/Schröder § 266, Rn. 35a.
518 *Förschle/Peemöller*, Wirtschaftsprüfung und Interne Revision, S. 69.
519 § 21 BS WP/vBP (Berufssatzung für Wirtschaftsprüfer/vereidigte Buchprüfer).
520 *Marten/Quick/Ruhnke*, Wirtschaftsprüfung, S. 224.

tatsächlich ausübt. Ist ein Prüfer ungeeignet und übt er die Tätigkeit tatsächlich aus, so verstößt er gegen den Grundsatz der Gewissenhaftigkeit und begeht eine Verletzung innerhalb seines Pflichtenkreises. Genauso liegt es, wenn die fehlende Kompetenz zu Mängeln bei der Prüfung führt. Dann ist eine Verletzung seiner Vermögensbetreuungspflicht zu bejahen.[521]

Eine weitere Pflicht, der im Rahmen der Verletzungshandlung besondere Bedeutung zukommen kann, ist die sogenannte Redepflicht des Abschlußprüfers gemäß § 321 Abs. 1 S. 3 HGB. Sie geht auf ein Urteil des BGH zurück.[522] Darin bejahte der BGH die Pflicht des Prüfers zur Warnung, wenn ihm schwerwiegende Bedenken gegen Geschäftsführung, Rentabilität oder Liquidität kommen. Der BGH spricht noch von Treuepflicht, die ihren Ursprung in Vertrag und Organstellung des Prüfers haben soll. Durch ihre heutige gesetzliche Normierung erweitert sie die Vermögensbetreuungspflicht des Täters dadurch, daß die unterlassene Warnung einen Verstoß gegen eine gesetzliche Pflicht bedeutet und damit eine Verletzung im Sinne des § 266 StGB darstellt. Für die Fälle unterlassener Warnung wird aber noch zu problematisieren sein, inwieweit ein eingetretener Schaden vom Vorsatz umfaßt sein konnte.

Die sehr umfangreichen Berufspflichten des Wirtschaftsprüfers, besonders aber die Warnpflichten verleiten dazu, jede Unternehmenskrise ex post als Ergebnis der Verletzung der Vermögensbetreuungspflicht eines Wirtschaftsprüfers zu identifizieren. Besonders die hohen Erwartungen der Öffentlichkeit tragen zu dieser Entwicklung bei. Immerhin hat laut Gesetz etwa der Jahresabschluß gemäß § 264 Abs. 2 S. 1 HGB „ein den tatsächlichen Verhältnissen entsprechendes Bild von der Vermögens-, Finanz- und Ertragslage der Kapitalgesellschaft zu vermitteln." Die Vermögensbetreuungspflicht kann aber nicht die Haftung des Wirtschaftsprüfers für fehlerhafte Unternehmensführung nach sich ziehen. Die Verletzung von Sorgfaltspflichten von Vorstand oder Geschäftsführung, die das Unternehmen in die Krise führen, können nicht pauschal dem Wirtschaftsprüfer zugerechnet werden. Die Verletzung der Vermögensbetreuungspflicht kann nicht weiter gehen, als die Pflicht selbst.[523] Die Warnpflicht und damit die Annahme einer Verletzungshandlung kann nicht in eine Einmischungspflicht des Wirtschaftsprüfers bei unwirtschaftlicher Unternehmensführung umqualifiziert werden. Dies wurde auch von Wirtschaftsprüfern mit dem Hinweis bestätigt, der gesetzliche Prüfungsauftrag erstrecke sich ausdrücklich nicht auf die Geschäftsführungstätigkeit.

---

521 Vgl. unten im 8. Teil, Fall 7.

522 BGH, Urteil vom 15. 12. 1954 in BGHZ 16, 17.

523 *Schünemann* in LK § 266, Rn. 89.

c) Verletzungshandlung auch bei ordnungsgemäßer Prüfung?

Einzugehen ist desweiteren auf den Fall, daß der Wirtschaftsprüfer seine Prüfung ordnungsgemäß durchführt und pflichtgemäß die zuständigen Unternehmensorgane sowie die Öffentlichkeit über festgestellte Unregelmäßigkeiten informiert. Daraufhin kommt es zu einem Vertrauensverlust in das Unternehmen und in seiner Folge zu einer Vermögenseinbuße etwa als Reaktion auf sinkende Börsenkurse. In diesem Fall könnte der Schaden unter Umständen in einer Vermögensgefährdung liegen,[524] die Strafbarkeit wegen Untreue scheitert jedoch bereits an der fehlenden Tathandlung. Denn eine pflichtwidrige Verletzung muß verneint werden. Der Wirtschaftsprüfer handelt hier zwar im Rahmen seiner Treuepflicht, verletzt sie aber nicht. Der Fall ist deswegen außergewöhnlich, weil er vordergründig suggeriert, auch der pflichtgemäße Umgang mit der treusorgenden Herrschaftsposition könne in einen Schaden münden. Dies scheint dem Umstand zu widersprechen, daß der Vermögensbetreuungspflichtige eigentlich, wenn schon nicht vermögensmehrend, so aber doch vermögenswahrend im Interesse des Geschäftsherrn tätig ist. Obiger Fall bildet jedoch keine Ausnahme, er spiegelt nur in besonderer Weise die Gesetze des Marktes wider. Denn eigentlicher Auslöser des Schadens ist das für die Unregelmäßigkeiten verantwortliche Organ des Unternehmens und nicht der Wirtschaftsprüfer. Inhalt der Vermögensbetreuungspflicht des Wirtschaftsprüfers ist es in diesen Fällen, durch schnelle Aufklärung einen möglicherweise eingetretenen Schaden für das Unternehmen gering zu halten, auch wenn als letztes Mittel nur die rechtzeitige Einleitung eines Insolvenzverfahrens bleibt. Der Fall zeigt auch, daß sich die Pflichtwidrigkeit nicht voreilig aus dem Schaden ableiten läßt, sondern daß sie auch dogmatisch zur Tathandlung gehört.

d) Verletzungshandlung bei Beschränkung auf bestimmten Prüfungsgegenstand

Folgende weitere Konstellation ist zu untersuchen: Bei Durchführung der Prüfung entdeckt der Wirtschaftsprüfer Unregelmäßigkeiten außerhalb des Prüfungsgegenstandes, also gleichsam bei Gelegenheit. Selbstverständlich hat der Wirtschaftsprüfer nicht derart weitreichende Machtbefugnisse, daß er im Rahmen der freiwilligen Prüfung einer Abteilung im Unternehmen das gesamte Unternehmen durchleuchten könnte. Vorstellbar wäre jedoch, daß ihm bei einer Mitarbeiterbefragung Kenntnisse über eine Unterschlagung zugetragen werden und er nicht warnt oder weitere Nachforschungen betreibt. Hier könnte die Beschränkung auf einen bestimmten Prüfungsgegenstand, – daß es sich also in obigem

524 Vgl. unten 5. Teil, V 3.

Beispiel gerade nicht um eine Unterschlagungsprüfung handelt, – eine Beschränkung der Vermögensbetreuungspflicht zur Folge haben. Der Umfang der Vermögensbetreuungspflicht kann sich durchaus aus Weisungen seitens des Geschäftsherrn ergeben. Eine Verletzung liegt aber nur dann vor, wenn die Weisung nicht befolgt wird.[525] Daraus ergibt sich im Umkehrschluß, daß die Weisung rechtmäßig sein muß. Besonders, wenn die Vermögensbetreuungspflicht eine vertragliche Grundlage hat, kommt es für die Beurteilung der Pflichtwidrigkeit auf mögliche Handlungsalternativen an.[526] Die Möglichkeit, kraft Weisung den Umfang der Vermögensbetreuungspflicht zu definieren, kann nicht dazu führen, daß man den Tatbestand des § 266 StGB beschränkt und das Rechtsgut erhöhten Gefahren aussetzt. Vielmehr müssen Weisungen einen billigenswerten und rechtmäßigen Hintergrund haben, um, wie gesetzliche Vorgaben, auf den Umfang der Vermögensbetreuungspflicht wirken zu können. Gesetzliche Regelungen können die Weite der Vermögensbetreuungspflicht definieren. Im Privatrechtsverhältnis haben inhaltsgleiche Weisungen dieselbe Wirkung. Eine Weisung kann also nur Treuepflichten ausweiten, mithin also den Schutz des Opfervermögens verbessern. Sollte eine Weisung Treuepflichten einschränken, so geht dies nur, wenn sie trotzdem rechtmäßig und billigenswert bleibt. Deswegen obliegt dem Wirtschaftsprüfer der Schutz des Opfervermögens entgegen anderslautender Weisungen auch über den konkreten Prüfungsgegenstand hinaus, wenn er Anhaltspunkte für Unregelmäßigkeiten hat.

Die „Weisungsfälle“ zeigen, daß die Thematik der Verletzungshandlung untrennbar mit der Frage verbunden ist, wie weit die Vermögensbetreuungspflicht reicht, also welchen Umfang sie hat. Das hängt damit zusammen, daß die pflichtwidrige Handlung nur dann eine Verletzung darstellt, wenn sie sich innerhalb des von der Vermögensbetreuungspflicht beeinflußten Pflichtenkreises bewegt.

2. *Erweiterung der Untreuestrafbarkeit durch Einführung des KonTraG*[527]

Mit der Erweiterung der Pflichten des Abschlußprüfers – insbesondere durch das KonTraG – hat sich für den Prüfer jedoch auch der Bereich möglicher Verletzungshandlungen erweitert. Dies soll im folgenden näher dargestellt werden.

In der Entscheidung zur Warnpflicht stellte der BGH außerdem fest, daß es nicht Sache des Abschlußprüfers sein könne, Richtigkeit und Zweckmäßigkeit

525 *Lenckner/Perron* in Schönke/Schröder § 266, Rn. 35a.
526 *Tröndle/Fischer* § 266, Rn. 41.
527 BGBl 1998 I, S. 786 und vgl. oben auf Seite 33.

der Maßnahmen der Verwaltung zu beurteilen, um zu sagen, was anders oder besser hätte gemacht werden können.[528] Insbesondere habe der Abschlußprüfer auch nicht die Lage der Gesellschaft zu erörtern.[529] Heute ist das anders. Gemäß § 321 Abs. 1 S. 2 HGB hat der Abschlußprüfer im Rahmen des Prüfungsberichtes eine Stellungnahme zur Beurteilung der Unternehmenslage durch die gesetzlichen Vertreter abzugeben. Gemäß § 317 Abs. 4 HGB hat er nicht nur festzustellen, ob das nach § 91 Abs. 2 AktG vorgeschriebene Überwachungssystem eingerichtet wurde, sondern auch, ob der Vorstand geeignete und angemessene Risikobewältigungsmaßnahmen ergriffen hat.[530] Gemäß § 317 Abs. 2 S. 2 HGB ist nunmehr auch zu prüfen, ob Chancen und Risiken der künftigen Entwicklung zutreffend dargestellt sind. Im Hinblick auf die Untreuestrafbarkeit des Wirtschaftsprüfers ist besonders problematisch, daß sich sein Aufgabenkreis nicht nur erweitert hat, sondern daß ihm zukunftsorientierte Prognoseentscheidungen zugewiesen wurden.[531] Dies ist keinesfalls unstreitig. So wird zum Teil vertreten, daß der Abschlußprüfer eigene Prognosen und Risikoeinschätzungen nicht vorzunehmen habe.[532] Dagegen findet sich vornehmlich in betriebswirtschaftlicher Literatur die Erklärung, daß Prognosen und Wertungen zukunftsorientiert zu prüfen seien und zwar auch auf Plausibilität und Realitätsnähe.[533] In der Praxis dürfte es jedoch schwierig sein, die Prognose eines anderen zu überprüfen, ohne vorher eine eigene aufgestellt zu haben. *Mattheus*[534] meint hierzu, der Abschlußprüfer kommentiere lediglich Aussagen im Vorstandslagebericht, müsse sich aber vorher sein eigenes Lagebild erarbeiten. Ähnlich sieht es *Kragler*[535], wenn er zu § 171 Abs. 1 S. 2 AktG ausführt: „Die gesetzliche Auskunftspflicht des Abschlußprüfers beschränkt sich zwar auf den Jahresabschluß und den Lagebericht, es ist aber zu erwarten, daß der Aufsichtsrat auch an der Einschätzung des Abschlußprüfers über Produkte und kritische Erfolgsfaktoren und an einer Beurteilung der Managementleistungen und der Zukunft des Unternehmens sowie der Risikostruktur und der ihr angemessenen Verfahrens- und Kontrollmaßnahmen interessiert sein wird.“ Für die Prüfung des Lageberichts meint er jedoch wieder, der Prüfer stelle keine eigene Prognose an und treffe keine Aussage über die Überlebensfähigkeit

528 BGH, Urteil vom 15. 12. 1954 in BGHZ 16, 17 (23).

529 BGH, Urteil vom 15. 12. 1954 in BGHZ 16, 17 (24).

530 *Ebke* in MüKo zum HGB § 317, Rn. 59; *Hopt/Merkt* in Baumbach/Hopt, HGB § 317, Rn. 9; *Wiedmann* in Ebenroth/Boujong/Joost, HGB § 317, Rn. 25 ff.

531 *Escher-Weingart* in NZG 1999, S. 909 (913).

532 *Ebke* in MüKo zum HGB § 317, Rn. 50; *Ernst* in Wpg 1998, 1025 (1028); *Morck* in Koller/Roth/Morck, HGB § 317, Rn. 3; *Wiedmann* in Wpg 1998, 338 (344).

533 *Förschle/Peemöller*, Wirtschaftsprüfung und Interne Revision, S. 259, 421.

534 *Mattheus* in ZGR 1999, 682 (699 f.).

535 *Kragler*, Wirtschaftsprüfung und externe Qualitätskontrolle, S. 68.

des Unternehmens.[536] Dem widerspricht jedoch *Hommelhoff*[537], der ein reines Plausibilitätsurteil ohne eigenen Standpunkt für zu wenig hält. Ausdrücklich strittig sehen *Schindler/Rabenhorst*[538] die Situation.

Selbst wenn man aber eine eigene Prognoseentscheidung für den Wirtschaftsprüfer nicht fordert und die Abschlußprüfung weiterhin als eine Gesetz- und Ordnungsmäßigkeitsprüfung ansieht[539], birgt die zukunftsgerichtete Ausrichtung, die das KonTraG mit sich bringt in strafrechtlicher Hinsicht Unsicherheiten, was den Umfang einer möglichen Verletzung der Vermögensbetreuungspflicht anbelangt. Bei zukunftsgerichteten Prognoseentscheidungen – sei es nun, daß der Abschlußprüfer sie selbst vornimmt oder diejenigen anderer nachvollziehen muß – läßt sich auch bei hohen Erfahrungswerten nie ausschließen, daß letztlich doch ein Schaden eintritt. Die Schwierigkeit ergibt sich unter anderem dadurch, daß eine grundlose Warnung oder Zurückweisung der Risikodarstellung des Vorstands immer auch Vertrauen zerstören kann und somit ein Schaden in anderer Weise drohen könnte. Die Problematik gleicht der eines gewagten Geschäftes. Der Geschäftsmann und genauso jeder Vorstand und Geschäftsführer müssen kalkulierbare Risiken eingehen, sonst sind die Aussichten auf Gewinn zu gering.[540] Die Grenze zur möglichen Untreue ist für den Unternehmer sicher dort erreicht, wo die Sachlage undurchsichtig und mögliche Entwicklungen undurchschaubar werden.[541] Nach dem BGH ist die Schwelle zur Pflichtwidrigkeit bereits dort erreicht, wo die Gefahr eines Verlustgeschäftes wahrscheinlicher ist als die Aussicht auf Gewinnzuwachs.[542]

Für den Wirtschaftsprüfer muß die Grenze ganz sicher noch etwas strenger gehandhabt werden. Denn anderenfalls würde das KonTraG seinen Sinn, nämlich Unternehmenskrisen zu verhindern, verfehlen. Die Pflichtwidrigkeit muß für den Wirtschaftsprüfer daher bereits dann bejaht werden, wenn er begründete Zweifel an der Verwirklichung der zukünftigen Chance oder dem Ausbleiben des erwarteten Risikos hat und diese nicht äußert. Wie im Handelsrecht, so muß auch im Strafrecht dem Informationsinteresse des Jahresabschlußadressaten tendenziell der Vorrang eingeräumt werden.[543]

Eine andere Frage, die an dieser Stelle nur erwähnt sein soll, betrifft die Problematik des Vorsatzes in solchen Fällen. Immerhin dürfte der Nachweis schwie-

---

536 *Kragler*, Wirtschaftsprüfung und externe Qualitätskontrolle, S. 357 f.
537 *Hommelhoff* in BB 1998, S. 2567 2571 f.).
538 *Schindler/Rabenhorst* in BB 1998, S. 1886 (1891).
539 *Dörner* in DB 1998, S. 1 (2).
540 *Horn* in ZIP 1997, S. 1129.
541 *Schünemann* in LK § 266, Rn. 96.
542 BGH, Urteil vom 27. 2. 1975 in NJW 1975, S. 1234 (1236).
543 *Wiedmann* in Ebenroth/Boujong/Joost, HGB § 317, Rn. 19.

rig sein, wann bei falscher Einschätzung von Chancen und Risiken zumindest noch bedingt vorsätzlich im Hinblick auf den Schaden gehandelt worden ist und ob der Wirtschaftsprüfer einem Tatbestands- oder Verbotsirrtum unterlag.[544]

3. *Tatbestandsausschließendes Einverständnis*

a) Einwilligung oder Einverständnis?

Ein tatbestandsausschließendes Einverständnis könnte vorliegend möglicherweise die Pflichtverletzung entfallen lassen, wenn man eine Situation annimmt, in der der Vorstand als Vertreter der Gesellschaft einem geschönten Testat des Wirtschaftsprüfers zustimmt oder ein solches sogar ausdrücklich verlangt.

Das tatbestandsausschließende Einverständnis ist von der rechtfertigenden Einwilligung zu trennen. In einem Urteil vom 12. 01. 1956 ging der BGH davon aus, daß es sich bei Zustimmungen im Rahmen der Untreue um eine Einwilligung handelt.[545] Nach ganz überwiegender Auffassung in der Literatur liegt jedoch ein Einverständnis vor, das den Tatbestand entfallen läßt.[546] Damit das Opfer „einverstanden" sein kann, ist es jedoch erforderlich, daß ein Handeln gegen oder ohne seinen Willen zum Tatbestand gehört.[547] Demgegenüber ist die Einwilligung als Rechtfertigungsgrund ein Verzicht auf Rechtsschutz.[548] Bei der Untreue ist der Wille des Opfers im Vorfeld des Tatbestandes darauf gerichtet, dem Täter sein Vermögen zu einem bestimmten Zweck anzuvertrauen. Handelt der potentielle Täter dem Zweck gemäß, so entspricht er damit dem Willen des Opfers und eine Pflichtverletzung entfällt. Es fehlt also an der Erfüllung des Tatbestandes. Der eigenmächtige Umgang des Täters mit diesem Vermögen, der dann umgekehrt zur Auslösung des Tatbestandes führt, ist damit zugleich immer gegen den Willen des Opfers gerichtet. Es ist daher der Auffassung der Vorzug zu geben die davon ausgeht, daß die Zustimmung tatbestandsausschließend wirkt und es sich mithin um ein Einverständnis handelt.

---

544 Vgl. hierzu unten im 5. Teil, VII 3.

545 BGH, Urteil vom 12. 1. 1956 in BGHSt 9, 203 (216).

546 *Arzt/Weber*, StrR BT, § 22, Rn. 70; *Hillenkamp* in NStZ 1981, S. 161 (165); *Jordan* in JR 2000, S. 133 (137); *Kindhäuser* in Nomos-Kommentar § 266, Rn. 66; *Schramm*, Untreue und Konsens, S. 57; *Wessels/Hillenkamp*, StrR BT 2, Rn. 758 mwN.; so jetzt auch BGH, Urteil vom 20. 7. 1999 in NJW 00, S. 154 (155); BGH, Urteil vom 18. 3. 2003 in NJW 03, S. 2996 (2998).

547 *Joecks* in Studienkommentar StGB Vor § 32, Rn. 14; *Lackner/Kühl* Vor § 32, Rn. 11; *Tröndle/Fischer* Vor § 32, Rn. 3a.

548 *Lenckner* in Schönke/Schröder Vorbem. §§ 32 ff., Rn. 33.

b) Erteilung des Einverständnisses durch den Vorstand einer AG

Die Besonderheit der Situation, in der der Vorstand dem pflichtwidrigen Tun des Wirtschaftsprüfers zustimmt ergibt sich vorliegend daraus, daß Vermögensinhaber und Untreueopfer die juristische Person selbst ist und somit ein Dreipersonenverhältnis gegeben ist. Notwendig ist daher, noch bevor es auf die Wirksamkeit des Einverständnisses ankommt, daß der Vorstand das Unternehmen überhaupt vertreten hat.

Die Voraussetzungen für eine wirksame Stellvertretung sind neben Anwendbarkeit und Zulässigkeit die Abgabe einer eigenen Willenserklärung im Namen des Vertretenen mit Vertretungsmacht.[549] In Abgrenzung zu Realakten ist die Willenserklärung auf die Herbeiführung einer Rechtsfolge und nicht auf einen tatsächlichen Erfolg gerichtet.[550]

Fraglich ist jedoch zunächst, ob die allgemeinen Grundsätze für eine rechtsgeschäftliche Stellvertretung auch für die Stellvertretung des Organs einer juristischen Person Anwendung finden. Die organschaftliche Vertretungsmacht liegt gleichsam zwischen rechtsgeschäftlicher und gesetzlicher Vertretungsmacht.[551] Diese uneindeutige Zuordnung ist Grundlage für den Streit zwischen der Vertreter- und der Organtheorie. Nach der Vertretertheorie ist die juristische Person selbst nicht handlungsfähig, so daß ihre Organe für sie als Vertreter handeln müssen.[552] Nach der Organtheorie hingegen ist das Handeln der Organe gleichbedeutend mit dem Handeln der juristischen Person.[553]

aa) Lösung der Vertretertheorie

Folgt man der Vertretertheorie, so ist die Stellvertretung anhand der oben erwähnten Punkte zu prüfen. Handelt es sich um den Fall der Auftragsvergabe zur Jahresabschlußprüfung, so wird die Gesellschaft seit der Neuregelung durch das KonTraG in § 111 Abs. 2 S. 3 AktG durch den Aufsichtsrat und nicht mehr durch den Vorstand vertreten.[554] Somit ist der Aufsichtsrat rechtmäßiger Vertreter und

549 *Heinrichs* in Palandt § 164, Rn. 1 und 13; *Koppensteiner* in Rowedder/Schmidt-Leithoff, GmbHG, § 35, Rn. 6; *Palm* in Erman, BGB, § 164, Rn. 1.

550 *Brox*, Allg. Teil des BGB, Rn. 82; *Kramer* in MüKo zum BGB Vor § 116, Rn. 33.

551 *Bork*, AT des BGB, Rn. 1433.

552 *Hadding* in Soergel, BGB, § 26, Rn. 2; *Hübner*, AT des BGB, Rn. 197; *Schmidt*; GesR, § 10 I 2.

553 *Hübner*, AT des BGB, Rn. 197; *Schmidt*, GesR, § 10 I 2.

554 *Forster* in Wpg 1998, S. 41 (42); *Hüffer*, AktG § 111, Rn. 12a; entsprechende Forderungen wurden zuvor im Schrifttum erhoben: *Lutter* in ZHR 1995 (Band 159), S. 287 (299 f.).

nicht der Vorstand. Deswegen äußert der Vorstand keine Willenserklärung in Vertretung der Gesellschaft, wenn dieser den Wirtschaftsprüfer dahingehend beeinflußt, daß er ein geschöntes Testat erteilen sollte. Bei sonstigen freiwilligen Prüfungen kommt der Vertrag zwischen Wirtschaftsprüfer und Gesellschaft jedoch über den Vorstand als Vertretungsorgan zustande. Dort gibt der Vorstand eine eigene Willenserklärung mit dem Ziel des Zustandeskommens des Prüfervertrages ab.[555]

Gibt der Vorstand die Willenserklärung ab, so müßte er ferner im Namen der Gesellschaft handeln. Schließt er als Vertretungsorgan den Prüfungsvertrag ab, ist diese Voraussetzung ohne Zweifel gegeben. Ansonsten genügt es gemäß § 164 Abs. 1 S. 2 BGB, daß sich die Absicht im Namen der Gesellschaft zu handeln aus den Umständen ergibt.[556] Für den Wirtschaftsprüfer müßte also ersichtlich werden, daß die Folgen des rechtsgeschäftlichen Handelns die Gesellschaft und nicht das Vertretungsorgan treffen sollen. Dies kann sich etwa daraus ergeben, daß Zuwendungen für den Wirtschaftsprüfer aus dem Vermögen der Gesellschaft kommen. Aber auch, wenn eine solche Vereinbarung nicht besteht, treffen geschönte Bücher die Gesellschaft als buchführungspflichtige juristische Person. Für den Wirtschaftsprüfer ist eindeutig erkennbar, daß der Vorstand das Prüfungstestat wohl kaum für sich will. Damit liegt auch ein Handeln im Namen des Vertretenen vor.

Letztlich müßte der Vorstand die Willenserklärung auch mit Vertretungsmacht abgegeben haben.

Gibt der Vorstand seine Willenserklärung in fremdem Namen ab, so vertritt er die Gesellschaft – geht man von der Vertretertheorie aus – wie bei jedem Vertragschluß. Wirkt der Vorstand auf ein geschöntes Testat hin, so könnte ein wirksames Einverständnis an einem Mißbrauch der Vertretungsmacht scheitern.

Es liegt ein Fall der Kollusion vor, wenn Vertreter und Dritter zum Nachteil des Vertretenen beim Rechtsgeschäft zusammenwirken.[557] Die auf das Erstellen eines gesetzeswidrigen Testates gerichtete Absprache ist für die Gesellschaft nachteilig, weil das Testat seinen Zweck – die Aufdeckung der Mängel – nicht wird erfüllen können. Ein Fall der Kollusion liegt damit vor. Ein unter solchen Umständen zustandegekommenes Rechtsgeschäft ist sittenwidrig. Die Erklärungen des Vorstands treffen die juristische Person nicht, damit kann auch kein Einverständnis gegeben sein.

---

555 Zu den Änderungen durch das KonTraG vgl. oben auf Seite 33.

556 *Heinrichs* in Palandt § 164, Rn. 1; *Hübner*, AT des BGB, Rn. 1218; *Hüffer*, AktG § 78, Rn. 9.

557 BGH, Urteil vom 17. 5. 1988 in NJW 89, 26; *Brox*, Allg. Teil des BGB, Rn. 580; *Heinrichs* in Palandt § 164, Rn. 13.

Problematisch an dieser Lösung ist, daß die juristische Person als Trägerin ihres Vermögens nicht mehr in eine Vermögensverletzung einwilligen kann, obwohl es sich bei § 266 StGB um ein Vermögensdelikt handelt. Konsequenterweise müßte dann auch die Pflichtwidrigkeit vom Vermögensträger durch ein tatbestandsausschließendes Einverständnis beseitigt werden können. Eingriffe in das Gesellschaftskapital dürften nach dieser Ansicht, auch wenn sie rechtswidrig sind, nicht nach § 266 StGB strafbar sein. § 266 StGB würde nämlich sonst seinem Schutzzweck zuwider in den Dienst gesellschaftsfremder Interessen gestellt.[558]

Auf der anderen Seite sind bei Schäden des Gesellschaftsvermögens immer auch die Anteilseigner betroffen. Dies rechtfertigt es, das Einverständnis zu beschränken. Existenzgefährdende, aber gesetzeskonforme Maßnahmen, wirken als Einverständnis, es sei denn, es wird ein unkalkulierbares Risiko eingegangen. Geschäfte, die gesellschaftsrechtlich unzulässig sind, bleiben ein Treubruch;[559] hierzu zählt die Abgabe eines gesetzeswidrigen Testates.

Hiervon zu unterscheiden ist die Frage, ob dann mangels Vertrages überhaupt noch eine Vermögensbetreuungspflicht vorliegt. Dies betrifft die Streitfrage, ob zwischen Teilnehmern an unsittlichen Rechtsverhältnissen Betreuungspflichten bestehen können. Sie wurde bereits oben[560] diskutiert und dahingehend entschieden, daß auch in Fällen der Ganovenuntreue eine Vermögensbetreuungspflicht zuzulassen ist, um das Vermögen der juristischen Person zu schützen. Grundlage der Vermögensbetreuungspflicht ist dann kein Rechtsgeschäft, sondern ein Treueverhältnis.

bb) Lösung der Organtheorie

Folgt man der Organtheorie, so kommt es auf die Vertretungsmacht nicht an, da das Handeln des Vorstands als Eigenhandeln der juristischen Person zu qualifizieren ist. Wenn es auch auf die Wirksamkeit der Stellvertretung nicht ankommt, so kann aber immer noch das abgegebene Einverständnis selbst unwirksam sein.

---

558 *Arloth* in NStZ 1990, S. 570 (573); nach *Kubiciel* in NStZ 2005, S. 353 (360) können „Lauterkeitserwägungen strafrechtlich keine Bedeutung haben"; *Muhler* in wistra 1994, S. 283 (287).

559 BGH, Urteil vom 12. 1. 1956 in BGHSt 9, 204 (216); BGH, Beschluß vom 17. 11. 1983 in NStZ 1984, 118 (119); BGH, Urteil vom 29. 5. 1987 in BGHSt 34, 379 (386 f.); BGH, Urteil vom 24. 8. 1988 in BGHSt 35, 333 (337); BGH, Urteil vom 10. 7. 1996 in NJW 1997, S. 66 (68 f.); BGH, Urteil vom 20. 7. 1999 in NJW 2000, S. 154 (155); BGH, Urteil vom 13. 5. 2004 in BGHSt 49, 147 (158); *Lenckner/Perron* in Schönke/Schröder § 266, Rn. 21a mwN.; *Schünemann* in LK § 266, Rn. 100.

560 Vgl. unten im 5. Teil, II 8.

Dies ist insbesondere dann der Fall, wenn es gesetzeswidrig ist.[561] Die Einwirkung auf den Wirtschaftsprüfer mit dem Ziel, unrichtige Testate zu erstellen stellt einen Verstoß gegen diverse Normen dar. So verletzt der Vorstand seine Sorgfaltspflichten aus § 93 Abs. 1 AktG und der Prüfer verstößt zusätzlich gegen seine Berufspflichten.

Mit der Organtheorie scheitert ein Einverständnis somit an seiner mangelnden Wirksamkeit, mit der Vertretertheorie fehlt es schon an der wirksamen Entäußerung des Einverständnisses mangels Stellvertretung.

c) Erteilung des Einverständnisses durch den Aufsichtsrat einer AG

Gemäß § 111 Abs. 2 S. 3 AktG erteilt bei der Jahresabschlußprüfung der Aufsichtsrat den Prüfungsauftrag. Rechtlich steckt dahinter die Vertretung der Gesellschaft gegenüber dem Prüfer durch den Aufsichtsrat. Systematisch korrekt wäre es daher gewesen, die Regelung in § 112 AktG aufzunehmen.[562] Hat aber der Aufsichtsrat die Vertretungsmacht, so kann sie nicht gleichzeitig dem Vorstand obliegen. Insbesondere kann der Aufsichtsrat auch die Prüfungsschwerpunkte bestimmen, hat also auch die Macht der inhaltlichen Gestaltung.[563] Zweck der Regelung war es im übrigen gerade darauf hinzuwirken, daß ungünstige Einflüsse des Vorstands auf den Prüfer ausgeschlossen werden sollten.[564]

Wird der Aufsichtsrat als Vertreter der Gesellschaft tätig, so gelten für ihn dieselben Grundsätze, wie für den Vorstand, wenn dieser auf ein geschöntes Testat hinwirkt, insbesondere auch die Unterscheidung in Vertreter- und Organtheorie. Allerdings ist fraglich, ob dies besonders realistisch ist. Denn immerhin ist der Aufsichtsrat das Kontrollorgan der Gesellschaft, das von ordnungsgemäßer Arbeit des Wirtschaftsprüfers nur profitieren kann. Geschönte Testate würden also die Arbeit des Aufsichtsrates nur beeinträchtigen und mangelnde Kontrolle würde letztlich auf ihn zurückfallen.

d) Erteilung des Einverständnisses in der GmbH

Die Einverständnisproblematik in der AG ist auf die GmbH übertragbar, allerdings gibt es kleinere Unterschiede. Gemäß § 318 Abs. 1, S. 4 HGB erteilt der gesetzliche Vertreter, also der Geschäftsführer, den Prüfungsauftrag. Für ihn gilt das zum Vorstand Erläuterte, das heißt, es liegt ein Fall der Kollusion vor, wenn

561 OLG Stuttgart, Urteil vom 31. 3. 1978 in MDR 1978, S. 593; *Kindhäuser* in Nomos-Kommentar § 266, Rn. 67 mwN.; *Wessels/Hillenkamp*, StrR BT 2, Rn. 761.

562 So auch *Gelhausen* in AG 1997, Sonderheft S. 73 (77).

563 *Hüffer*, AktG § 111, Rn. 12d.

564 *Funke* in ZIP 1997, S. 1602 (1603).

man der Vertretertheorie folgt. Die Anhänger der Organtheorie würden zu dem Ergebnis kommen, daß das Einverständnis gesetzeswidrig ist. Denn so, wie der Vorstand seine Sorgfaltspflichten aus § 93 Abs. 1 AktG verletzt, handelt der Geschäftsführer der Parallelnorm § 43 Abs. 1 im GmbHG zuwider.

Im Unterschied zur AG besitzt die GmbH nicht notwendigerweise einen Aufsichtsrat. Ist ein Aufsichtsrat nach dem Gesellschaftsvertrag aber bestellt, so gilt gemäß § 52 Abs. 1 GmbHG iVm. § 111 Abs. 2, S. 3 AktG wie in der AG, daß dieser dem Wirtschaftsprüfer den Auftrag erteilt. Für das Einverständnis gelten dann die Ausführungen zum Aufsichtsrat.

Daß die Gesellschafter den Auftrag erteilen und im Zuge dessen ein Einverständnis erklären, ist ausgeschlossen, denn die organschaftliche Vertretungsbefugnis kann nicht entzogen oder teilweise oder insgesamt auf ein anderes Gesellschafsorgan übertragen werden.[565]

Es bleibt festzuhalten, daß ein tatbestandsausschließendes Einverständnis in Wirtschaftsprüferfällen nicht in Betracht kommt.

V. Schaden

Der objektive Tatbestand ist nur vollständig erfüllt, wenn die Verletzungshandlung auch zu einem kausalen Schaden geführt hat. Dies ist zu prüfen.

Um den Strafschutz als Reaktion auf drohende Schäden in Millionenhöhe vorzuverlagern, war im Entwurf für das 6. Strafrechtsreformgesetz vom 30. 01. 1998 noch vorgeschlagen worden, die versuchte Untreue unter Strafe zu stellen, wie es beim Betrug der Fall ist.[566] Zur Umsetzung dieses Vorschlages ist es nicht gekommen.[567] Die erwähnten vornehmlich hohen Schäden sind dennoch Realität. Das hängt zum einen mit der Bedeutung der Norm im Wirtschaftsstrafrecht zusammen und zum anderen damit, daß der Untreuetäter schon per Definition eine übergeordnete Position innehat, in der häufig nicht unwesentliche Beträge übertragen werden.

Wenn man sich auch gegen die Versuchsstrafbarkeit entschieden hat, so ist der Nachteil im Sinne des § 266 Abs. 1 StGB nach überwiegender Auffassung doch gleichbedeutend mit der Vermögensbeschädigung in § 263 Abs. 1 StGB.[568]

---

565 *Schneider* in Scholz, GmbHG, § 35, Rn. 13.

566 BT-Drucks. 13/8587, S. 43.

567 BT-Drucks. 13/9064, S. 20, ohne Begründung.

568 H. M.: BGH, Urteil vom 21. 10. 1994 in BGHSt 40, 287 (294); BGH, Urteil vom 4. 11. 1997 in BGHSt 43, 293 (297); *Lackner/Kühl* § 266, Rn. 17; *Wessels/Hillenkamp*, StrR BT 2, Rn. 775; a. A.: *Hellmann* in wistra 1989, S. 214 (217); *Hillenkamp*

Unstreitig ist zumindest, daß aufgrund der systematischen Stellung und im Hinblick auf das Rechtsgut unter Nachteil nur ein Vermögensnachteil verstanden werden kann.[569] Geschädigter kann nicht nur eine natürliche, sondern auch, was vorliegend entscheidend ist, eine juristische Person sein.[570] Vereinzelt wird die Auffassung vertreten, der Eintritt eines Nachteils sei nur Voraussetzung für den Treubruchs- nicht auch für den Mißbrauchstatbestand.[571] Dies erscheint beim Lesen des Tatbestandes zumindest nicht ganz abwegig, braucht aber in diesem Rahmen nicht diskutiert zu werden, denn auch nach dieser Ansicht muß für den hier alleine einschlägigen Treubruchstatbestand ein Nachteil gegeben sein.

Da der Wirtschaftsprüfer keinen unmittelbaren Einfluß auf das Vermögen der Gesellschaft hat, wirkt sich auch sein fehlerhaftes Testat nicht unmittelbar in einer Vermögensminderung aus, sondern kann beispielsweise erst dann schädigen, wenn auch die Öffentlichkeit davon erfährt.

Über die Frage, wie solche Gefahren für das Vermögen zu beurteilen sind und welches Vermögen schützenswert oder nicht schützenswert ist, herrscht seit jeher ein Streit, der auch im Rahmen des § 263 StGB regelmäßig diskutiert wird. Es werden eine Vielzahl verschiedener Vermögensbegriffe vertreten, jedoch haben sich drei maßgebliche Richtungen herauskristallisiert. Auf der einen Seite der juristische Vermögensbegriff, auf der anderen Seite der wirtschaftliche Vermögensbegriff und gleichsam dazwischen die juristisch-ökonomische Vermittlungslehre. Desweiteren seien hier der funktionale sowie der personale Vermögensbegriff erwähnt. Nach dem funktionalen Vermögensbegriff versteht man unter Vermögen die Verfügungsmacht einer Person über die ihr rechtlich zugeordneten übertragbaren Güter.[572] Der Begriff stellt bei der Schadensberechnung auf die mit der irrtumsbedingten Verfügung des Opfers verbundene Entreicherung ab. Er ist also so konzipiert, daß er den Funktionen des Betrugstatbestandes gerecht wird[573] und kann deswegen im Rahmen der Untreue außer Betracht bleiben. Der personale Vermögensbegriff hat zum Ziel, individuelle Belange stärker zu betonen. Das Vermögen soll in seiner Funktion als Grundlage der Persönlichkeitsentfaltung im Rahmen wirtschaftlicher Zwecksetzung geschützt werden.[574] Im Zu-

---

in NStZ 1981, S. 161 (166). Zum ganzen eingehend *Munz*, Haushaltsuntreue, S. 61 ff.

569 *Kindhäuser* in Nomos-Kommentar § 266, Rn. 94; *Schünemann* in LK § 266, Rn. 132; *Wessels/Hillenkamp*, StrR BT 2, Rn. 775.

570 *Lenckner/Perron* in Schönke/Schröder § 266, Rn. 39.

571 *Wolf*, Die Strafbarkeit der rechtswidrigen Verwendung öffentlicher Mittel, S. 112 ff.

572 *Kindhäuser* in Nomos-Kommentar § 263, Rn. 35.

573 *Kindhäuser* in Nomos-Kommentar § 263, Rn. 35.

574 *Alwart* in JZ 1986, S. 563 (565); Vertreter sind etwa: *Bockelmann* in JZ 1952, 461 (464); *Hardwig* in GA 1956, 6 (17); *Heinitz* in JR 1968, 387 (388); *Labsch* in JuS 1981, 45 (47).

sammenhang mit der Untreue gegenüber juristischen Personen wirft das mitschwingende psychologische Moment Probleme auf.[575] Persönlichkeitsentfaltung ist natürlichen Personen vorbehalten. Der Einwand, auch für juristische Personen sei das Vermögen Mittel zur Verfolgung von Zwecken,[576] überzeugt dagegen nicht. Denn beim Einsatz der Mittel steht der Charakter des Vertretungsorgans, mithin also der natürlichen Person im Vordergrund. Attribute wie Risikofreudigkeit oder Vorsicht können eine juristische Person nicht kennzeichnen. Der personale Vermögensbegriff überzeugt auch in anderer Hinsicht nicht. So sieht er den Schaden in der Minderung der wirtschaftlichen Stärke des Vermögensinhabers,[577] beschränkt ihn mithin auf wirtschaftliche Zweckverfehlungen. Eine klare Grenze zwischen wirtschaftlichen Zwecksetzungen und rein privaten Zielen ist aber nicht immer bestimmbar. So kann es sich bei einer Spende sowohl um eine private, uneigennützige Gabe, als auch um wirtschaftliche Eigenwerbung handeln.[578]

1. Die wichtigsten Vermögensbegriffe

a) Der juristische Vermögensbegriff

Der juristische Vermögensbegriff verfolgt bei der Bestimmung des Vermögens eine zivilrechtliche Sichtweise. Er wurde im 19. Jahrhundert entwickelt und ist damit die älteste Vermögenslehre. Er definiert das Vermögen als die Summe der Vermögensrechte und -pflichten einer Person. Nicht umfaßt sind danach reine Persönlichkeitsrechte und Rechte an höchstpersönlichen Gütern.[579] Folge der Rechts- und der fehlenden Sachbezogenheit ist, daß eine Schadenskompensation nicht anerkannt wird. Der juristische Vermögensbegriff verschließt sich dem Gedanken, daß Vermögen auch einen wirtschaftlichen Wert darstellen kann. Umgekehrt trägt seine Anlehnung an die anderen Rechtsgebiete zur Vereinheitlichung der Rechtsordnung bei.

Der Begriff wird in der im 19. Jahrhundert aufgekommenen Form heute nicht mehr vertreten. Er ist aber auch nicht völlig in Vergessenheit geraten. So erwähnt *Kindhäuser*, daß nur das Recht und nicht der Geschäftsverkehr das letzte Wort zu

575 *Bockelmann* in FS für Kohlrausch 1944, S. 226 (231 ff.).
576 *Kindhäuser* in Nomos-Kommentar § 263, Rn. 34.
577 *Geerds* in Jura 1994, S. 309 (311).
578 Zum Beispiel bei Wohltätigkeitsveranstaltungen Prominenter.
579 Vertreter waren etwa: *Berner*, Lehrbuch des Deutschen Strafrechtes 1898, S. 584; *Köstlin*, Abhandlungen aus dem Strafrechte 1858, S. 143; *Merkel*, Die Lehre vom strafbaren Betruge, Krim. Abh. II 1867, S. 101.

Inhalt und Umfang des Vermögens haben kann.[580] An einer Neuformulierung des juristischen Vermögensbegriffes versucht sich *Pawlik*.[581] Danach muß sich – ganz nach althergebrachtem Muster – das Strafrecht in eine rechtlich vorstrukturierte Welt einpassen. Desweiteren muß die betreffende Rechtsposition unmittelbare Ausprägung des Selbstdarstellungsrechts ihres Inhabers sein. Im Unterschied zur klassischen juristischen Vermögenslehre läßt er wirtschaftliche Kategorien zu, sofern sie durch zivilrechtliche Anerkennung vermittelt werden. Persönliche Rechtspositionen sollen desweiteren nur dann ausgeklammert werden, wenn sie rechtlich nicht übertragbar sind.

Im Unterschied zu einer wirtschaftlichen Betrachtungsweise ist der juristische Vermögensbegriff teils enger und teils weiter gefaßt. Weiter ist er, weil er unabhängig von einer Einbuße des Wertes auch die Einbuße an Rechten als Schaden ansieht. Ein Gegenstand erhält seinen Wert dadurch, daß ein Recht an ihm besteht. Es ist für die juristische Theorie unerheblich, ob das Recht einen Geld- oder Wirtschaftswert hat.[582] Enger ist er insoweit, als illegal Erlangtes nicht geschützt wird. Sein Abstellen auf einen bestimmten Bestand an Rechten birgt im Hinblick auf Wirtschaftsprüferfälle das Problem, daß er drohende Gefahren für den Rechtsbestand – die in diesen Fällen typisch sind – nicht bewältigen kann.

b) Der wirtschaftliche Vermögensbegriff

Der wirtschaftliche Vermögensbegriff kann wohl insgesamt als der liberalste betrachtet werden. Die rechtliche Zuordnung des Vermögensgegenstandes ist unerheblich. Vermögen wird als Summe aller geldwerten Güter betrachtet, über die eine Person faktisch verfügen kann.[583] Dieser Vermögensbegriff war Mitte des 20. Jahrhunderts herrschend.[584] Da es auf die rechtliche Zuordnung des Vermögens nicht ankommt, gibt es für diesen Vermögensbegriff kein Vermögen, das nicht schützenswert wäre, wenn es nur in irgendeiner Form einen Marktwert hat. Geschützt sind daher etwa auch Erwerbsaussichten,[585] zumindest dann, wenn sie sich bereits soweit konkretisiert haben, daß ein Vermögenszuwachs mit hoher

580 *Kindhäuser* in JR 1997, S. 301 (303).

581 *Pawlik*, Das unerlaubte Verhalten beim Betrug, S. 259 ff.

582 *Bockelmann* in FS für Mezger 1954, S. 363 (364).

583 BGH, Urteil vom 22. 10. 1986 in BGHSt 34, 199 (203); *Bruns* in FS für Mezger 1954, S. 335 (343); *Sonnen* in JA 1982, S. 593; *Tiedemann* in NJW 1977, S. 777 (779).

584 Vertreter sind etwa *Bruns* in FS für Mezger 1954, S. 335 ff.; *Gallas* in FS für Schmidt 1961, S. 401 (408 f.); *Sonnen* in JA 1982, S. 593; *Tiedemann* in NJW 1977, S. 777.

585 BGH, Urteil vom 20. 02. 1962 in BGHSt 17, 147 (148); BGH, Urteil vom 29. 05. 1987 in BGHSt 34, 379 (390 f.).

Wahrscheinlichkeit erwartet werden kann, so etwa bei Anwartschaften.[586] Entscheidend ist der Wert in den Händen des Opfers und nicht die Sache selbst, auch nicht das Recht an ihr.

Der wirtschaftliche Vermögensbegriff scheint keinen Einschränkungen zu unterliegen. Vor der Anerkennung der Lohnforderung einer Prostituierten galten Forderungen, die wegen Gesetzes- oder Sittenwidrigkeit nichtig waren außer nach dem wirtschaftlichen Vermögensbegriff nicht als schützenswertes Vermögen.[587] Aus heutiger Sicht muß festgestellt werden, daß einer der Hauptanwendungsfälle mit Änderung der Rechtslage für Prostituierte wohl entfallen sein dürfte. Auch ansonsten wird der wirtschaftliche Vermögensbegriff zunehmend zugunsten der Vermittlungslehre aufgegeben. Dies ergibt sich auch aus einem Beitrag von *Gallas*.[588] Nach ihm „kann sich eine wirtschaftliche Begriffsbestimmung des Vermögens nicht vollständig von rechtlichen Maßstäben emanzipieren." Der Autor muß feststellen, daß sich sein entwickelter wirtschaftlicher Vermögensbegriff im Prinzip mit dem juristisch-wirtschaftlichen Vermögensbegriff deckt. Diese Wendung dürfte neben dem moralischen Gesichtspunkt wohl den rechtlich weitaus relevanteren Hintergrund haben, daß man sich mit dem rein wirtschaftlichen Vermögensbegriff den Bindungen der sonstigen Rechtsordnung entledigt, weil man beispielsweise auch Diebesgut als schützenswert anerkennen muß.

Andererseits könnte der wirtschaftliche Vermögensbegriff zum Verständnis der Untreue als Teil des Wirtschaftsstrafrechts beitragen, weil mit ihm auch eine Einordnung von wirtschaftlichen Risiken, die geldwerte Güter bedrohen, als Schaden möglich ist. Zudem könnte er einen wichtigen Beitrag zum Vermögensschutz juristischer Personen leisten, weil die juristische Person als solche keinen Einfluß darauf hat, ob ihr Vermögen rechtmäßig oder rechtswidrig erlangt wurde.[589]

c) Die juristisch-ökonomische Vermittlungslehre

Der juristische Vermögensbegriff galt als herrschend bis zu einer Rechtsprechungsänderung im Jahre 1887. In seinem Beschluß vom 20. 04. 1887 stellte das Reichsgericht nämlich fest, daß die Vermögensbeschädigung als die Differenz zwischen dem Geldwerte zu definieren sei, welchen das Vermögen nach und infolge der durch die Täuschung hervorgerufenen Verfügung tatsächlich hatte, und demjenigen Geldwerte, den es gehabt hätte, wenn die Täuschungshandlung nicht

586 OLG Stuttgart, Urteil vom 10. 11. 1961 in NJW 1962, S. 502.
587 BGH, Beschluß vom 28. 04. 1987 in JR 1988, S. 125 (126).
588 *Gallas* in FS für Schmidt 1961, S. 401 (408 f.).
589 Vgl. hierzu unten im 5. Teil, V 4 b).

vorgenommen worden wäre.[590] Die Vermögensdefinition bekam eine deutlich wirtschaftliche, auf einen in Geld meßbaren Wert abzielende Richtung. Der wirtschaftliche Einschlag führt zu einer Verobjektivierung des Schadens, da dem Eigentum an wertlosen, nur dem Affektionsinteresse zufallenden Gegenständen, der Schutz versagt wird.

Der juristisch-ökonomische Vermittlungsbegriff ist heute die Schnittmenge einer Vielzahl an Einzellehren, zu denen etwa auch der oben erwähnte personale Vermögensbegriff zu zählen ist.[591] Inhaltlich zusammengefaßt läßt sich sagen, daß nach ihm das Vermögen die Summe aller Wirtschaftsgüter darstellt, die einer Person ohne rechtliche Mißbilligung oder unter dem Schutz der Rechtsordnung zukommen.[592] Die Lehre ist ein Kompromiß zwischen den Extremen der juristischen und der rein wirtschaftlichen Betrachtung. So heben sich Nachteile dieser beiden Ansichten in der Theorie auf. Es wird der reinen Versubjektivierung ebenso entgegengewirkt, wie der Abkoppelung des Strafrechts aus dem sonstigen Rechtsgefüge. Desweiteren ist es möglich, durch Kompensation einen Schaden zu vermeiden. Die juristisch-ökonomische Vermittlungslehre wird in der Rechtslehre überwiegend vertreten.[593] Die Rechtsprechung betont die juristische Ausrichtung für die Fälle des Betruges, in denen der Kaufgegenstand etwa aufgrund öffentlich-rechtlicher Vorschriften nicht verkehrsfähig ist.[594]

Auch, wenn das Vermögen unterschiedlich definiert wird, ist ein Schaden nur in zwei Ausgestaltungen denkbar: in einer Werteinbuße und in einer Wertgefahr.

2. Schaden als Einbuße

Die Untreue ist ein Erfolgsdelikt. Unabdingbar für die Vollendung ist daher der Eintritt eines Schadens als Erfolg. Ein solcher Schaden als Einbuße könnte etwa ein Umsatzeinbruch des Unternehmens sein, weil Veränderungen des Marktes von der Geschäftsführung nicht erkannt wurden und der Wirtschaftsprüfer nicht warnt.[595] Ein Schaden ist immer eine Einbuße, ein Weniger. Bezogen worauf,

590 RG, Beschluß vom 20. 04. 1887 in RGSt 16, 1 (3).

591 *Maurach/Schroeder/Maiwald*, StrR BT, Teilband 1, § 41, Rn. 97.

592 *Franzheim* in GA 1960, S. 269 (277); *Gössel*, StrR BT Band 2, § 21, Rn. 121; *Lenckner* in JZ 1967, S. 105 (106). Enger insoweit *Zieschang* in FS für Hirsch 1999, S. 831 (837), der darauf abstellt, ob in der Anwendung des Zivilrechts verfassungsrechtliche Wertentscheidungen durchscheinen und damit auf das im Grundgesetz verkörperte Wertsystem abstellt.

593 *Foth* in GA 1966, 33 (42); *Franzheim* in GA 1960, 269 (277); *Lenckner* in JZ 1967, 105 (107); *Tenckhoff* in JR 1988, 126 (128).

594 BGH, Urteil vom 21. 6. 1995 in StV 96, S. 73 (74).

595 Vgl. unten im 8. Teil, Fall 5.

hängt von dem jeweiligen Vermögensbegriff ab. Der Nachteil im Sinne der Untreue entspricht dem Schaden beim Betrug.[596] Dies sollte nicht unkommentiert bleiben. Immerhin bestimmt sich nach dem Zeitpunkt des Schadenseintritts für beide Delikte, wann der Tatbestand vollendet ist. Beim Betrug jedoch kommt bei Nichtvollendung eine Versuchsstrafbarkeit gemäß § 263 Abs. 2 StGB in Betracht. Die versuchte Untreue ist hingegen nicht strafbar. Rechtsgut beider Tatbestände ist das Vermögen. Die fehlende Versuchsstrafbarkeit der Untreue könnte man als Defizit, aber auch als bewußt vom Gesetzgeber abweichend zu § 263 StGB gestaltete Tatbestandskonstruktion verstehen, so daß für die Untreue auch der Schaden ohne Rückgriff auf den Betrug individuell zu definieren wäre. Dafür könnte auch die unterschiedliche Terminologie zwischen „Schaden" und „Nachteil" sprechen. Die obige Definition besagt jedoch nichts anderes, als daß ein Schaden in irgendeiner Form ein Minus darstellt. Sie ist daher notwendige Grundfeststellung für alle weiteren Überlegungen, die für Betrug und Untreue durchaus unterschiedlich ausfallen können, somit ist dies noch nicht der Zeitpunkt für eine Differenzierung. Die Definition des Schadens fällt vielmehr dann unterschiedlich aus, wenn man den Vermögensgegenstand unterschiedlich definiert, wie es die oben dargestellten Vermögensbegriffe praktizieren. Deshalb soll im Folgenden näher erläutert werden, wann die unterschiedlichen Vermögensbegriffe von einem Schaden als Einbuße ausgehen.

Ob ein Schaden vorliegt oder nicht, kann im Einzelfall davon abhängen, welchem Vermögensbegriff man folgt. Denn erst wenn feststeht, ob es sich bei dem angegriffenen Gut überhaupt um Vermögen handelt, kann auch über den Schaden eine Aussage getroffen werden.[597]

a) Der Schaden beim juristischen Vermögensbegriff

Nur Rechte bilden den Gesamtbegriff Vermögen, wenn man der juristischen Theorie folgt.[598] Damit kann ein Schaden auch nur in einer Einbuße an Rechten und nicht in ihrer Gefährdung gesehen werden. Auf den Wert des Rechtes kommt es nicht an. Auch der Verlust einer Forderung gegen einen insolventen Schuldner stellt einen Schaden dar. Sind die Bücher eines Unternehmens also beispielsweise so schlampig geführt, daß Forderungen nicht mehr rechtzeitig geltend gemacht werden können und macht der Prüfer darauf nicht aufmerksam, dann erleidet das Unternehmen einen Schaden, gleichgültig, ob der Schuldner solvent oder insol-

596 *Arzt/Weber*, StrR BT, § 22, Rn. 75; *Schünemann* in LK § 266, Rn. 132.
597 *Maurach/Schroeder/Maiwald*, StrR BT, Teilband 1, § 41, Rn. 101.
598 *Maurach/Schroeder/Maiwald*, StrR BT, Teilband 1, § 41, Rn. 88.

vent ist. Der Verlust von Gegenständen, an denen kein Recht besteht, ist konsequenterweise auch kein Schaden, weil schon kein Vermögen vorliegt.

Schwieriger zu beurteilen sind dann schon jene Fälle, in denen dem Verlust des Rechts ein Rechtserwerb gegenübersteht. War der Erwerb gerade dieses Rechtes auch gewollt, kann es sich nicht um einen Schaden handeln. Fraglich ist, ob eine Kompensation dann möglich ist, wenn das Erworbene nicht dem ursprünglichen Willen entspricht. Wenn zum Beispiel der Betreuende keine Aktien von Automobilunternehmen, sondern von Unternehmen aus der Luftfahrtbranche erwirbt und dies dem Willen des Betreuten zuwiderläuft. Verknüpft man den juristischen Vermögensbegriff mit einem wirtschaftlichen Schadensbegriff, so könnte man eine abstrakte Saldierung an Rechten vornehmen. Dann wäre eine Kompensation möglich. Andererseits sind jedoch Rechte immer mit ihrem Rechtsträger verknüpft, dessen individueller, subjektiver Wille berücksichtigt werden muß. Dann aber ist eine Schadenskompensation mit einem Recht, auf das der Wille nicht gerichtet war, gerade nicht möglich. Würde man anders entscheiden und den subjektiven Willen außer acht lassen, wäre im übrigen jeder Schadenersatzanspruch als Folge einer pflichtwidrigen Handlung eine den Schaden ausschließende Kompensation.

Allerdings sind sowohl im Rahmen des Betruges, als auch bei der Untreue Fälle denkbar, in denen von einem Anspruchserwerb infolge eines Rechtsverlustes gar nicht ausgegangen werden kann. So geht das Opfer beim Spendenbetrug etwa gar nicht davon aus, daß es einen Anspruch erhält, sondern es wird durch die zweckwidrige Verwendung des Geldes geschädigt.[599] Ebenso hat derjenige, der sein Geld in Aktien anlegen läßt, keinen Anspruch auf steigende Kurse und damit auf Gewinn. Die soziale Zweckerreichung ebenso wie die bloße Gewinnerwartung kann der juristische Vermögensbegriff nicht als Recht, also als Kompensation des Schadens einordnen. Er weist damit für Fälle der Kompensation Schwächen auf.

b) Der Schaden nach dem wirtschaftlichen Vermögensbegriff

Vertritt man den wirtschaftlichen Vermögensbegriff konsequent, so muß alles, was einen wirtschaftlichen Wert hat, auch Vermögen, also folglich auch schadensgeeignet sein. Unstreitig gehören dazu neben Eigentum auch Anwartschaften oder die Arbeitsleistung. Entscheidet man sich einmal für diese rein faktische Betrachtungsweise, so darf man auch dort nicht anders argumentieren, wo es um die Zuordnung von im Widerspruch zur Rechtsordnung erlangten Gütern geht. Auch gestohlene Ware hat einen wirtschaftlichen Wert, insofern muß es sich nach dem

599 *Gallas* in FS für Schmidt 1961, S. 401 (403).

rein wirtschaftlichen Vermögensbegriff folgerichtig auch um schädigungsfähiges Vermögen handeln. Der Gegenstand wird der Person einzig unter wirtschaftlichen Gesichtspunkten zugeordnet, weitere Kriterien sind nicht maßgebend. Räumt man in solchen Fällen der rechtlichen Komponente den Vorrang ein, so verwischt man die Grenzen zwischen wirtschaftlichem und juristisch-ökonomischem Vermögensbegriff.[600] Selbstverständlich bedarf es guter Gründe, den Vermögensbegriff so weit zu ziehen. Der Widerspruch zur sonstigen Rechtsordnung wiegt schwer,[601] allerdings könnte gerade für hier vorliegende Dreipersonenverhältnisse (Gesellschaft – Vertretungsorgan – Wirtschaftsprüfer) der Vorteil darin gesehen werden, daß das Unternehmen, dem Gewinne aus rechtlich mißbilligenswerten Geschäften des Vertretungsorgans zukommen, nicht in Mitleidenschaft gezogen wird. Denn auch an diesem rechtlich mißbilligten Vermögen könnte dann der Wirtschaftsprüfer einen Schaden auslösen. Vorstellbar ist etwa, daß der Vorstand einen Geschäftspartner des Unternehmens durch arglistige Täuschung zum Vertragsschluß bringt. Erfolgt trotzdem die Zahlung des Vertragspartners, so sind dem Unternehmen rechtlich mißbilligte Vermögenswerte zugeflossen, ohne daß die juristische Person selbst dies hätte verhindern können. Sollten fehlerhafte Testate des Wirtschaftsprüfers dieses Vermögen jetzt mindern, so ist es nach dem wirtschaftlichen Vermögensbegriff gleichwohl schadensgeeignet.

Der Schaden kann grundsätzlich durch eine Gegenleistung kompensiert werden, weil zur Schadensermittlung ein Vergleich zwischen der Vermögenslage vor und nach dem schädigenden Ereignis vorgenommen wird.[602]

c) Der Schaden nach der juristisch-ökonomischen Vermittlungslehre

Die juristisch-ökonomische Vermittlungslehre ist aus dem wirtschaftlichen Vermögensbegriff hervorgegangen.[603] Der Schaden nach der juristisch-ökonomischen Vermittlungslehre, so wie sie oben beschrieben wurde, ist dem wirtschaftlichen Vermögensbegriff schon deutlich angenähert. Das Vermögen des Opfers muß nicht eine Einbuße an Rechten, sondern eine Einbuße an wirtschaftlichem Wert erfahren.[604] In den Beschlüssen des BGH wird der Schaden nach allen Theorien jeweils durch einen Vergleich ermittelt. Für den wirtschaftlichen Ver-

---

600 Klare Grenzziehung bei *Cramer/Perron* in Schönke/Schröder § 263, Rn. 82 iVm Rn. 80.

601 *Cramer/Perron* in Schönke/Schröder § 263, Rn. 80.

602 *Maurach/Schroeder/Maiwald*, StrR BT, Teilband 1, § 41, Rn. 96.

603 *Maurach/Schroeder/Maiwald*, StrR BT, Teilband 1, § 41, Rn. 97; *Rengier*, StrafR BT I, § 13, Rn. 67; *Tröndle/Fischer* § 263, Rn. 54.

604 BGH, Beschluß vom 23. 02. 1982 in BGHSt 30, 388 (389); BGH, Beschluß vom 18. 02. 1999 in BGHSt 45, 1 (4).

mögensbegriff und die juristisch-ökonomische Vermittlungslehre ist die Differenz zwischen der Vermögenslage vor und nach dem schädigenden Ereignis entscheidend.[605] Für den juristischen Vermögensbegriff kommt es auf eine Einbuße an Rechten an. Dabei wäre es zu aufwendig, jedesmal das gesamte Vermögen des Opfers zu addieren. Entscheidend ist lediglich, ob die wirtschaftliche Minderung durch eine entsprechende Mehrung ausgeglichen wird.[606]

So sehr der Begriff des Schadens in der juristisch-ökonomischen Vermittlungslehre auch dem des wirtschaftlichen Vermögensbegriffes gleicht, es besteht doch der Unterschied, daß rechtlich mißbilligte Vermögenswerte nicht geschützt und damit auch nicht geschädigt werden können. In obigem Beispiel, in dem der Vorstand einen Vertragsschluß durch Täuschung erzwingt,[607] wären die vom Unternehmen erlangten mißbilligten Vermögenswerte also nicht geschützt, so daß der Wirtschaftsprüfer sie auch nicht schädigen könnte und er folglich keine Untreue begeht.

d) Der objektiv-individuelle Schadensbegriff

Berechnet man den Schaden durch eine Saldierung zweier Vermögenslagen, so ist grundsätzlich auch eine Kompensation durch einen vom Opfer nicht gewollten Zuwachs möglich, solange sich die Werte wirtschaftlich entsprechen. Wenn man den Schaden aber in dieser Form rein objektiv bestimmt, gelangt man etwa in Fällen des individuellen Schadenseinschlags zu dem unbilligen Ergebnis, daß mit für das Opfer nutzlosen Gegenständen der Schaden ausgeschlossen werden kann. Dies veranlaßt zu einer objektiv individuellen Schadensbestimmung. Bei fehlender Wertdifferenz ist also zusätzlich von Bedeutung, ob die Bedürfnisse des einzelnen berücksichtigt wurden.[608] Fälle des individuellen Schadenseinschlags werden für die Untreue nicht diskutiert und sind auch kaum denkbar, da das Untreueopfer zumeist einen finanziellen Vorteil für sich erwartet und nicht so sehr das Eigentum an Sachen. Denkbar ist jedoch die Veruntreuung von Spendengeldern. Da das Opfer keinen Vermögenszuwachs erwartet, liegt bei einer rein ob-

605 BGH, Urteil vom 6. 5. 1986 in NStZ 1986, 455 (456); OLG Köln, Beschluß vom 8. 2. 2000 in NStZ 2000, S. 481 f.; *Cramer/Perron* in Schönke/Schröder § 263, Rn. 99; *Lackner/Kühl* § 263, Rn. 36; *Mitsch*, StrR BT/Teil 2, Teilband 1, §7, Rn. 95; *Müller-Christmann* in JuS 1988, S. 108 (112).

606 *Tiedemann* in LK § 263, Rn. 159; *Wessels/Hillenkamp*, StrR BT 2, Rn. 538.

607 Vgl. oben auf Seite 166.

608 BGH, Beschluß vom 16. 8. 1961 in BGHSt 16, 321 (326); OLG Hamm, Beschluß vom 3. 3. 1982 in wistra 1982, S. 152 (153); *Cramer/Perron* in Schönke/Schröder § 263, Rn. 108; *Fahl* in JA 1995, 198 (201); *Krey/Hellmann*, StrR BT Band 2, Rn. 459; *Lackner/Kühl* § 263, Rn. 48; *Rengier*, StrafR BT I, § 13, Rn. 76 f.

jektiven Schadensbestimmung immer ein Schaden vor. Werden dem Täter aber Mittel anvertraut, die er, statt sie an eine Menschenrechtsorganisation zu spenden, für sich einbehält, so muß der Schaden des Opfers darin liegen, daß die Mittel den individuell gewollten Zweck nicht erreichen können.[609] Damit bietet sich auch für die Untreue der objektiv-individuelle Schadensbegriff an. Er ist auch aus allgemeinen Erwägungen heraus vorzuziehen. So hat Geld in der modernen Welt und im Wirtschaftsverkehr nicht nur einen Wert als Tauschmittel, sondern es ist auch Gestaltungsmittel. Gerade in dem Fall der Spende wird dies häufig deutlich. Für den Empfänger steht sicherlich der Wert des Geldes im Vordergrund. Der Spender hingegen erleidet nicht nur einen Verlust, sondern gewinnt gleichzeitig an Macht und Einfluß oder auch nur die Aufmerksamkeit des Empfängers, wie etwa bei Werbegeschenken.

3. Schaden als Gefährdung

Die Vermögensgefährdung ist im Rahmen des Schadens ein vieldiskutiertes Problem, das dogmatisch kaum sauber lösbar erscheint.

Nach einer weit verbreiteten und üblichen Definition kann ein Nachteil bereits in einer konkreten, wirtschaftlich schon zu einer Minderbewertung führenden – also schadensgleichen – Vermögensgefährdung liegen.[610] Wirkt etwa der Wirtschaftsprüfer Fehlern in der Buchführung nicht entgegen, so könnte der dadurch bedingte mögliche Verlust von Ansprüchen bereits gegenwärtig eine schadensgleiche Vermögensgefährdung darstellen. Es liegt also in der Natur der Vermögensgefährdung, daß ein gegenwärtiger, rechnerischer Minderwert nicht festgestellt werden kann, dieser aber für die Zukunft droht, so daß von einer Belastung des Vermögens in der Gegenwart ausgegangen werden muß.

Für die Strafbarkeit des Wirtschaftsprüfers spielt die Anerkennung der Vermögensgefährdung als Nachteil eine immens große Rolle. Denn in allen Fällen des nur mittelbaren Einflusses auf das Vermögen des Opfers – wie er auch dem Wirtschaftsprüfer zukommt – kommt in erster Linie eine Vermögensgefährdung in Betracht. So ist etwa zu fragen, ob vom Prüfer falsch eingeschätzte zukünftige Risiken schon dem untreuerechtlichen Schadensbegriff genügen, auch wenn sich die rechnerische Einbuße erst später oder gar nicht realisiert. Bestimmt man aber den Vermögensschaden durch Saldierung, so bedarf es einer genaueren Untersu-

---

609 BGH, Urteil vom 10. 11. 1994 in NJW 1995, S. 539; *Lackner* in LK, 10. Auflage § 263, Rn. 171; *Wessels/Hillenkamp*, StrR BT 2, Rn. 551 f.

610 BGH, Beschluß vom 2. 9. 1994 in StV 95, S. 24 f.; BGH, Urteil vom 17. 2. 1999 in NJW 1999, 1489 (1491); BGH, Urteil vom 5. 11. 2003 in wistra 04, S. 60; *Kindhäuser* in Nomos-Kommentar § 266, Rn. 110; *Wessels/Hillenkamp*, StrR BT 2, Rn. 571.

chung, wie eine Gefahr, also ein noch nicht rechnerisch erfaßbares Minus, dann schadensbegründend wirken kann. Die einzelnen Vermögensbegriffe könnten in dieser Frage Unterschiede aufweisen.

a) Die Vermögensgefährdung nach dem rein juristischen Vermögensbegriff

Der rein juristische Vermögensbegriff stellt allein auf den Rechtsbestand ab. Folgt man ihm, so ist die Anerkennung einer Vermögensgefährdung als Schaden nicht zu leisten.[611] Das liegt daran, daß die Gefahr als die Erwartung eines Schadens etwas Zukünftiges darstellt, das sich im gegenwärtigen Rechtsbestand noch nicht negativ ausgewirkt hat. Der Einfluß einer Vermögensgefährdung auf den Vermögensbestand ist für diese Ansicht nicht meßbar, da sich die Gefahr nie zu einem Recht kristallisieren kann und noch keinen Rechtsverlust darstellt. Selbst Erwartungen auf einen Vermögenszuwachs können mit der juristischen Theorie nur unter der Voraussetzung Schutz erfahren, daß sie auf einer vertraglichen Grundlage beruhen. Daß sich ein zukünftiger Schaden bereits gegenwärtig ausdrückt, läßt sich nur begründen, wenn dem Vermögensbegriff auch ein psychologisches Moment innewohnt. Dies fehlt der juristischen Lehre.

b) Die Vermögensgefährdung nach der juristisch-ökonomischen Vermittlungslehre und dem wirtschaftlichen Vermögensbegriff

Sowohl nach der juristisch-ökonomischen Vermittlungslehre, als auch nach dem wirtschaftlichen Vermögensbegriff ist die Qualifizierung einer Gefahr als Schaden denkbar, so daß beide Vermögensbegriffe hier zusammen erörtert werden sollen.

Ermittelt man den Schaden unter wirtschaftlichen Gesichtspunkten, so erhält der Wert eines Gutes einen anderen Charakter. Die Perspektive weitet sich und man muß neben dem rechnerischen Vermögen auch die Handelbarkeit eines Gutes als Wert für sich betrachten. Dann ist es möglich, daß in vielen Fällen dem Eintritt des rechnerischen Schadens bereits seine Gefahr vorausging. Diese Gefahr führt für das Opfer dann zu Einschränkungen, die seine wirtschaftliche Stärke belasten. Ansprüche gegen zahlungsunfähige Schuldner etwa sind wirtschaftlich wertlos, mögen sie juristisch auch Bestand haben. Im Wirtschaftsleben ist es nach dem Grundsatz der Vorsicht[612] unerläßlich, daß man auf drohende reale

611 So auch *Cramer*, Vermögensbegriff und Vermögensschaden im Strafrecht, S. 120.

612 Das sog. Vorsichtsprinzip gehört zu den Grundsätzen ordnungsgemäßer Buchführung und ist in § 252 Abs. 1 Nr. 4 HGB normiert. Verkürzt besagt es, daß im Hinblick auf Risiken und Verlust vorsichtig zu bewerten ist, also nicht zu knapp kalku-

Vermögensminderungen bereits frühzeitig, etwa durch Abschreibungen reagiert. Bilanziell führt die Abschreibung zur Gleichbehandlung von Gefahr und dauerndem Verlust, weshalb wirtschaftlich zwischen Gefahr und Verlust allenfalls ein quantitativer, nicht aber ein qualitativer Unterschied gemacht werden kann.[613] Somit ist die Gefahr rein betriebswirtschaftlich betrachtet schon der Schaden selbst. Damit kann es sich nach der wirtschaftlichen Theorie wie auch nach der juristisch-ökonomischen Vermittlungslehre bei der Vermögensgefährdung bereits um einen Schaden handeln. Dem könnte entgegengehalten werden, die Gefahr führe erst durch Mitverschulden des Opfers (etwa durch die Abschreibung im Rahmen der Buchführung) zu einem Schaden. Diese Argumentation verknüpft die wirtschaftliche Betrachtung mit einer rechtlichen Komponente. Ihr kann nicht gefolgt werden. In vielen Fällen ist das Opfer gezwungen zum Beispiel wertlose Forderungen abzuschreiben, um nicht gegen den Grundsatz der Vorsicht zu verstoßen. Dann kann von einem eigenen Verschulden des Opfers schon nicht gesprochen werden. Oder dem Opfer ist es zwar möglich, den Schaden noch zu vermeiden, in der konkreten Situation realisiert es das aber nicht. Auch dies kann jedoch nicht als Mitverschulden gewertet werden. Ein Verschulden kommt vielmehr nur dann in Betracht, wenn das Opfer selbst gegen eine Gebotsnorm verstößt. Im Straßenverkehr kann ein Mitverschulden angenommen werden, wenn der Unfall durch zu hohe Geschwindigkeit eines Fahrers mitverursacht wurde. Nicht aber dann, wenn ein Verkehrsteilnehmer so langsam fährt, daß der andere Fahrer deswegen irrtümlich davon ausgeht, er könne die Kreuzung noch vor diesem überqueren. In Untreuekonstellationen, die eine Vermögensgefährdung beinhalten, stellt sich das Opfer jedoch regelmäßig nur auf den Schaden ein. Diese vorbeugenden Maßnahmen werden nie einen Verstoß gegen geltendes Recht darstellen.

Rechtlich gesehen wird Gefahr jedoch als die Wahrscheinlichkeit eines Schadens definiert. Denn viele Gefahren enden auch nicht in einem endgültigen Verlust. Befindet sich etwa der Treupflichtige selbst in Vermögensverfall, so besteht die Gefahr, daß er die verwahrten Gelder verwendet, um seine eigenen Schulden zu begleichen. Zwingend ist dies aber nicht. Da der vorsichtige Geschäftsmann jedoch auch auf entfernt drohende Schäden etwa mit Rückstellungen in seinem sonstigen Vermögen reagiert, ist er wirtschaftlich – nicht aber rechtlich – bereits benachteiligt. Auch in Wirtschaftsprüferfällen müssen Gefahren nicht zwingend in einen Schaden umschlagen. Weist der Prüfer nicht darauf hin, daß die Buch-

---

liert werden sollte. Allerdings ist der Grad der zu berücksichtigenden Vorsicht schwer objektivierbar. Ausführlich *Ballwieser* in MüKo zum HGB § 243, Rn. 15 ff.

613 *Tiedemann* in LK § 263, Rn. 168.

führung so ungeordnet ist, daß der Verlust von Forderungen droht, so ist es trotzdem noch denkbar, daß alle Forderungen eingebracht werden.

Bildlich betrachtet ist die Vermögensgefährdung auf der einen Seite in dem Maße Verlust, wie die Expektanz auf der anderen Seite Zuwachs bedeutet. Bei Anerkennung wirtschaftlicher Bewertungsmaßstäbe stellen Expektanzen einen Vermögenszuwachs dar, wenn dieser bei normalem Verlauf der Dinge mit Wahrscheinlichkeit eintritt.[614] Gefahr ist demgegenüber die Wahrscheinlichkeit eines Schadens. Klammert man also die Gefahr aus dem Schaden aus, müssen konsequenterweise auch Erwartungen schutzlos bleiben.

Festzuhalten bleibt, daß es mit einer wirtschaftlichen Betrachtungsweise des Vermögens möglich ist, unmittelbar drohende, wie auch entfernte Gefahren als Schaden zu qualifizieren.

4. Stellungnahme zu den Vermögensbegriffen

a) Der juristische Vermögensbegriff

In Fallkonstellationen, bei denen es um eine mögliche Untreuestrafbarkeit des Wirtschaftsprüfers geht, wird es sich auf der Ebene des Schadens häufig um Gefährdungen handeln. Diese können vom juristischen Vermögensbegriff jedoch von vornherein nicht als Schaden erfaßt werden. Die Strafbarkeit sämtlicher Gefährdungsfälle damit abzulehnen, daß die Gefahr noch keinen Rechtsverlust bedeutet, überzeugt nicht. Verluste in wirtschaftlicher Hinsicht können häufig schon eingetreten sein, wie viele Wirtschaftsprüferfälle zeigen.

Ein weiterer Grund für die Ablehnung der juristischen Vermögenstheorie liegt in der Untreue als Wirtschaftsstraftat begründet. Die Untreue dient gerade auch dem im Wirtschaftsleben nötigen Vertrauen und schützt nicht nur einen rein rechtlichen Bestand an Vermögenswerten. Auch Geschäftsgeheimnisse, Kundenstamm oder Arbeitskraft haben einen Wert.[615] Ein Wirtschaftsdelikt braucht auch eine wirtschaftliche Umschreibung des Schadens.

Problematisch sind auch die weiteren Entwicklungen, die der juristische Vermögensbegriff erfahren hat. So will *Pawlik* dem Vermögen alle Positionen zuschlagen, die Ausprägung des Selbstdarstellungsrechts des Inhabers sind.[616] Diese Sichtweise stößt auf Grenzen, wenn man bedenkt, daß die juristische Per-

---

614 *Gutmann* in MDR 1963, S. 3 (5); *Mohrbotter* in GA 1971, S. 320.

615 *Cherkeh*, Betrug (§ 263 StGB), verübt durch Doping im Sport, S. 133; *Samson* in JA 1989, S. 510 (512).

616 *Pawlik*, Das unerlaubte Verhalten beim Betrug, S. 263.

son selbst Trägerin ihres Vermögens ist, ihr aber keine eigene Selbstdarstellung möglich ist.

Es ist eben gerade nicht so, wie *Kindhäuser* meint, daß das Recht und nicht der Geschäftsverkehr das letzte Wort zu Inhalt und Umfang des Vermögens hätten.[617] Der juristische Vermögensbegriff ist nach allem abzulehnen.

b) Wirtschaftlicher Vermögensbegriff und juristisch-ökonomische Vermittlungslehre

Der wesentliche Unterschied zwischen wirtschaftlichem und juristisch-ökonomischem Vermögensbegriff liegt in der Behandlung rechtlich mißbilligter Vermögenswerte.[618] Beide Vermögensbegriffe können Gefahren als Schaden einordnen, daher muß die Entscheidung, welcher Theorie der Vorzug einzuräumen ist, im Hinblick auf obigen Unterschied getroffen werden.

Der Haupteinwand gegen den wirtschaftlichen Vermögensbegriff ist, daß er Vermögenswerte im Widerspruch zur sonstigen Rechtsordnung schützt.[619] Gegen diesen Einwand lassen sich zwei Gesichtspunkte vorbringen. Zum einen darf bei der Entscheidung für einen Vermögensbegriff der Schutzgedanke nicht außer acht gelassen werden. Erlangt eine juristische Person durch sittenwidrige Geschäfte des Vertretungsorgans Vermögen, so spricht für die Schutzbedürftigkeit und damit für den wirtschaftlichen Vermögensbegriff, daß eine juristische Person als handlungsunfähige rechtliche Konstruktion immer darauf vertrauen muß, daß sich ihr Vertretungsorgan rechtmäßig verhält. Die Besonderheit, daß juristische Personen nicht handlungsfähig sind und auch keine eigenen Kenntnisse entwikkeln können, dabei aber doch Vermögensinhaber sind, muß bei der Wahl des Vermögensbegriffes Berücksichtigung finden. Denn zusätzlich hängen an ihrem Vermögen die Interessen zahlreicher weiterer Personen, wie Anteilseigner, Gläubiger oder Angestellte. Sie alle leiden unter der Straftat eines einzelnen Organs, das für die juristische Person als Vertreter tätig ist und für sie Vermögen unrechtmäßig erlangt.

Zum anderen ist auch die Rechtsordnung nicht so konzipiert, daß einmal unrechtmäßig Erlangtes für immer „vergiftet" bleibt. Das zeigt der gutgläubige Erwerb, durch den nicht nur die Verkehrsfähigkeit von Gütern, sondern auch das Vermögen des Kenntnislosen geschützt werden soll. Insofern ist dies mit der Situation der juristischen Person vergleichbar. Denn die juristische Person weiß

617 *Kindhäuser* in JR 1997, S. 301 (303).

618 *Kindhäuser* in Nomos-Kommentar § 263, Rn. 23, 30; *Schünemann* in LK § 266, Rn. 134; *Wessels/Hillenkamp*, StrR BT 2, Rn. 531, 532.

619 *Krey/Hellmann*, StrR BT Band 2, Rn. 433; *Wessels/Hillenkamp*, StrR BT 2, Rn. 534.

nicht, daß ihre Vermögenswerte beispielsweise aus Betrug oder Drogenhandel stammen. Der Prüfer muß aber Verstöße gegen gesetzliche Vorschriften, die sich auf die Darstellung der Vermögens-, Finanz- und Ertragslage wesentlich auswirken erkennen und darauf hinweisen. Unterläßt er dies und entsteht der Gesellschaft dadurch ein Verlust an ihrem illegal erlangten Vermögen, so ist sie schutzwürdig.

Gegen eine rein wirtschaftliche Betrachtungsweise wird ferner eingewandt, daß sie die Vermögenszuordnung unter Machtgesichtspunkten und nicht unter Rechtsgesichtspunkten trifft.[620] Auf den rein faktischen Vermögenszugriff abzustellen soll also, wenn es um Vermögensrechte juristischer Personen geht, die ohnehin nicht auf ihr Vermögen „zugreifen" können, unsinnig sein. Was diesen Einwand betrifft, ist aber die Zivilrechtsordnung gerade so gestaltet, daß der juristischen Person das Handeln ihrer verfassungsgemäß berufenen Vertreter als eigenes Handeln zugerechnet wird. [621] Dies ergibt sich aus § 31 BGB. Geht es um den bloß faktischen Zugriff, kann also auf die natürlichen Personen als Vertreter abgestellt werden.

Es ist nach allem dem wirtschaftlichen Vermögensbegriff der Vorzug zu geben.

5. Die Gefährdung als Schaden aus dogmatischer Sicht

a) Wortlautproblem: Gefahr und Schaden im Sprachgebrauch

Wenn man einer wirtschaftlichen Linie folgt, lassen sich also auch Gefahren als Schaden qualifizieren. Für das Unternehmen können solche Gefahren etwa darin liegen, daß der Wirtschaftsprüfer nicht erkennt, daß Risiken der künftigen Entwicklung des Unternehmens – wie sie die Änderung von Gesetzen oder die Neuordnung von Absatzmärkten bergen – im Lagebericht unzutreffend dargestellt sind. Unterlaufen ihm in diesem Bereich der Prüfung Fehler, so könnte für das Unternehmen bereits gegenwärtig ein Schaden vorliegen, weil sich die Gefahr als schadensgleich herausstellt. Zu klären ist aber, ob dies dogmatisch begründbar ist, oder ob man die wirtschaftlichen Theorien nicht einschränken sollte, so daß Gefahren als Vermögensschaden ausgeklammert werden.

Hinsichtlich des Wortlautes ergibt sich das Problem, daß eine Gefahr im Sprachgebrauch nie schon der Schaden sein kann. Und der Gesetzeswortlaut en-

---

620 *Nelles*, Untreue zum Nachteil von Gesellschaften, S. 364.

621 *Heinrichs* in Palandt § 31, Rn. 1; *Jauernig* in Jauernig BGB, § 31, Rn. 1; *Westermann* in Erman, BGB, § 31, Rn. 1.

det mit der Wortbedeutung.[622] Die Wortlautproblematik wird auch deutlich, wenn man bedenkt, daß der Schadenseintritt ein Zeitpunkt ist und die Gefährdung sich demgegenüber auf einen vorangehenden Zeitraum erstreckt. Bei einem Erfolgsdelikt braucht es einen Zeitpunkt, um den Schadenseintritt und damit die Vollendung zu bestimmen. In Rechtsprechung und Literatur ist für diese Fälle anerkannt, daß die Tat mit Eintritt schadensgleicher Gefährdung vollendet ist.[623] Trotzdem bleibt es aber bei der unsystematischen Subsumtion der Gefahr unter den Wortlaut Schaden. Zwei Lösungsmöglichkeiten bieten sich an. Entweder man geht weiterhin vom Wort Gefahr aus und behandelt sie wie einen Schaden, oder man dehnt das Wort Schaden auch auf bestimmte Gefahren aus, so daß es sich eben nicht mehr um Gefahren, sondern um eine Form von Schäden – *Tiedemann* nennt sie „Gefährdungsschäden“[624] – handelt. Bei wirtschaftlicher Betrachtungsweise ist nur letzteres systematisch gangbar. Denn nur mit einem wirtschaftlichen Vermögensbegriff wirken sich Gefahren ja überhaupt als Schaden aus, schlagen also zu einem bestimmten Zeitpunkt in einen Schaden um. Dann müssen sie auch als Schaden bezeichnet werden. Der Begriff Gefährdungsschaden nimmt dies zwar richtig auf, enthält aber vom allgemeinen Sprachgebrauch her wieder einen Widerspruch. Die Wortschöpfung „schadensgleiche Vermögensgefährdung“ ist wegen Art. 103 Abs. 2 GG nicht unbedenklich.[625] Geeigneter erscheint meines Erachtens dagegen der Begriff „Vorfeldschaden“. Denn die Gefahr liegt zeitlich immer vor dem Schaden. Ist sie dann wirtschaftlich schon Schaden, so ändert dies an der zeitlichen Ereignisfolge nichts, so daß sie als „Vorfeldschaden“ gekennzeichnet werden sollte. Mit „Vorfeldschaden“ wird also im folgenden die Problematik bezeichnet, die andere Autoren unter Begriffen wie schadensgleiche Vermögensgefährdung oder Gefährdungsschaden diskutieren. Nur mit dieser Wortlautdogmatik läßt sich auch kritischen Stimmen argumentativ beikommen. So hält *Naucke* die Vermögensgefährdung nicht für strafwürdig.[626] Strafwürdig sind aber Vermögensschäden; die Gefahr kann wirtschaftlich ein solcher Schaden sein und muß dann auch pönalisiert werden. Für eine Bestrafung ist auch *Otto*, er hält die Gefahr eines Schadens begriffsnotwendig nicht für iden-

622 *Riemann*, Vermögensgefährdung und Vermögensschaden, S. 68.

623 BGH, Beschluß vom 11. 07. 2001 in NStZ 2001, S. 650; BGH, Urteil vom 8. 05. 2003 in wistra 2003, S. 379; *Hübner* in LK, 10. Auflage, § 266, Rn. 106; *Kindhäuser* in Nomos-Kommentar § 266, Rn. 126; *Lenckner/Perron* in Schönke/Schröder § 266, Rn. 51; *Tröndle/Fischer* § 266, Rn. 81.

624 *Tiedemann* in LK § 263, Rn. 168. So auch *Rotsch* in ZStW (Band 117), S. 577 (584 ff.).

625 *Tiedemann* in LK § 263, Rn. 169.

626 *Naucke* in StV 1985, S. 187.

tisch mit dem Schaden selbst.[627] Damit greift er genau das Problem auf, das oben erörtert und mit dem Begriff des Vorfeldschadens gelöst wurde. Mit einer anderen Argumentation lehnt *Riemann* die Vermögensgefährdung als strafwürdig ab. Er hält den Grundsatz der Subsidiarität entgegen.[628] Für strafrechtliche Sanktionen sei dort kein Raum, wo weniger eingriffsintensive Regelungen des bürgerlichen oder des öffentlichen Rechts ausreichenden Rechtsgüterschutz gewährleisten könnten. Dies kann zunächst für diejenigen Fälle nicht überzeugen, in denen ein möglicher Schaden gerade in der Unkenntnis von einem bestehenden zivilrechtlichen Anspruch zu sehen ist. So nämlich liegt es im Fall von unordentlicher Buchführung, die die Durchsetzung von Ansprüchen verhindert. Schwierigkeiten bestehen aber auch hinsichtlich des Standardbeispiels, wenn es um Vermögensgefährdungen geht, nämlich der wertlosen Forderung infolge von Zahlungsunfähigkeit. Da der zivilrechtliche Anspruch zwar besteht, in der Praxis den Schaden aber gleichwohl nicht aufhalten kann, besteht gerade kein ausreichender Rechtsgüterschutz, dem der Vorrang vor dem Strafrecht eingeräumt werden sollte. *Riemann* konstruiert das Beispiel dann auch anders: Ein Reparaturbetrieb hat gegen seinen Kunden eine wegen Zahlungsunfähigkeit minderwertige Forderung, ist aber noch im Besitz des reparierten Wagens, an dem ein Unternehmerpfandrecht gemäß § 647 BGB besteht.[629] Das BayObLG hatte das Pfandrecht als Kompensation abgelehnt, denn es entsteht erst mit Herstellung und Ausbesserung des Werkes und bewahrt nicht davor, vorab die eigene Leistung zu erbringen. Damit kann es den Schaden nicht aufhalten. Selbst, wenn man dies anders entscheidet, ist das Urteil trotzdem kein Beweis für die Strafunwürdigkeit des Vorfeldschadens, denn in den seltensten Fällen hat der Gläubiger einer wertlosen Forderung noch ein Pfandrecht, das seinen Verlust aufwiegen könnte. Vielmehr macht der Fall deutlich, daß die Grenzziehung zwischen strafloser Vermögensgefährdung und strafbarem Vorfeldschaden oftmals schwer zu bestimmen ist.

b) Tatbestandsprobleme: Untreue als wirtschaftliches Gefährdungsdelikt?

Wenn man das bisher Erarbeitete kurz zusammenfaßt, kommt man zu folgender Struktur innerhalb des Schadens. Dem Schaden als Einbuße, der nach allen Auffassungen unbestritten ausreichend ist für den Untreueerfolg, ist die Vermögensgefährdung zeitlich vorgeschaltet. Dazwischen liegt der Vorfeldschaden. Es ist also davon auszugehen, daß Gefährdungen, wenn sie in ihrer Intensität eine gewisse Grenze überschreiten, einen Vorfeldschaden darstellen, einen Schaden im

627 *Otto* in FS für Lackner 1987, S. 723; *Otto* in Jura 1991, S. 494.
628 *Riemann*, Vermögensgefährdung und Vermögensschaden, S. 71 f.
629 BayObLG, Urteil vom 17. 12. 1973 in JZ 1974, S. 189 f. und in JR 1974, S. 336 f.

wirtschaftlichen Sinn. Die Grenze zwischen Gefährdung und Vorfeldschaden ist also für die Strafbarkeit von immenser Bedeutung. Wählt man sie zu weit, so daß man bloße Gefährdungen pönalisiert, erweitert man zum einen unberechtigterweise den Tatbestand, zum anderen wandelt sich das Verletzungsdelikt Untreue zum Gefährdungsdelikt. Auf beide Probleme soll im Folgenden eingegangen werden.

Der Vorfeldschaden ist ein zeitlich vorgelagerter Schaden. Zeitlich vor die Vollendung eines Deliktes hat der Gesetzgeber den Versuch gelegt. Erweitert man den Schadensbegriff – und das geschieht, wenn man den Vorfeldschaden einbezieht –, so führt das bei Delikten, für die auch der Versuch unter Strafe gestellt ist (wie etwa beim Betrug), zur Einschränkung der Rücktrittsmöglichkeit, bei der Untreue, der die Versuchsstrafbarkeit fehlt, zur Vorverlegung der Strafbarkeit, also zur Erweiterung des Tatbestandes. Die Einschränkung des Rücktritts mag weniger gravierend wirken, wie die Erweiterung des Tatbestandes auf zuvor straflose Fälle. Für die Untreue gibt es unter der bestehenden Gesetzeslage nur die Möglichkeit der vollendeten Tat oder der Straflosigkeit. Einige Autoren, die für Straflosigkeit plädieren wurden oben bereits bezeichnet.[630]

Allerdings wäre es auch fragwürdig, wenn bei einem Delikt, das vornehmlich gegen Wirtschaftskriminalität eingesetzt wird, rein wirtschaftliche Schäden nicht erfaßt werden können und straflos bleiben. Das schlagendste Argument für die Straflosigkeit ist sicherlich, daß rechnerisch kein Schaden zu verzeichnen ist. Wenn man das Vermögen aber nur oder zumindest auch unter wirtschaftlichen Gesichtspunkten definiert, kann Straflosigkeit dann nicht in Betracht kommen, wenn sich eine Gefahr als wirtschaftlicher Schaden herausstellt. Insofern ist die Einschätzung von *Dierlamm*, mit der Strafbarkeit der schadensgleichen Vermögensgefährdung würde der Versuch über die Hintertür eingeführt, nicht berechtigt.[631] Denn wenn sich bestimmte Gefahren als Schaden herausstellen, sind sie ein Nachteil im Sinne der Untreuevorschrift und führen zu deren Vollendung. Wenn man neben Schäden als Einbußen auch Vorfeldschäden in die Vollendung einbezieht, erweitert dies zwar die Strafbarkeit, ist aber keine Einführung des Versuchs über die Hintertür, denn der Versuch ist nach wie vor straflos, bestraft wird die jetzt vorverlegte Vollendung. Allerdings folgt daraus auch, daß die Anforderungen, wann eine Gefahr in einen Schaden umschlägt, entsprechend hoch und möglichst konkret gefaßt sein müssen.

Im folgenden soll – wie oben erwähnt – auf die Gefahr eingegangen werden, daß die Untreue vom Verletzungs- zum Gefährdungsdelikt mutiert. Da bestimmte

630 *Naucke* in StV 1985, S. 187; *Riemann*, Vermögensgefährdung und Vermögensschaden, S. 71 f.
631 *Dierlamm* in NStZ 1997, S. 534 (535)

Gefährdungen als wirtschaftliche Schäden für die Vollendung der Untreue ausreichen sollen, qualifiziert *Cramer* die Vermögensdelikte bei wirtschaftlicher Betrachtung als Gefährdungsdelikte.[632] Dies läßt sich aber kaum mit dem Wortlaut des § 266 StGB vereinbaren, der die Zufügung eines Nachteils fordert.[633] Verletzungs- und Gefährdungsdelikte unterscheiden sich dadurch, daß die einen die Schädigung eines Objektes voraussetzen, also objektsbezogen sind, während die anderen handlungsbezogen die Gefahr einer Verletzung ausreichen lassen.[634] Objekt ist bei der Untreue das Vermögen. Dieses besteht aber nach dem wirtschaftlichen Vermögensbegriff und der juristisch-ökonomischen Vermittlungslehre nicht nur aus seinem tatsächlichen, rechnerisch ermittelbaren Bestand, sondern auch aus seinem wirtschaftlichen Wert. So gesehen steht die Objektsbezogenheit zumindest deutlicher im Vordergrund, als die Handlungsbezogenheit. Nur die ordentliche Buchführung beispielsweise umfaßt den Wert, daß sich mit ihr offene Forderungen nachvollziehen und realisieren lassen. Ordentliche Bücher sind also wirtschaftlicher Teil des Vermögens, weil sie vermögenserhaltend und -mehrend wirken, unordentliche Bücher weisen diesen wirtschaftlichen Wert nicht auf, wenn durch sie ein Vermögensnachteil droht. Die Gefahr aus der Handlung muß demgegenüber in den Hintergrund treten, so daß die Untreue auch weiterhin Verletzungsdelikt bleibt.

6. *Die Grenze zwischen Gefährdung und Vorfeldschaden*

Die Grenze zwischen Gefährdung und Vorfeldschaden ist schwer zu bestimmen. In der Kommentarliteratur wird, wenn es darum geht, den Nachteil zu erläutern, häufig auf die entsprechenden Ausführungen beim Betrug verwiesen.[635] Dennoch ist fraglich, ob gerade im Hinblick auf Vermögensgefährdungen für die Untreue dieselben Grundsätze wie für den Betrug gelten können. Dies könnte schon deshalb problematisch sein, weil beim Betrug die Versuchsstrafbarkeit existiert. Für Gefährdungsschäden ist also zu entscheiden, ob sie das Delikt vollenden oder nur ein Versuch vorliegt. Im Hinblick auf die Untreue geht es hingegen darum, ob das Delikt vollendet ist, oder die Tat straflos bleibt. Allerdings erscheint es andererseits nicht gerechtfertigt, die Abgrenzung davon abhängig zu machen, ob eine Versuchsstrafbarkeit existiert. Denn in einem Grenzfall zwischen Gefährdung

---

632 *Cramer*, Vermögensbegriff und Vermögensschaden im Strafrecht, S. 125.

633 Für § 263 StGB *Riemann*, Vermögensgefährdung und Vermögensschaden, S. 69.

634 *Baumann/Weber/Mitsch*, StrR AT, § 8, Rn. 42; *Jescheck/Weigend*, Lehrbuch des Strafrechts, § 26 II 2; *Wessels/Beulke*, StrR AT, Rn. 26 ff.

635 *Joecks* in Studienkommentar StGB § 266, Rn. 30; *Kindhäuser* in Nomos-Kommentar § 266, Rn. 94; *Lackner/Kühl* § 266, Rn. 17.

und Vorfeldschaden kann es dem Täter nicht zum Nachteil gereichen, daß bei der Untreue der Versuch nicht unter Strafe steht. Erschwerend wirkt für die Übernahme der Grenzziehung beim Betrug, daß eine einheitliche Meinung hierüber nicht existiert.[636] Die Frage, wann eine allgemeine Gefahr zum Vorfeldschaden wird, soll für die Untreue daher hier gesondert untersucht werden, wobei die Argumente, die im Rahmen des Betruges eine Rolle spielen, auch für die Untreue von Bedeutung sind und daher berücksichtigt werden.

Hillenkamp plädiert zumindest für die Fälle von Risikogeschäften für einen untreueeigenen Ansatz.[637] Außer Betracht bleiben sollte nach ihm die Gegenüberstellung von Risiko und Gewinnchance. Für den Schaden soll vielmehr bereits ausreichen, daß wegen Verstößen gegen risikopolitische Anordnungen die Gefahr der Fehlentscheidung besteht. *Hillenkamp* kommt also zu dem Schluß, daß für die schadensgleiche Gefahr bei der Untreue weniger auf die Intensität der Gefahr auf Opferseite, als vielmehr auf deren pflichtwidrige Verursachung auf Seiten des Täters abzustellen ist. Ist die Verwirklichung des Risikos völlig ungewiß, verneint *Hillenkamp* bereits das Risikogeschäft. Mit Fremdvermögen unternehmerisch vertretbares Risiko einzugehen, ist Hauptbestandteil der Arbeit jedes Vorstands oder Geschäftsführers. Entscheidend für die Unternehmensleitung ist die Frage, wann ein Risikogeschäft bereits eine strafbare Vermögensgefährdung darstellt und wann es sich noch im Bereich des Erlaubten hält und der Geschäftsführer oder Vorstand folglich trotz Vorliegens aller weiteren Voraussetzungen keine Untreue begeht. Für die Strafbarkeit des Wirtschaftsprüfers jedoch, der zumindest zu beurteilen hat, ob die künftigen Risiken vom Vorstand plausibel dargestellt wurden[638] ist bedeutend, wann seine Handlungen für das Unternehmen eine eigene schadensgleiche Gefahr darstellen. Denn der Prüfer selbst geht kein dem Vorstand vergleichbares unternehmerisches Risiko ein. Er kann daher strafrechtlich genausowenig für fremdes Handeln zur Verantwortung gezogen werden, wie gesellschaftsrechtlich die Grenze zwischen der Tätigkeit von Vorstand und Wirtschaftsprüfer verwischt werden darf.[639]

Was den Ansatz von *Hillenkamp* betrifft, so trägt dieser zur Lösung der Grenzproblematik nichts bei, weil es bei ihm auf die Gefahrintensität letztlich nicht ankommt, er vielmehr auf die pflichtwidrige Verursachung abstellt. Ob diese Idee für die Wirtschaftsprüferfälle weiterhilft, erscheint jedoch fraglich. Stellt man im Hinblick auf den Schaden allein auf den Verstoß gegen Anordnungen ab,

---

636 Vgl. die zahlreichen Denkansätze aus Rspr. und Literatur zusammengefaßt von *Tiedemann* in LK § 263, Rn. 170 ff.

637 *Hillenkamp* in NStZ 1981, S. 161 (166).

638 *Mattheus* in ZGR 1999, S. 682 (700).

639 Diese Problem birgt insbesondere der durch das KonTraG eingeführte § 317 Abs. 2 HGB; hierzu *Ernst* in Wpg 1998, S. 1025 (1028).

so folgt daraus eine erhebliche Subjektivierung. Die konsentierte Risikoentscheidung ist dann nämlich nicht mehr pflichtwidrig.[640] Ein Konsens mit einer juristischen Person ist jedoch nur über ihr Vertretungsorgan möglich, dessen Risikoeinschätzung aber gerade Gegenstand der Prüfung ist. Desweiteren wäre die Strafbarkeit dann durch das Opfer beeinflußbar, indem es dem Täter möglichst viele Bindungen auferlegt.

Subjektive Erwägungen können für die Abgrenzung zwischen Gefährdung und Schaden keine Rolle spielen, denn aus ihnen läßt sich kein einheitlicher Maßstab für den Stellenwert, den das Vermögen für das Untreueopfer einnimmt, bestimmen. So könnte man zum einen die Hürde zum Schaden besonders hoch legen mit dem Argument, daß es schon eine Gefahr für sich bedeutet, sein Vermögen einem Betreuungspflichtigen zu übertragen. Dies wiederum kann aber in all jenen Fällen nicht überzeugen, in denen der Übergang des Vermögens zur Pflicht gemacht wird, wie etwa bei Pflichtprüfungen, aber auch bei der Bestellung des Insolvenzverwalters. Auf der anderen Seite könnte man die Schwelle zum Schaden auch besonders niedrig gestalten, da das Opfer nach Übertragung keinen Einfluß mehr ausüben kann. Diese Überlegung war es auch, die *Hillenkamp* zu seinem Ansatz veranlaßt hat.[641]

Eine Vielzahl an Abgrenzungstheorien stellen neben der Gefahr mehr oder weniger auf das Opferverhalten ab.[642] Für die schadensgleiche Vermögensgefährdung soll entscheidend sein, ob dem Verlust Vermeidemachtmöglichkeiten des Bedrohten gegenüberstehen,[643] ob er also den als möglich zu erachtenden Verlust noch verhindern kann.

Neben der Literatur hat sich auch die Rechtsprechung zu dem Problem der Abgrenzung zwischen Gefahr und Schaden geäußert. Bereits das Reichsgericht hat entschieden, daß eine Gefahr als Schaden zu werten sei, wenn die Ungewißheit darüber, ob ein Verlust eintreten werde, den Vermögenswert vermindert.[644] Der BGH hat dies dahingehend strukturiert, daß entscheidend sei, ob die Gefährdung abstrakt oder konkret vorliege, ob mit wirtschaftlichen Nachteilen also ernstlich zu rechnen sei.[645] Dieser Ansatz ist unter zwei Gesichtspunkten problematisch. Zum einen gerät man wieder in oben bereits angesprochene dogmatische Untiefen, wenn man den Erfolg eines Verletzungsdeliktes in einer konkreten Gefahr sieht. Bei einem Verletzungsdelikt wie der Untreue bedarf es eines Verlet-

640 *Hillenkamp* in NStZ 1981, S. 161 (167).
641 *Hillenkamp* in NStZ 1981, S. 161 (166).
642 *Tiedemann* in LK § 263, Rn. 171 mwN.
643 *Hefendehl*, Vermögensgefährdung und Exspektanzen, S. 135.
644 RG, Urteil vom 22. 12. 1938 in RGSt 73, 61 (63).
645 BGH, Urteil vom 20. 7. 1966 in BGHSt 21, 112 (113); BGH, Urteil vom 9. 7. 1987 in BGHSt 34, 394 (395).

zungserfolges, demgegenüber reicht bei einem Gefährdungsdelikt der Gefahrerfolg.[646] Wird das Delikt durch eine konkrete Gefahr ausgelöst, handelt es sich um ein konkretes Gefährdungsdelikt. Diese klaren Grenzen werden von der Rechtsprechung verwischt. Zum anderen ist die Abgrenzung von der Rechtsprechung inhaltlich selbst nicht immer durchgehalten worden. Auch für den BGH ist es schwierig, den Begriff konkrete Gefahr mit Inhalt zu füllen. So soll für die Abgrenzung von einer „lebensnahen und daher nicht einseitig dogmatisch-zivilrechtlichen, sondern weitgehend wirtschaftlichen Betrachtungsweise" ausgegangen werden.[647] Man muß konstatieren, daß von der Rechtsprechung die Begriffe Gefahr und Schaden nur durch abstrakt und konkret ersetzt wurden.[648]

Vorzugswürdig ist somit die Idee der Vermeidemachtmöglichkeit. Vermeidemacht meint, daß der Gefährdete imstande ist, die Schadensrelevanz des ursächlichen Ereignisses noch abzuschirmen.[649] Es wird nicht auf die Intensität der drohenden Gefahr abgestellt, sondern auf die Stellung und Fähigkeiten des Opfers. Daher kommt es auf die Art der Gefahr gar nicht an. Es verwirklicht sich die Handlungsunfähigkeit des Opfers, das dieser Gefahr nicht mit eigenen Mitteln begegnen kann. Das Opfer vermag über die Gefahr nicht mehr zu disponieren. Dadurch eröffnet sich eine Paralelle zum endgültigen Schaden. Auch der endgültige Schadenseintritt passiert zu einem Zeitpunkt, ohne daß das Opfer sich wehren kann. Die fehlende Vermeidemacht tritt ebenfalls zu einem bestimmten Zeitpunkt ein. Dies impliziert auch, daß bereits gegenwärtig der Schadenseintritt vorstellbar ist. Zwingend ist ein endgültiger Schaden aber nicht. Da die juristische Person selbst nicht handlungsfähig ist, muß auf die Vermeidemacht eines ordentlichen und gewissenhaften Geschäftsführers[650] abgestellt werden. In dem Zeitpunkt, in dem dieser durch Änderung der Unternehmenspolitik, andere Positionierung des Unternehmens am Markt oder sonstige Maßnahmen nicht mehr gegensteuern kann, liegt der Vorfeldschaden vor.[651]

7. Fazit zum Schaden

Das Vermögen ist – dem wirtschaftlichen Vermögensbegriff folgend – als Inbegriff aller geldwerten Güter einer Person, zu definieren. Mangels unmittelbaren Zugriffs des Wirtschaftsprüfers auf das Vermögen der Gesellschaft, wird der

---

646 *Baumann/Weber/Mitsch*, StrR AT, § 8, Rn. 39 ff.
647 BGH, Beschluß vom 16. 7. 1970 in BGHSt 23, 300 (303)).
648 Kritisch auch *Lenckner* in JZ 1971, S. 320 (321).
649 *Hefendehl*, Vermögensgefährdung und Exspektanzen, S. 135.
650 Vgl. § 93 Abs. 1 S. 1 AktG.
651 Vgl. unten im 8. Teil insbesondere die Fälle 2 und 3.

Schaden häufig in einer schadensgleichen Vermögensgefährdung zu suchen sein. Um dogmatische und tatbestandliche Ungenauigkeiten zu vermeiden empfiehlt sich der Begriff des Vorfeldschadens für die schadensgleichen Vermögensgefährdungen. Zur Abgrenzung zwischen Gefahr und Vorfeldschaden kommt es auf die Vermeidemacht eines ordentlichen und gewissenhaften Geschäftsleiters an.

VI. Kausalität und objektive Zurechnung

Die Handlungen des Wirtschaftsprüfers müßten im Einzelfall kausal für den Vermögensnachteil und dieser ihm auch objektiv zurechenbar sein. Auf diese Weise wird bei Erfolgsdelikten der Zusammenhang zwischen menschlichem Verhalten und sozialschädlichen Folgen hergestellt.[652] Dabei wird die Kausalität mit Hilfe der Äquivalenztheorie bestimmt. Kausal ist danach jedes Verhalten, das nicht hinweggedacht werden kann, ohne daß der Erfolg in seiner konkreten Gestalt entfiele.[653] Entsprechend wird für Unterlassungsdelikte formuliert, daß die gesetzlich geforderte Handlung nicht hinzugedacht werden darf, ohne daß der Erfolg in seiner konkreten Gestalt entfiele.[654] Besonderes Kennzeichen der Äquivalenztheorie ist die Gleichwertigkeit aller Bedingungen.[655] Daher ist es nach dieser Theorie auch unerheblich, daß es nie der Prüfer alleine sein wird, der die Ursache für den späteren Schaden setzt. Häufig werden Fehlentscheidungen seitens des Vertretungsorgans des Unternehmens die Kausalkette eröffnet haben, an die der Prüfer dann mit seinem Verhalten anknüpft. Entscheidend für das Vorliegen der Kausalität der Prüferhandlung ist daher der Zeitpunkt der Prüfung, wann er also in den Schadensverlauf eintritt, so daß sein Verhalten für den Ausgang noch mitursächlich sein kann. Da der Prüfer keinen unmittelbaren Zugang zum Vermögen der Gesellschaft hat, ist es auch kaum vorstellbar, daß sich sein Verhalten unmittelbar vermögensmindernd auswirkt. Geht man also davon aus, daß zunächst eine einfache Gefahr besteht, die sich dann zu einem Vorfeldschaden verdichtet und letztlich in einen endgültigen Schaden mündet, so ist das Verhalten des Wirt-

652 *Wessels/Beulke*, StrR AT, Rn. 153.

653 BGH, Urteil vom 28. 09. 1951 in BGHSt 1, 332 (333); BGH, Urteil vom 27. 11. 1951 in BGHSt 2, 20 (24); BGH, Urteil vom 30. 06. 1982 in BGHSt 31, 96 (98); BGH, Urteil vom 8. 11. 1999 in BGHSt 45, 270 (294 f.); *Lenckner/Eisele* in Schönke/Schröder Vorbem §§ 13 ff., Rn. 73; *Matt*, StrR AT I, § 3, Rn. 13; *Tröndle/Fischer* Vor § 13, Rn. 16.

654 BGH, Urteil vom 4. 03. 1954 in BGHSt 6, 1 (2); BGH, Urteil vom 6. 07. 1990 in BGHSt 37, 106 (126); *Wessels/Beulke*, StrR AT, Rn. 711.

655 *Baumann/Weber/Mitsch*, StrR AT, § 14, Rn. 19; *Tröndle/Fischer* Vor § 13, Rn. 16; *Wessels/Beulke*, StrR AT, Rn. 156.

schaftsprüfers nur dann kausal, wenn es noch vor dem Vorfeldschaden liegt. Daran ändert auch folgendes Beispiel nichts: Der Wirtschaftsprüfer entdeckt durch ordnungsgemäße Prüfung eine drohende Gefahr, die aber noch vermeidbar ist und abgewendet werden kann. Zunächst fehlt es bei ordnungsgemäßer Prüfung schon an der Verletzungshandlung. Die Untreueprüfung wäre also bereits bei der Tathandlung beendet. Ferner liegt kein Vorfeldschaden vor, denn der Schaden, der vom Opfer noch abgewendet werden kann, ist eine reine Gefährdung. Der Wirtschaftsprüfer kann die Geschäfte nicht selbst in die Hand nehmen, sondern den drohenden Verlust nur dadurch abwenden, daß er die zuständigen Organe unterrichtet. Können diese dann aber die Einbuße noch abwenden, liegt noch kein Vorfeldschaden vor. Daß das Verhalten des Wirtschaftsprüfers nur kausal ist, wenn es vor dem Vorfeldschaden liegt, hängt also damit zusammen, daß es für die Bejahung des Vorfeldschadens auf die Vermeidemacht des gewissenhaften Geschäftsleiters ankommt. Ist aber der Erfolg nicht mehr zu vermeiden, kann eine danach gesetzte Ursache auch nicht mehr kausal werden. Deckt der Prüfer also etwa Unzulänglichkeiten im Risikoüberwachungssystem nicht auf, so kommt es für die Kausalität darauf an, ob der letztlich vorstellbare Schaden im Zeitpunkt der Prüfung noch hätte vermieden werden können, wenn der Prüfer sich wie gesetzlich gefordert verhalten hätte.

Zusätzlich zur Kausalität ist es erforderlich, daß dem Prüfer der Erfolg auch objektiv zugerechnet werden kann. Nur so ist es möglich, die erfolgsursächliche Handlung des Prüfers von derjenigen des pflichtwidrig handelnden Vertretungsorgans abzukoppeln und ihr Gefahrenpotential isoliert zu betrachten. Es muß eine rechtlich relevante Gefahr geschaffen oder erhöht worden sein, die sich dann im Erfolg realisiert.[656] Trägt der Prüfer dazu bei, daß Fehler in den Bilanzen nicht aufgedeckt werden und kommt es in diesem Zusammenhang zu einem Schaden, der bei pflichtgemäßem Verhalten des Prüfers vermieden worden wäre, so wirkt sein Zutun gefahrerhöhend und ist ihm damit objektiv zurechenbar. Wäre bei pflichtgemäßem Verhalten der Erfolg gleichwohl eingetreten, so verwirklicht sich nicht das vom Wirtschaftsprüfer geschaffene Risiko; allerdings fehlt es dann auch schon an der Kausalität. Fälle, in denen die Strafbarkeit des Prüfers allein an der objektiven Zurechnung scheitert, sind praktisch nicht denkbar.

656 *Krey*, Dt. StrR AT 1, Rn. 287; *Lackner/Kühl* Vor § 13, Rn. 14; *Wessels/Beulke*, StrR AT, Rn. 179.

VII. Subjektiver Tatbestand

Für § 266 StGB ist erforderlich, daß der Täter zumindest mit bedingtem Vorsatz handelt. Eine Bereicherungsabsicht ist hingegen nicht notwendig.

1. Vorsatzarten und Anforderungen an den Vorsatz

Vorsatz bedeutet Wissen und Wollen der Tatbestandsverwirklichung. Man kann somit für alle Vorsatzformen das Wissens- vom Willenselement unterscheiden. Von dolus directus 1. Grades ist auszugehen, wenn der Täter den Erfolgseintritt für sicher, mindestens aber für möglich hält und ihn in sein Zielstreben mit aufgenommen hat.[657] Hier überwiegt das Willenselement, während beim dolus directus 2. Grades das Wissenselement dominiert. Von dolus directus 2. Grades ist auszugehen, wenn der Täter den Erfolg kennt oder ihn als sichere Folge seines Handelns voraussieht und er in ihn einwilligt, ohne ihn jedoch anzustreben.[658] Neben dem direkten Vorsatz ist auch der bedingte Vorsatz für die Erfüllung des Untreuetatbestandes ausreichend. Um diesen sogenannten dolus eventualis geht es, wenn der Täter den Erfolg für möglich hält und ihn billigend in Kauf nimmt.[659]

Nach Auffassung der Rechtsprechung soll die Schwelle des Vorsatzes bei § 266 StGB heraufgesetzt werden.[660] Begründet wird dies mit der Weite des objektiven Tatbestandes, die eine Einschränkung des subjektiven Tatbestandes zur Folge haben müßte.[661] Nach Auffassung der Literatur gelten für den Vorsatz auch hier die allgemeinen Regeln.[662] Die Einschränkung des subjektiven Tatbestandes ist durch die wenig geradlinige Handhabe der objektiven Tatbestandsmerkmale durch die Rechtsprechung begründet. Die Lösung liegt darin, den vorhandenen Tatbestandsmerkmalen feste Definitionen zuzuweisen und damit für Anwendungssicherheit im objektiven Tatbestand zu sorgen. Im übrigen gilt, daß der

657 BGH, Urteil vom 6. 02. 1963 in BGHSt 18, 246 (248); BGH, Urteil vom 26. 07. 1967 in BGHSt 21, 283 (284).

658 BGH, Urteil vom 26. 7. 1967 in BGHSt 21, 283 (284 f.); *Baumann/Weber/Mitsch*, StrR AT, § 20, Rn. 46; *Wessels/Beulke*, StrR AT, Rn. 213.

659 *Baumann/Weber/Mitsch*, StrR AT, § 20, Rn. 48; *Krey*, Dt. StrR AT 1, Rn. 346 f.; *Wessels/Beulke*, StrR AT, Rn. 214 ff.

660 BGH, Urteil vom 27. 02. 1975 in NJW 1975, 1234 (1236); BGH, Beschluß vom 2. 07. 1997 in NStZ 1997, 543; BGH, Beschluß vom 24. 08. 1999 in wistra 2000, 60 (61).

661 BGH, Urteil vom 23. 05. 2002 in NJW 2002, 2801 (2803).

662 *Dierlamm* in NStZ 1997, S. 534 (535); Lenckner/*Perron* in Schönke/Schröder § 266, Rn. 50; *Tröndle/Fischer* § 266, Rn. 78a; *Wessels/Hillenkamp*, StrR BT 2, Rn. 778.

subjektive Tatbestand nicht die Anwendung des objektiven Tatbestandes präzisiert oder als nachträglicher Filter für Grenzfälle fungieren kann. So werden Rechtsfragen fälschlicherweise als Tatfragen behandelt.[663] Die Unabhängigkeit zwischen objektivem und subjektivem Tatbestand muß gewahrt bleiben, deswegen gelten auch für die Untreue im Hinblick auf den Vorsatz die allgemeinen Grundsätze.

2. Der Vorsatz des Wirtschaftsprüfers

Der Wirtschaftsprüfer müßte vorsätzlich handeln. Dafür muß er Kenntnis von der Vermögensbetreuungspflicht und dem Schaden haben. Hinsichtlich der Vermögensbetreuungspflicht ist ausreichend, daß er die diese begründenden Umstände kennt. Ferner muß ihm die Pflichtverletzung, also die Fehlerhaftigkeit seiner Prüfung bekannt sein.

Aus § 16 Abs. 1 S. 1 StGB iVm. § 8 StGB ergibt sich, daß der Vorsatz aktuelles Wissen zur Zeit der Tat erfordert. Früheres Wissen oder spätere Kenntnis sind unerheblich. In den klassischen Prüfungsfällen, in denen der Prüfer gegen Zahlung einer Geldsumme erkannte Fehler und Unregelmäßigkeiten bei seinem abschließenden Urteil unberücksichtigt läßt, wird es darum gehen, ob er noch bedingt vorsätzlich handelt. Daß es dem Prüfer ausschließlich auf den Schaden des Unternehmens ankommt und er einzig diesen Erfolg anstrebt, wird kaum praktisch relevant sein. Er erstrebt in erster Linie seinen eigenen Vorteil und sieht dabei das Risiko des Taterfolges. Dann kommt es darauf an, ob er es akzeptiert oder verdrängt. In diesem Sinne ist zu untersuchen, in welchen Fällen er schon bedingt vorsätzlich oder noch bewußt fahrlässig hinsichtlich des Taterfolges handelt. Es liegt jedenfalls Vorsatz in Bezug auf die Pflichtverletzung vor.

Ein hilfreiches Indiz dafür, ob der Wirtschaftsprüfer eine Vermögensschädigung tatsächlich in Kauf nimmt, also bedingt vorsätzlich handelt, bringt die Unterscheidung in die Fälle, in denen er nur das Prüfungshonorar erstrebt und jene, in denen es ihm ganz auf einen anderweitigen finanziellen Vorteil ankommt. Obwohl es im Untreuetatbestand allein um den Vermögensnachteil und nicht um das Erlangen eines Vorteils geht, bietet sich diese Differenzierung an. Der bedingte Vorsatz zeichnet sich dadurch aus, daß der Täter den Vermögensschaden gerade nicht erstrebt. Dann muß sein Streben aber auf etwas anderes gerichtet sein. Dies kann entweder das Prüfungshonorar oder ein darüberhinausgehender Vorteil sein. Ist es ein über das übliche Honorar hinausgehender Vorteil, so ist es zumindest wahrscheinlicher, daß der Täter dafür den Vermögensschaden billigend in Kauf

663 *Schünemann* in LK § 266, Rn. 151.

nimmt, wohingegen er, wenn er nur das übliche Honorar zu erwarten hat, eher auf das Ausbleiben des Erfolges hoffen wird. Diese Unterscheidung kann selbstverständlich nur eine Tendenz aufzeigen und entbindet nicht von der notwendigen Prüfung im Einzelfall. Denn es sind ebenso Fälle denkbar, in denen Vorstand und Prüfer kollusiv und gegen zusätzliches Entgelt zusammenwirken und der Prüfer auf ein Ausbleiben des Schadens vertraut. Dennoch soll die nachstehende Darstellung obiger Unterscheidung folgen.

a) Der Wirtschaftsprüfer erstrebt nur das Prüfungshonorar

Erstrebt der Wirtschaftsprüfer keinen über das Honorar hinausgehenden finanziellen Zuwachs, so ist als praxisrelevanter Fall hauptsächlich denkbar, daß der Schaden auf sein Unvermögen zurückzuführen ist. Vorstellbar ist etwa, daß der Prüfer den Prüfungsauftrag annimmt, obwohl er ihn zeitlich kaum bewältigen kann und daher bewußt zu oberflächlich prüft. Ob der Wirtschaftsprüfer in solchen Fällen aber noch bedingt vorsätzlich hinsichtlich des Schadens handelt, ist fraglich.

Versteht man unter Vorsatz mit der ganz herrschenden Meinung das Wissen *und* Wollen der Tatbestandsverwirklichung,[664] so hängt die Abgrenzung zur bewußten Fahrlässigkeit davon ab, wann bei identischem Wissen das den Vorsatz kennzeichnende Wollenselement vorliegt.[665] Die Rechtsprechung vertritt hierzu die sogenannte Einwilligungs- oder Billigungstheorie. Danach ist dolus eventualis zu bejahen, wenn der Täter mit dem Erfolg einverstanden ist, ihn billigt oder billigend in Kauf nimmt.[666] Konkret für den Fall der Haftung eines Abschlußprüfers für eine schuldhafte Pflichtverletzung hat der BGH entschieden, daß der Anspruch nur in Betracht komme, wenn feststehe, daß der Prüfer bei seiner Prüfung oder den von ihm veranlaßten Maßnahmen es wenigstens als möglich angesehen und für den Fall gebilligt habe, daß ein Schaden eintreten könnte.[667] Die Entscheidung hatte die Schadenshaftung des Abschlußprüfers aus betrügerischem Verhalten gemäß § 823 Abs. 2 BGB iVm. § 263 StGB zum Gegenstand, deren Grundsätze somit auch ins Strafrecht übertragbar sind. In anderen Entscheidungen weitet der BGH den bedingten Vorsatz erheblich aus, wenn er bereits ein Sich-Abfinden mit dem an sich höchst unerwünschten Erfolg für ausreichend

664 BGH, Urteil vom 25. 11. 1987 in NStZ 1988, S. 175; *Lackner/Kühl* § 15, Rn. 3; *Cramer/Sternberg-Lieben* in Schönke/Schröder § 15, Rn. 9; *Tröndle/Fischer* § 15, Rn. 3.

665 *Geppert* in Jura 1986, S. 610 (611).

666 BGH, Urteil vom 15. 12. 1967 in BGHSt 22, 67 (74).

667 BGH, Urteil vom 25. 4. 1961 in BB 1961, S. 652.

hält.[668] Nach Meinung der Literatur kommt es für den bedingten Vorsatz darauf an, daß sich der Täter mit dem Erfolg aus Gleichgültigkeit abfindet.[669] Ähnlich umschreibt *Roxin* die Abgrenzung. Nach ihm handelt nicht vorsätzlich, wer – wenn auch unter Überschätzung der eigenen Fähigkeiten zur Meisterung der Situation – auf einen guten Ausgang vertraut. Wer hingegen auf das Ausbleiben des Erfolges lediglich hofft, überschreitet die Grenze zum Vorsatz.[670]

Für die Fälle des Unvermögens bedeutet dies, daß der Prüfer den Erfolg zwar für möglich hält, jedoch auf einen guten Ausgang vertraut, denn es handelt sich genau um die Variante der Überschätzung eigener Fähigkeiten. Dem Wirtschaftsprüfer ist der Erfolg gerade nicht gleichgültig, er kann ihn aber auch nicht gänzlich ausschließen, weil er etwa wegen falscher Zeiteinteilung zur Eile getrieben ist. Dies ist im Einzelfall Tatfrage. Auch die von der Rechtsprechung vorgenommene Abgrenzung spricht gegen den Vorsatz. Der Wirtschaftsprüfer ist in keinster Weise mit dem Erfolg einverstanden, im Gegenteil wird er das Unvermögen durch erhöhten Arbeitsaufwand auszugleichen suchen. Insofern liegt hier sogar nach der strengeren Auffassung des BGH kein Vorsatz vor. Entscheidend ist auch, daß er nicht gehandelt hätte, wenn er sich den Erfolg als sicher vorgestellt hätte.[671] Fälle, in denen mangelnde Kenntnis oder fehlende Zeit zu Fehlern führt, sind somit nicht mehr als vorsätzlich einzustufen. Hält der Wirtschaftsprüfer einen Vermögensschaden der Gesellschaft in diesen Konstellationen für möglich, handelt er bewußt fahrlässig. Erkennt er den Vermögensschaden nicht, hätte er ihn aber voraussehen können, liegt sogar nur unbewußte Fahrlässigkeit vor. Handelt es sich nur um Flüchtigkeitsfehler, fehlt es schon am Vorsatz bezogen auf die Tathandlung. Anders ist im Einzelfall sicher zu entscheiden, wenn der schlampige Wirtschaftsprüfer das Prüfungshonorar erstrebt und es ihm gleichgültig ist, ob das Unternehmen später einen Schaden erleidet.

Ausreichend für vorsätzliches Handeln ist zudem, daß der Wirtschaftsprüfer einen Vorfeldschaden billigend in Kauf nimmt und nur auf das Ausbleiben des endgültigen Erfolges hofft. Dies deswegen, weil der Vorfeldschaden zur Verwirklichung des Tatbestandes ausreichend ist.

---

668 BGH, Urteil vom 22. 4. 1955 in BGHSt 7, 363 (369); BGH, Urteil vom 17. 9. 1963 in BGHSt 19, 101 (105); BGH, Urteil vom 9. 2. 1968 in NJW 1968, S. 660 (661).

669 Sog. Gleichgültigkeitstheorie, vgl. *Cramer/Sternberg-Lieben* in Schönke/Schröder § 15, Rn. 84.

670 *Roxin*, StrafR AT, Band I, § 12, Rn. 27.

671 Sog. Frank'sche Formel, vgl. *Prittwitz* in JA 1988, S. 486 (490).

b) Der Wirtschaftsprüfer erstrebt einen anderweitigen finanziellen Vorteil

Tendenziell eher könnte auf bedingten Vorsatz erkannt werden, wenn dem Wirtschaftsprüfer nicht nur das Prüfungshonorar, sondern weitere finanzielle Vorteile in Aussicht gestellt werden. Zu denken ist an Fälle unterlassener Warnung oder vorsätzlich falscher Risiko- oder Prognoseeinschätzungen. Der Wirtschaftsprüfer deckt im Rahmen seiner Prüfung also Umstände auf, die eine Einschränkung des Testates nach sich ziehen müßten. Er müßte den als möglich erachteten Erfolg auch hier billigend in Kauf nehmen oder sich aus Gleichgültigkeit mit ihm abfinden. Der Erfolg kann auf unterschiedliche Weise eintreten. Es kann schon zu einem Schaden gekommen sein und ein weiterer steht sicher bevor, wie bei Unterschlagungen oder in der Zukunft liegende schädigende Entwicklungen sind seitens der Unternehmensorgane nicht erkannt worden. Schon mit der Frank`schen Formel, die häufig der Abgrenzung dient,[672] ist hier anders zu entscheiden. Auch, wenn der Prüfer sich den Erfolg als sicher vorgestellt hätte, hätte er nicht anders gehandelt. Maßgeblich für den Vorsatz ist, daß sich der Täter aufgrund außertatbestandlicher Ziele mit dem Erfolg abfindet.[673] Die Erlangung eines zusätzlichen, sozial mißbilligenswerten Vorteils kann den Ausschlag zugunsten des Vorsatzes geben. Der Wirtschaftsprüfer setzt sich über das Unternehmensvermögen als Rechtsgut hinweg, um seinen finanziellen Vorteil anzustreben und zu erlangen. Da die Untreue gerade keine Bereicherungsabsicht erfordert, liegt ein außertatbestandliches Ziel vor. Vergleichbar sind hier auch Fälle, in denen es um die Verletzung von Persönlichkeitswerten geht. Würgt der Täter sein Opfer etwa bewußtlos, um es zu berauben, so fixiert er die Raubbeute, nimmt einen möglichen Tod des Opfers aber billigend in Kauf. Erstellt der Prüfer ein falsches Testat, um dafür einen finanziellen Vorteil zu erlangen, so fixiert er den Vorteil, nimmt einen möglichen Vermögensschaden der Gesellschaft aber billigend in Kauf. Somit ist in diesen Fällen bedingt vorsätzliches Handeln des Wirtschaftsprüfers zu bejahen.

Allerdings gilt auch hier, daß es im Einzelfall verschiedenste Konstellationen im Zwischenbereich geben kann. So ist vorstellbar, daß der Wirtschaftsprüfer ein falsches Testat zwar gegen zusätzliche Bezahlung erstellt, es ihm in Wirklichkeit aber vorwiegend darauf ankommt, daß er auch künftig Aufträge von diesem Unternehmen erhalten will. Realitätsnah ist dann davon auszugehen, daß er auf das Ausbleiben des Schadens hofft, also nicht vorsätzlich handelt. Oder der Wirt-

672 *Lackner/Kühl* § 15, Rn. 24; *Prittwitz* in JA 1988, S. 486 (490).

673 BGH, Urteil vom 22. 11. 2001 in NStZ 2002, S. 314 f.; BGH, Urteil vom 16. 1. 2003 in NStZ 2003, S. 431; BGH, Beschluß vom 23. 4. 2003 in NStZ 2003, S. 603; BayObLG, Beschluß vom 28. 8. 2002 in NJW 2003, S. 371 (372).

schaftsprüfer erstellt gegen erhöhtes Honorar ein falsches Testat, um der Gesellschaft wenigstens kurzfristig Kredite zu verschaffen. Auch in diesem Fall ist anzunehmen, daß der Wirtschaftsprüfer auf das Ausbleiben des Schadens hofft und unvorsätzlich handelt, denn er will möglicherweise gerade das Überleben der Gesellschaft sichern.

3. Vorsatzausschließender Tatbestandsirrtum

Der Vorsatz kann aber nicht nur deswegen zu verneinen sein, weil der Täter die Grenze zur Fahrlässigkeit überschreitet, sondern auch, weil er einem Tatbestandsirrtum unterliegt.

Ein vorsatzausschließender Tatbestandsirrtum kommt für den Täter gemäß § 16 Abs. 1 S. 1 StGB immer dann in Betracht, wenn er bei Begehung der Tat einen Umstand nicht kennt, der zum gesetzlichen Tatbestand gehört. Für den Wirtschaftsprüfer spielt dieser Irrtum besonders in den Fällen eine Rolle, in denen er aufgrund der Regelung in § 317 Abs. 2 S. 2 HGB dazu verpflichtet ist zu prüfen, ob die Chancen und Risiken der künftigen Entwicklung im Lagebericht zutreffend dargestellt sind. Ist er sich subjektiv sicher, daß seine objektiv falsche Darstellung richtig ist, so entfällt der Vorsatz. Ist er sich also beispielsweise sicher, daß sich Veränderungen des Absatzmarktes auf die Vermögenslage der Gesellschaft nicht negativ auswirken werden und kommt es tatsächlich anders, so kann dies seinen Vorsatz ausschließen.

VIII. Rechtswidrigkeit und Schuld

Für Rechtswidrigkeit und Schuld gelten die allgemeinen Grundsätze. Als Rechtfertigungsgrund kann im Rahmen der Untreue der rechtfertigende Notstand gemäß § 34 StGB angewendet werden.[674] Für Wirtschaftsprüferfälle dürfte dieser in der Praxis jedoch kaum zum Tragen kommen. Vorstellbar ist, daß der Wirtschaftsprüfer zur Abwendung eines drohenden Vermögensverfalls eine Untreue begeht. Er könnte etwa ein wahrheitswidriges Testat erstellen, um dem Unternehmen einen lebenswichtigen Kredit zu sichern. Gemäß § 34 S. 2 StGB müßte seine Tat dann jedoch ein angemessenes Mittel sein, um die Gefahr abzuwenden. Die Notstandshandlung ist aber dann ein unangemessenes Mittel, wenn sie mit

---

674 *Kindhäuser* in Nomos-Kommentar § 266, Rn. 124; *Lenckner/Perron* in Schönke/Schröder § 266, Rn. 48.

abschließenden Verfahrensregeln nicht vereinbar ist.[675] Die Konsequenzen drohenden oder akuten Geldmangels sind vorrangig in der Insolvenzordnung und den Pfändungsschutzvorschriften der ZPO geregelt. Diese gehen der eigenmächtigen Untreuehandlung des Wirtschaftsprüfers vor.[676] Daher kann von Rechtfertigung nicht gesprochen werden, wenn der Wirtschaftsprüfer die Tat begeht, um finanzielle Schwierigkeiten der Gesellschaft zu decken.

Gemäß § 17 S. 1 StGB kann die Schuld des Täters entfallen, sofern ihm bei Begehung der Tat die Einsichtsfähigkeit fehlt, Unrecht zu tun. Diesbezüglich ist zumindest vorstellbar, daß der Wirtschaftsprüfer beispielsweise nicht weiß, daß er beim Lagebericht auch zu prüfen hat, ob die künftige Entwicklung des Unternehmens zutreffend dargestellt ist. Ein solcher Irrtum ist aber jedenfalls vermeidbar, da der Prüfer die für ihn relevanten Gesetze kennen muß. Bei Vermeidbarkeit wirkt der Irrtum nicht schuldausschließend.

IX. Ergebnis zur Prüfungstätigkeit

Die Prüfungstätigkeit kann keinesfalls den Mißbrauchstatbestand erfüllen, weil die dazu notwendige Verfügungs- oder Verpflichtungsbefugnis nie Inhalt eines Prüfungsauftrages ist.

Für den Treubruchstatbestand muß dem Prüfer die erforderliche Vermögensbetreuungspflicht zukommen. Dies scheitert nicht an seiner öffentlichen Bestellung. Der mit der öffentlichen Bestellung einhergehende Neutralitätsnachweis soll nur verhindern, daß der Prüfer im Lager eines Unternehmensorgans steht. Er kann gleichwohl zum Schutze der Interessen des Unternehmens tätig werden.

Erste vom Prüfer zu erfüllende Voraussetzung ist dann, daß seine Tätigkeit fremdnützig typisiert ist. Dies ist der Fall, weil es sich bei der Buchprüfung um eine wirtschaftliche Aufgabe handelt, die eigentlich dem Unternehmen obliegt, die diesem aber vom Wirtschaftsprüfer abgenommen wird. Insbesondere übernimmt der Prüfer, obwohl er nur eingeschränkten Einfluß auf das Unternehmensvermögen hat, fremde Vermögensinteressen. Die Lösung dazu liegt in der Unterscheidung zwischen Vermögen und Vermögensinteressen.

Keine fremdnützig typisierte Tätigkeit übt allerdings der Gründungsprüfer aus, da er gesetzlich ein Amt übernimmt und ihm keine Aufgabe des Unternehmens überantwortet ist. Somit kommt für den Gründungsprüfer eine Vermögensbetreuungspflicht nicht in Betracht.

---

675 *Neumann* in Nomos-Kommentar § 34, Rn. 117.

676 Vgl. BGH, Urteil vom 16. 6. 1953 in BGHSt 5, 61 (66), wonach das Interesse an der Fortführung eines Betriebes nicht höher zu werten sei, als die Treueverpflichtung.

Desweiteren ist Voraussetzung für eine Vermögensbetreuungspflicht, daß die Tätigkeit selbständig ausgeübt wird. Erforderlich ist dafür, daß der Täter zunächst in Ansehung einer Alternative eine vermögenswirksame Entscheidung treffen kann und er dann bezüglich der getroffenen Entscheidung keine festen Bahnen vorfindet. Dies ist für jeden Abschnitt der Prüfertätigkeit zu bejahen, obwohl es sich bei Prüfungen um den Blick auf etwas Bestehendes handelt. Dies liegt zum einen daran, daß dem Prüfer die Wahl der Prüfungsmethode obliegt und ihm zum anderen durch Prüfungsnormen Ermessen eröffnet ist.

Zum dritten ist der Prüfer auch materiell Interner, weil er mit der Prüfungstätigkeit ein unternehmensintern freigewordenes Machtvakuum füllt. Der Wirtschaftsprüfer ist damit gegenüber der juristischen Person vermögensbetreuungspflichtig, nicht aber gegenüber Dritten, da sich die vermögensrechtliche Beziehung des Prüfers zu ihnen nicht von derjenigen zu einem normalen Vertragspartner unterscheidet.

Was die Verletzung der Vermögensbetreuungspflicht betrifft, so ist für den Prüfer darauf zu achten, daß er nicht pauschal zum Sündenbock jeder unqualifizierten Unternehmensführung gemacht wird. Nur ein unrichtiges Testat stellt eine Verletzung dar, da der Wirtschaftsprüfer die Pflicht zur Abfassung eines richtigen Testates hat.

Wirken Vorstand und Wirtschaftsprüfer zum Nachteil des Unternehmens zusammen, kommt ein tatbestandsausschließendes Einverständnis wegen Kollusion nicht in Betracht. Gleiches gilt für eine nachteilige Einflußnahme des Aufsichtsrates.

Der Vermögensschaden wird in Wirtschaftsprüferfällen häufig in einem Vorfeldschaden liegen, da es dem Prüfer an einem unmittelbaren Vermögenszugriff fehlt.

Ob der Wirtschaftsprüfer vorsätzlich handelt, oder nicht, läßt sich tendenziell danach unterscheiden, ob er neben seinem Honorar noch einen weiteren Vorteil anstrebt oder nicht. Denn dem Wirtschaftsprüfer wird es kaum in erster Linie darum gehen, das Unternehmen zu schädigen.

Für die Prüfung von Rechtswidrigkeit und Schuld gelten die allgemeinen Grundsätze.

6. Teil: Untreuestrafbarkeit bei der Gutachtertätigkeit

I. Einleitung

Am 9. Dezember 2004 wurde in der Berliner Morgenpost darüber berichtet, daß sich das Wirtschaftsprüferunternehmen Pricewaterhouse Coopers gegen Vorwürfe wehrt, es habe im Zusammenhang mit dem Neubau der Berliner Veranstaltungshalle „Tempodrom" Gefälligkeitsgutachten erstellt.[677] In diesem Teil der Dissertation soll der Frage nachgegangen werden, inwieweit Gutachten, die zugunsten einer bestimmten Partei und damit nicht mehr objektiv verfaßt sind, den Tatbestand der Untreue erfüllen können. Dabei ist zunächst darauf hinzuweisen, daß die Gutachtertätigkeit keine Vorbehaltsaufgabe der Wirtschaftsprüfer ist. Vielmehr sind begutachtende Tätigkeiten nicht an staatliche Zulassungen oder Genehmigungen gebunden. Jede Person, die sich auf einem bestimmten Gebiet für besonders sachkundig hält, kann sich als Gutachter bezeichnen.[678] Was die Gutachtertätigkeit von Wirtschaftsprüfern im Hinblick auf die Untreuestrafbarkeit interessant macht, ist der in der Wirtschaftspraxis bestehende Bedarf an Personen, die wegen besonderer Sachkenntnis überdurchschnittlich hohes Vertrauen verdienen. Wird dieses verletzt und ist zudem noch ein kausaler Vermögensschaden aufgetreten, liegt die Untreue besonders nahe.

Gutachten sind Analysen von Sachverhalten durch Personen, die für das zu beurteilende Problem besonders sachkundig sind. Sie sind erforderlich, um das Urteil Einzelner oder von Institutionen zu unterstützen, zu ergänzen oder zu untermauern. Unter Umständen können sie anstelle eigener Urteilsbildung benötigt werden.[679]

Es werden grundsätzlich drei mögliche Arten von Gutachten unterschieden: das Sachverständigengutachten, das Schiedsgutachten und das Parteiengutachten. Um ein Sachverständigengutachten geht es, wenn außerjuristisches Wissen vor Gericht durch eine Person mit speziellen Kenntnissen gutachterlich dargestellt wird. Das Schiedsgutachten beruht auf der Vereinbarung der streitenden Parteien, daß ein Sachverständiger in der Sache entscheiden und sein Spruch für die Parteien verbindlich sein soll, solange er nicht unbillig ist. Das Parteiengutachten –

677 Berliner Morgenpost vom 9. 12. 2004, Ressort Berlin.
678 *Buchner*, Wirtschaftliches Prüfungswesen, S. 308.
679 *Leffson*, Wirtschaftsprüfung, S. 18.

auch Privatgutachten genannt – kann bei jeder Art von Auseinandersetzung – also auch außergerichtlich – durch eine Partei in Auftrag gegeben werden. Aber auch, wenn das Gutachten allein der eigenen Information dient, spricht man von Privatgutachten.

Im folgenden wird die Vermögensbetreuungspflicht für alle drei Arten von Gutachten getrennt untersucht. Die Vorfrage, ob der Mißbrauchs- oder der Treubruchstatbestand einschlägig ist, wird für die Gutachtertätigkeit insgesamt beantwortet.

II. Subsumtion der Gutachtertätigkeit

1. Mißbrauch oder Treubruch?

Für die Gutachtertätigkeit gilt an dieser Stelle dasselbe, wie für die Prüfungstätigkeit.[680] Der Mißbrauchstatbestand käme nur in Betracht, wenn dem Gutachter die Befugnis übertragen wäre, über das Vermögen des Auftraggebers zu verfügen oder den Auftraggeber zu verpflichten. Dies ist jedoch keinesfalls Inhalt der Gutachtertätigkeit. Eine solche Verfügungs- oder Verpflichtungsbefugnis wird vom Treubruchstatbestand nicht gefordert. Damit kommt für den Gutachter ausschließlich eine Verletzung des Treubruchstatbestandes in Betracht.

2. Die Vermögensbetreuungspflicht beim gerichtlich bestellten Sachverständigengutachter

Der Sachverständige müßte vermögensbetreuungspflichtig sein. Die Pflicht, fremde Vermögensinteressen wahrzunehmen, muß zum einen im Sinne einer fremdnützig typisierten Geschäftsbesorgung wesentlicher Inhalt der Sachverständigentätigkeit sein, zum anderen muß sie von gewisser Bedeutung sein. Sind diese Voraussetzungen erfüllt, müßte der Gutachter schließlich materiell Interner einer Prozeßpartei sein.

a) Fremdnützige Wahrnehmung von Vermögensinteressen als wesentlicher Inhalt der Tätigkeit

Wesentlicher Inhalt der Sachverständigentätigkeit müßte die Wahrnehmung fremder Vermögensinteressen sein. Das erfordert, daß sich der Täter fremden

680 Vgl. oben 5. Teil, I 2.

Vermögensinteressen an des Anvertrauenden Statt fürsorglich annimmt.[681] Zudem muß seine Fremdverantwortung ihm kraft Gesetzes, behördlichen Auftrags, Rechtsgeschäfts oder aufgrund eines Treueverhältnisses zukommen. Da der Sachverständige jedoch Helfer des Richters ist,[682] bestehen am Vorliegen dieser Voraussetzungen erhebliche Zweifel. Eine Vermögensbetreuungspflicht des Sachverständigen zugunsten einer Prozeßpartei erscheint noch weniger möglich, als die des Gründungsprüfers.[683] In der Tat weisen beide Tätigkeitsfelder des Wirtschaftsprüfers zumindest hinsichtlich fehlender Vertragsbeziehungen Parallelen auf. Auch beim Sachverständigen fehlt es an einer rechtsgeschäftlichen Beziehung zu den Parteien.[684] Somit kommt bei ihm, wie auch beim Gründungsprüfer, als Grundlage für eine Vermögensbetreuungspflicht nur das Gesetz oder der behördliche Auftrag in Betracht. Als behördlicher Auftrag kann die Bestellung als Wirtschaftsprüfer gemäß § 15 WPO angenommen werden, daneben ist die Tätigkeit als Sachverständiger gesetzlich in §§ 402 ff. ZPO sowie in §§ 72 ff. StPO normiert.

Entscheidend ist aber, ob die Tätigkeit auch inhaltlich vermögensfürsorgerisch ausgestaltet ist. Im Sinne der Geschäftsbesorgungsdefinition müßte der Sachverständige dafür eine Tätigkeit wirtschaftlicher Art im Interesse des Geschäftsherrn ausüben, die eigentlich diesem selbst obliegt, die ihm aber vom Sachverständigen abgenommen wird.[685] Aufgabe des Sachverständigen ist es, dem Richter fehlende Kenntnisse zu vermitteln, um dem Gericht die Beurteilung des Sachverhaltes zu erleichtern.[686] Er ist Berater und Gehilfe des Richters.[687] Schon aus diesem Grund ist es nicht möglich, daß er vornehmlich die Geschäfte einer Prozeßpartei führt. Hinzu kommt, daß die Auswahl des Sachverständigen gemäß § 404 Abs. 1 S. 1 ZPO durch das Gericht erfolgt, auch wenn sich die Parteien gemäß § 404 Abs. 4 ZPO auf eine bestimmte Person als Sachverständigen einigen können. Vollends gegen die Stellung als fremdnützig tätiger Vermögensbetreuer spricht schließlich, daß das Gericht gemäß § 404a ZPO den Sachverständigen leiten und ihm – innerhalb gewisser Grenzen[688] – Weisungen erteilen kann. Damit kommt keine der Prozeßparteien als Geschäftsherr in Betracht.

---

681 *Schünemann* in LK § 266, Rn. 72.
682 *Buchner*, Wirtschaftliches Prüfungswesen, S. 310.
683 Vgl. zum Gründungsprüfer oben im 5. Teil, II 4 i).
684 BGH, Urteil vom 19. 11. 1964 in BGHZ 42, 313 (315); BGH, Urteil vom 25. 10. 1983 in NJW 1984, S. 870.
685 BGH, Urteil vom 17. 05. 1971 in BGHZ 56, 204 (207).
686 *Huber* in Musielak, ZPO, § 402, Rn. 1.
687 *Schellhammer*, Zivilprozeß, Rn. 646.
688 Hierzu *Soergel* in FS für Geiß 2000, S. 179 ff.

Geschäftsherr könnte dann nur noch der Staat mit seinem Vermögen sein. Immerhin ist es denkbar, daß ein unrichtiges Sachverständigengutachten dazu führt, daß die Kosten des Verfahrens die Staatskasse zu tragen hat. Dann müßte aber der Staat am Gerichtsverfahren eigene Vermögensinteressen haben, die der Sachverständige wahrnimmt. Dies ist abwegig. Weder der Richter, noch die Staatsanwaltschaft setzen im gerichtlichen Verfahren Vermögensinteressen des Staates durch, wenn dieser nicht Partei ist.

b) Fazit

Festzuhalten ist, daß die Tätigkeit als gerichtlich bestellter Sachverständiger keinerlei fremdnützige Züge zugunsten einer Prozeßpartei trägt. Eine Vermögensbetreuungspflicht ist damit zu verneinen. Eine Strafbarkeit wegen Untreue kommt nicht in Betracht.

3. Die Vermögensbetreuungspflicht beim Schiedsgutachten

Dem Wirtschaftsprüfer könnte jedoch als Schiedsgutachter eine Vermögensbetreuungspflicht zukommen. Anhaltspunkte hierfür bietet der zwischen den Parteien und dem Schiedsgutachter geschlossene Vertrag. Problematisch ist jedoch die Position des Gutachters inmitten der widerstreitenden Interessen.

a) Fremdnützige Wahrnehmung von Vermögensinteressen als wesentlicher Inhalt der Tätigkeit

Der Schiedsgutachter wird dann eingesetzt, wenn widerstreitende Parteien vereinbaren, daß über die Bewertung einer Sache oder das Bestehen eines bestimmten Tatbestandes ein Sachverständiger entscheiden soll.[689] Nach dem Gesetzeswortlaut des § 317 Abs. 1 BGB, der auf derartige Rechtsverhältnisse analoge Anwendung findet,[690] erfolgt die Bestimmung der Leistung durch einen Dritten. Somit sind in Schiedsgutachterfällen typischerweise drei Personen beteiligt, nämlich zwei Parteien und der Sachverständige. Das Rechtsverhältnis der Parteien zum Sachverständigen bestimmt sich nach dem sogenannten Schiedsgutachtervertrag. Er liegt der Bestellung zugrunde und ist regelmäßig ein Geschäftsbesor-

---

689 *Buchner*, Wirtschaftliches Prüfungswesen, S. 312.

690 BGH, Urteil vom 20. 2. 1970 in DB 70, S. 827; *Grüneberg* in Palandt § 317, Rn. 3; *Hager* in Erman, BGB, § 317, Rn. 8.

gungsvertrag im Sinne des § 675 BGB.[691] Der Vertrag kann sowohl mit beiden, als auch mit nur einer Partei geschlossen werden. Dann aber muß klargestellt werden, daß ein Schiedsgutachten und nicht ein Parteigutachten zu fertigen ist.[692] Der Schiedsgutachter bleibt beiden Parteien zur ordnungsgemäßen Erstellung des Gutachtens verpflichtet. Die Kosten tragen die Parteien im Zweifel zur Hälfte.[693] Die Entscheidung des Sachverständigen ist für die Parteien nur dann nicht verbindlich, wenn sie gemäß § 319 Abs. 1 S. 1 BGB offenbar unbillig ist. Daher muß der Sachverständige beiden Parteien soweit erforderlich im Vorfeld rechtliches Gehör gewähren.[694]

Der wesentliche Inhalt dieser Tätigkeit müßte im Sinne einer fremdnützig typisierten Geschäftsbesorgung die Pflicht enthalten, fremde Vermögensinteressen wahrzunehmen. Wie bereits mehrfach erwähnt, ist es zur Abgrenzung dienlich, das untreuerelevante Betreuungsverhältnis zivilrechtlich als Geschäftsbesorgung aufzufassen. Da sich das Rechtsverhältnis der Parteien zum Gutachter regelmäßig als Geschäftsbesorgungsvertrag darstellt,[695] scheint der Annahme einer fremdnützigen Tätigkeit nichts entgegenzustehen. Problematisch ist jedoch, daß sich der Gutachter mehreren – im Regelfall zwei – Parteien gegenübersieht. Damit entfällt das mit der Geschäftsbesorgungsdefinition zum Ausdruck gebrachte Merkmal des Handelns *für* den Geschäftsherrn. Insofern könnte man den Geschäftsbesorgungscharakter auch in Zweifel ziehen und einen reinen Dienst- oder Werkvertrag annehmen.[696] Denn selbst, wenn der Dritte nur von einer Partei bewußt als Schiedsgutachter eingeschaltet wird, obliegt ihm auch gegenüber der anderen Partei die Pflicht zu neutraler Entscheidung.[697] Zugunsten der Geschäftsbesorgung kann allenfalls vorgebracht werden, daß der Gutachter dem Interesse beider Parteien dadurch Rechnung trägt, daß er keiner den Vorzug einräumt. Dann aber ist die Geschäftsbesorgung zur Abgrenzung des Betreuungsverhältnisses von der bloßen Leistung *an* einen Geschäftsherrn hier ungeeignet. Denn fremde Vermögensinteressen wahrnehmen heißt, sich ihrer zu Gunsten des Anvertrauenden anzunehmen.[698] Dies ist dem Gutachter aber gerade nicht mög-

691 *Heermann* in MüKo zum BGB § 675, Rn. 101; *Rieble* in Staudinger § 317, Rn. 71; *Sprau* in Palandt § 675, Rn. 20a.

692 BGH, Urteil vom 6. 6. 1994 in NJW-RR 1994, S. 1314.

693 LG Hamburg, Urteil vom 27. 09. 1974 in MDR 1975, S. 143.

694 LG Frankfurt, 25. 07. 1988 in ZIP 1988, S. 1260 (1262).

695 A. A. nur *Gottwald* in MüKo zum BGB § 317, Rn. 50, der einen Vertrag sui generis annimmt, womit aber für die rechtliche Einordnung nichts gewonnen ist. *Gottwald* zustimmend auch *Heermann* in MüKo zum BGB § 675, Rn. 102.

696 Die genaue Rechtsnatur hat der BGH offengelassen: Urteil vom 22. 4. 1965 in BGHZ 43, 374 (376).

697 *Rieble* in Staudinger § 317, Rn. 72.

698 *Schünemann* in LK § 266, Rn. 72.

lich, denn die Unterstützung der Vermögensinteressen einer Partei geht immer zulasten der anderen, so daß eine herausgehobene Stellung bezogen auf das Vermögen einer Seite für den Gutachter nicht zu erlangen ist. Seine Neutralität verbietet es ihm, einer Seite besonders nahe zu stehen. Beim Einsatz eines Schiedsgutachters muß vielmehr davon ausgegangen werden, daß die Parteien ihre eigenen Vermögensinteressen selbst vertreten und der Gutachter lediglich Tatsachen feststellt, die für eine Entscheidung bezüglich der widerstreitenden Interessen bedeutsam sind.[699]

Das gleichlaufende Interesse beider Parteien, daß die Gutachterkosten nicht wegen nachlässiger Arbeit des Schiedsgutachters in die Höhe steigen, hat jeder Partner eines Vertrages. Ein solches Interesse vermag eine Vermögensbetreuungspflicht nicht zu begründen, sondern löst allein zivilrechtliche Schadensersatzpflichten aus.

b) Fazit

Dem Schiedsgutachter muß eine Vermögensbetreuungspflicht abgesprochen werden; sein Einsatz zugunsten einer Partei ist mit dem Inhalt seiner Tätigkeit unvereinbar. Verletzt er seine Pflichten zulasten einer Partei, kommt eine Untreuestrafbarkeit nicht in Betracht.

4. Die Vermögensbetreuungspflicht beim Parteiengutachten

Das sogenannte Parteien- oder auch Privatgutachten wird von einer einzelnen Partei in Auftrag gegeben und beigebracht. Es kann sowohl der Bestätigung der eigenen Urteilsbildung, wie auch im Streitfall zur Untermauerung eigener Ansichten gegenüber der Gegenseite – also einem Dritten – dienen.[700] Ein Vertrag besteht nur mit dem Auftraggeber, der auch das Entgelt zu entrichten hat. Schädigen kann ein Gefälligkeitsgutachten auch den Dritten; was die Vermögensbetreuungspflicht ihm gegenüber anbelangt, kann an dieser Stelle allerdings auf die entsprechenden Ausführungen im Rahmen der Prüfungstätigkeit verwiesen werden.[701] Es bestehen keinerlei vertragliche Beziehungen und die Schutzpflichten aus einem Vertrag mit Schutzwirkung zugunsten Dritter vermögen eine Vermögensbetreuung nicht zu rechtfertigen. Somit kommt eine möglicherweise beste-

699 *Buchner*, Wirtschaftliches Prüfungswesen, S. 312.
700 *Leffson*, Wirtschaftsprüfung, S. 18.
701 Vgl. oben im 5. Teil, III.

hende Vermögensbetreuungspflicht nur gegenüber dem Auftraggeber in Betracht, etwa in Fällen, in denen der Gutachter von der Gegenseite bestochen wird.

a) Fremdnützige Wahrnehmung von Vermögensinteressen als wesentlicher Inhalt der Tätigkeit

Als Grundlage für eine Vermögensbetreuungspflicht kommt hier der Vertrag zwischen Gutachter und Partei, also ein Rechtsgeschäft in Betracht. Im Gegensatz zum Schiedsgutachten handelt es sich beim Vertrag über ein Privatgutachten um einen reinen Werkvertrag im Sinne des § 631 BGB.[702] Es liegt also keine Geschäftsbesorgung zugrunde, wie nach nicht unbestrittener Auffassung beim Schiedsgutachten.[703] Somit kann auch die Abgrenzung nicht nach den Grundsätzen der Geschäftsbesorgung erfolgen. Dessen ungeachtet müßte der wesentliche Inhalt der Gutachtertätigkeit trotzdem fremdnützig typisiert sein. Der Parteiengutachter könnte – oberflächlich betrachtet – gerade deshalb, weil er nur einen Auftraggeber hat, auch nur einem bestimmten Interesse verpflichtet sein. Denn u.a. gegen eine fremdnützig typisierte Tätigkeit hat bisher gesprochen, daß sowohl der gerichtlich bestellte Sachverständige, wie auch der Schiedsgutachter zwischen zwei Interessenfronten standen. Diese Position könnte bei einem Privatgutachten aufgegeben sein. Der Konflikt des Parteiengutachters liegt aber gerade darin, daß für diesen dieselben Grundsätze gelten, wie für den Sachverständigen oder den Schiedsgutachter. Denn auch ein Parteiengutachter darf nicht einseitig nur die Interessen eines Beteiligten berücksichtigen.[704] Von daher erscheint eine vermögensfürsorgerische Tätigkeit auch beim Privatgutachter bereits zweifelhaft.

Fremde Vermögensinteressen wahrnehmen oder betreuen bedeutet, sich ihrer anstelle des Vermögensinhabers anzunehmen und zumindest vermögenswahrend tätig zu werden.[705] Vermögensinteressen sind dabei subjektiv auf das Erhalten und Mehren von Gewinn gerichtet.[706] Dem folgend übt der Vermögensinhaber die Herrschaft über sein Vermögen aus. Besteht eine fremdnützige Tätigkeit, so gibt der Vermögensinhaber diese Dispositionsmacht mindestens teilweise ab, so daß er sich dem Pflichtigen in gewisser Weise ausliefert.[707] Umgekehrt bedeuten

702 BGH, Urteil vom 26. 10. 1978 in BGHZ 72, 257 (259); BGH, Urteil vom 10. 11. 1994 in BGHZ 127, 378 (384); *Busche* in MüKo zum BGB § 631, Rn. 261; *Sprau* in Palandt, Einf. vor § 631, Rn. 24.

703 Vgl. Fn. 695.

704 *Buchner*, Wirtschaftliches Prüfungswesen, S. 311.

705 *Schünemann* in LK § 266, Rn. 72.

706 *Schünemann* in LK § 266, Rn. 69.

707 *Kindhäuser* in LPK-StGB, § 266, Rn. 20, 22.

daher fremde Vermögensinteressen auch Zwecksetzungen, an die der Täter im Rahmen der Betreuung gebunden ist.[708]

Wer ein Gutachten in Auftrag gibt, bringt damit ein Vermögensinteresse zum Ausdruck. Im Rahmen eines Rechtsstreits offensichtlich gegenüber einer anderen Partei, in anderen Fällen gegenüber beliebig vielen Dritten, wenn es etwa um ein Prospektgutachten im Vorfeld von Anteilsverkäufen geht. Von einer fremdnützigen Tätigkeit des Gutachters kann jedoch nur dann ausgegangen werden, wenn mit Erstellung des Gutachtens eine Tätigkeit übernommen wird, für die ursprünglich der Geschäftsherr selbst zu sorgen hatte, die ihm aber durch den Gutachter abgenommen wurde. In irgendeiner Form nimmt jede Dienstleistung dem Auftraggeber Arbeit ab, so auch die Gutachtertätigkeit. Höchst fraglich ist jedoch, ob im Handeln des Gutachters die Wahrnehmung von Vermögensinteressen für den Geschäftsherrn zu sehen ist. Dann müßte der Gutachter imstande sein, vermögenswahrend tätig werden zu können. Dies ist aber nicht der Fall. Denn der Gutachter hat letztlich keinen Einfluß darauf, ob der Vermögensinhaber seine Entscheidung im Sinne des Gutachtens trifft, oder nicht. Der Auftraggeber dokumentiert mit der Auftragsvergabe gerade, daß er für sein Vermögen weiter selbst fürsorglich tätig sein will. Zur Unterstützung dieser Vermögenssorge ist das Gutachten eine bloße Leistung an den Geschäftsherrn.

Selbst, wenn man die fremdnützig typisierte Tätigkeit noch bejahen würde, scheitert die Vermögensbetreuungspflicht letztlich daran, daß der Gutachter nicht materiell Interner des Auftraggebers ist. Dieses Kriterium ist das letztlich entscheidende Argument gegen die Vermögensbetreuungspflicht. Dann müßte er nämlich selbst als mit der Vermögenssorge Beauftragter erscheinen, das heißt, er müßte dem eigentlichen Vermögensinhaber die Vermögenssorge zumindest zum Teil abnehmen. Vorstellbar wäre beispielsweise, daß der Wirtschaftsprüfer die wirtschaftliche Entwicklung eines Unternehmens gutachterlich bewerten soll. Durch das Gutachten können dem Unternehmen dann Wege aufgezeigt werden, die es am Markt erfolgreicher auftreten lassen. Umgekehrt kann ein bewußt falsches Gutachten zu Verlusten führen. In jedem Fall hat aber der Gutachter keinen Einfluß darauf, ob das Unternehmen die Erkenntnisse aus seinem Gutachten berücksichtigt, oder nicht. Der Gutachter ist bezogen auf das Vermögen des Auftraggebers machtlos, er hat nicht nur keine Dispositionsbefugnis, sondern auch sonst keine Beeinflussungsmöglichkeit.

Genauso verhält es sich etwa mit einem Gutachter, der eine Arbeit zu gewinnbringenden Anlagemöglichkeiten erstellen soll. Entscheidend ist nicht das Thema des Gutachtens, sondern der Grad der Beeinflussungsmöglichkeit. Daher ist der Gutachter auch nicht ausnahmslos dann vermögensbetreuungspflichtig,

---

708 *Kindhäuser* in Nomos-Kommentar § 266, Rn. 43.

wenn er leitender Angestellter des Unternehmens ist, sondern nur dann, wenn er zusätzlich auch einen Einfluß darauf hat, daß die Ergebnisse seines Gutachtens umgesetzt werden. Derartige Mitwirkungsbefugnisse hat ein Gutachter aber klassischerweise nicht. Dies unterscheidet ihn wesentlich vom Prüfer, der vermögenswahrend eingreifen kann, indem er sein Testat versagt und damit auf die Behebung von Mängeln dringt. Der Auftraggeber legt somit sein Vermögen nicht in die Obhut des Gutachters, sondern er verfolgt seine eigenen Vermögensinteressen weiter und will sie durch das Gutachten nur bestätigt wissen. Die vermögensrelevante Entscheidung trifft er letztlich selbst; er wird also nicht vom Gutachter verdrängt. Gegen eine Vermögensbetreuungspflicht spricht zudem, daß der Auftraggeber immer damit rechnen muß, daß das Gutachten auch Positionen enthält, die für ihn negativ sind und so unter Umständen der Gegenseite nützen.[709] Nur so kann aber sichergestellt werden, daß die andere Partei überhaupt auf den Inhalt des Gutachtens vertraut.

Begutachtung beinhaltet die Feststellung, Analyse und Beurteilung von Sachverhalten.[710] Ob der Auftraggeber dadurch Vor- oder Nachteile hat, spielt für den Gutachter keine Rolle. Dies unterscheidet die Begutachtung von der Prüfung, die so ausgestaltet ist, daß Fehler aufgedeckt werden sollen und folglich Schäden vermieden werden. Darauf kommt es dem Gutachter auch für Außenstehende erkennbar nicht an. Er hat keine Schadensabwendungspflicht, die dem Prüfer im Umfang seiner Tätigkeit zukommt.

b) Fazit

Sowohl das Parteiengutachten, wie auch sämtliche andere Gutachtertätigkeiten sind ihrem Inhalt nach nicht geeignet, eine Vermögensbetreuungspflicht zu begründen, weil sie nicht fremdnützig ausgestaltet sind bzw. kein internes Verhältnis begründen. Eine Untreuestrafbarkeit kommt für den Wirtschaftsprüfer als Gutachter damit nicht in Betracht.

III. Ergebnis zur Gutachtertätigkeit

Gutachten lassen sich in Sachverständigengutachten, Schiedsgutachten und Parteiengutachten unterteilen. Der Wirtschaftsprüfer kann auf jedem dieser Felder tätig werden. Für die Strafbarkeit wegen Untreue fehlt es ihm jedoch in jedem dieser Bereiche an der Vermögensbetreuungspflicht.

---

709 *Buchner*, Wirtschaftliches Prüfungswesen, S. 311.
710 *Buchner*, Wirtschaftliches Prüfungswesen, S. 307.

Für die Sachverständigentätigkeit wurde dazu festgestellt, daß der Sachverständige seine Tätigkeit nicht fremdnützig zugunsten einer Partei ausübt.

Auch der Schiedsgutachter nimmt keine fremden Vermögensinteressen einer Partei wahr. Er wird im Interesse beider Parteien tätig und räumt keiner den Vorzug ein.

Gegen die Vermögensbetreuungspflicht des Parteiengutachters spricht, daß der Auftraggeber seine Vermögensinteressen weiterhin selbst wahrnimmt und der Gutachter nicht materiell Interner ist.

7. Teil: Das Verhältnis zwischen § 266 StGB und § 332 HGB

I. Einleitung

Wie gezeigt, ist eine Strafbarkeit des Wirtschaftsprüfers zwar in vielen Fällen der Prüfungstätigkeit möglich, zu klären bleibt aber noch, ob sie vom Gesetzgeber und nach der Systematik des Gesetzes auch gewünscht ist, oder ob die Regelung des § 332 HGB als abschließend angesehen werden muß. Aufgrund der zahlreichen Literatur[711] soll im folgenden auf die einzelnen Tatbestandsmerkmale des § 332 HGB nur kurz eingegangen werden, bevor dann das Verhältnis zwischen beiden Tatbeständen näher untersucht wird.

II. Der Tatbestand des § 332 HGB

§ 332 HGB lautet:

(1) Mit Freiheitsstrafe bis zu drei Jahren oder mit Geldstrafe wird bestraft, wer als Abschlußprüfer oder Gehilfe eines Abschlußprüfers über das Ergebnis der Prüfung eines Jahresabschlusses, eines Einzelabschlusses nach § 325 Abs. 2a, eines Lageberichts, eines Konzernabschlusses, eines Konzernlageberichts einer Kapitalgesellschaft oder eines Zwischenabschlusses nach § 340a Abs. 3 oder eines Konzernzwischenabschlusses gemäß § 340i Abs. 4 unrichtig berichtet, im Prüfungsbericht (§ 321) erhebliche Umstände verschweigt oder einen inhaltlich unrichtigen Bestätigungsvermerk (§ 322) erteilt.

(2) Handelt der Täter gegen Entgelt oder in der Absicht, sich oder einen anderen zu bereichern oder einen anderen zu schädigen, so ist die Strafe Freiheitsstrafe bis zu fünf Jahren oder Geldstrafe.

---

711 Statt vieler sei hier die Dissertation von *Winkeler* mit dem Titel „Strafbarkeit inhaltlich unrichtiger Bestätigungsvermerke" aus dem Jahr 2000 genannt. Desweiteren vgl. *Dierlamm* in NStZ 2000, S. 130; *Krekeler* in StraFo 1999, S. 217; *Wimmer* in DStR 1997, S. 1931 (1935).

1. Rechtsgut und Deliktscharakter

§ 332 HGB schützt das Vertrauen in Richtigkeit und Vollständigkeit der aufgezählten Prüfungsleistungen.[712] Dieses Rechtsgut könnte im Hinblick auf die Straferhöhung in Absatz 2 problematisch sein, da dieser nur an die Absicht des Täters anknüpft und nicht an sein Schädigungspotential. Absatz 2 beinhaltet eine Qualifikation. Qualifikationen dienen grundsätzlich dazu, den Grundtatbestand um spezielle Merkmale zu erweitern.[713] Der Zusammenhang zwischen Grundtatbestand und Qualifikation ist bei § 332 HGB nicht ersichtlich, da Absatz 2 auch jedem beliebigen anderen Delikt angefügt sein könnte. Tatsächlich erweitert Absatz 2 die Beziehung zwischen Täter und Verletztem um die speziellen Merkmale der Bereicherungs- und Schädigungsabsicht. Das Vertrauen des Opfers in den Wirtschaftsprüfer, das durch unrichtige Testate ohnehin schwindet, wird in besonderem Maße durch einen Täter erschüttert, der die vorstehenden Absichten aufweist. Die Täter-Opfer-Beziehung muß dann aber auch bei der Rechtsgutsbestimmung des Grundtatbestandes Erwähnung finden. Daher sollte als Rechtsgut neben der Vollständigkeit und Richtigkeit der aufgezählten Prüfungsleistungen auch das Vertrauen in einen gerade unparteiisch geprüften Abschluß bezeichnet werden.[714]

Bei § 332 HGB handelt es sich um ein abstraktes Gefährdungsdelikt. Da Täter nur Abschlußprüfer sowie deren Gehilfen sein können, liegt ein echtes Sonderdelikt vor.[715]

2. Die Tatbestandsmerkmale

a) Täterkreis

Nach dem eindeutigen Wortlaut der Norm kann Täter nur ein Abschlußprüfer oder der Gehilfe eines Abschlußprüfers sein. Gemäß § 319 Abs. 1 S. 1 HGB können Abschlußprüfer Wirtschaftsprüfer oder Wirtschaftsprüfungsgesellschaften sein. Abschlußprüfer von Jahresabschlüssen und Lageberichten mittelgroßer Gesellschaften mit beschränkter Haftung oder von mittelgroßen Personenhandelsgesellschaften können gemäß § 319 Abs. 1 S. 2 HGB auch vereidigte Buchprüfer und Buchprüfungsgesellschaften sein. Wird nicht ein einzelner Prüfer,

712 *Quedenfeld* in MüKo zum HGB § 332, Rn. 1.
713 *Wessels/Beulke*, StrR AT, Rn. 109.
714 So auch *Otto* in Heymann, HGB, § 332, Rn. 2, der als Rechtsgut das Vertrauen in die Richtigkeit der gewissenhaft und unparteiisch geprüften Abschlüsse ansieht.
715 *Dierlamm* in NStZ 2000, S. 130 (131).

sondern eine Gesellschaft als Prüfer bestellt, so ist Täter der für die Gesellschaft persönlich handelnde Prüfer; eine direkte Strafbarkeit der Gesellschaft scheidet aus.[716] Die Strafbarkeit der natürlichen Person ergibt sich für ein vertretungsberechtigtes Organ aus § 14 Abs. 1 Nr. 1 StGB und für den Angestellten einer Prüfungsgesellschaft aus § 14 Abs. 2 Nr. 2 StGB.[717]

Als Gehilfe des Abschlußprüfers kommt vom Wortlaut her zunächst jeder unterstützend Tätige in Betracht. Da die Norm jedoch das Vertrauen in Prüfungsleistungen schützt, ist der Täterkreis dahingehend einzuschränken, daß Prüfungsgehilfe nur ist, wer eine prüfungsspezifische Tätigkeit ausübt und damit einen Einfluß auf das Prüfungsergebnis haben kann.[718]

b) Tatobjekte und Tathandlungen

§ 332 Abs. 1 HGB unterscheidet drei Tatvarianten: die unrichtige Berichterstattung über das Prüfungsergebnis, das Verschweigen erheblicher Umstände im Prüfungsbericht und die Erteilung eines unrichtigen Bestätigungsvermerkes.

Die Berichterstattung ist unrichtig, wenn das mitgeteilte Ergebnis von den wirklichen Prüfungsfeststellungen abweicht. Es kommt also auf den subjektiven Kenntnisstand des Prüfers an und nicht auf die Abweichung des Berichts von der Wirklichkeit.[719] Das hängt damit zusammen, daß § 332 HGB das Vertrauen in die Richtigkeit der Leistung schützt und nicht in die Richtigkeit des Ergebnisses. Der Prüfer muß den Bericht seinen subjektiven Feststellungen gemäß erstellen. Wäre er der Wahrheit verpflichtet, würde dies dazu führen, daß seitens der Öffentlichkeit unerfüllbare Erwartungen an ihn herangetragen würden. Zudem ergibt sich das praktische Problem, daß die Prüfung innerhalb eines überschaubaren Zeitraumes abgeschlossen sein muß. Keinem Prüfer ist es möglich, die ganze Wahrheit über jeden einzelnen Geschäftsvorfall des Unternehmens zu erfahren, sondern der Bericht ist immer die Zusammenfassung aus einzelnen Feststellungen, die ab einer bestimmten Dichte ein Urteil erlauben.

Umstände verschweigt, wer bestimmte betriebswirtschaftliche Tatbestände unerwähnt läßt. Die Umstände müssen erheblich sein, was nur dann anzunehmen ist, wenn der Berichtsadressat bei ihrer Kenntnis zu einer anderen Beurteilung gelangt wäre.[720] Letztendlich kann der objektive Tatbestand auch durch die Ertei-

716 *Winkeler*, Strafbarkeit inhaltlich unrichtiger Bestätigungsvermerke, S. 84.
717 *Quedenfeld* in MüKo zum HGB § 332, Rn. 5.
718 *Otto* in Heymann, HGB, § 332, Rn. 7.
719 *Hoffmann/Knierim* in BB 02, S. 2275 (2276); *Otto* in Heymann, HGB, § 332, Rn. 15; *Wiedmann* in Ebenroth/Boujong/Joost, HGB § 332, Rn. 3.
720 *Otto* in Heymann, HGB, § 332, Rn. 22; *Quedenfeld* in MüKo zum HGB § 332, Rn. 24; *Wiedmann* in Ebenroth/Boujong/Joost, HGB § 332, Rn. 8.

lung eines unrichtigen Bestätigungsvermerks erfüllt werden. Der Bestätigungsvermerk ist unrichtig, wenn er nicht den nach dem Ergebnis der Prüfung erforderlichen Inhalt hat.[721]

c) Subjektiver Tatbestand

Ausreichend für die Tatbestandsverwirklichung ist sowohl direkter wie auch bedingter Vorsatz.[722] Dolus eventualis ist nach Ansicht von *Dierlamm* jedoch nur hinsichtlich des Verschweigens erheblicher Umstände denkbar.[723] Bezüglich der unrichtigen Berichterstattung sowie des Erteilens eines unrichtigen Bestätigungsvermerkes würde immer direkter Vorsatz vorliegen. Er begründet dies mit der im objektiven Tatbestand geforderten Divergenz zwischen den Feststellungen des Prüfers und dem, was er letztlich verlautbart. *Dierlamm* setzt voraus, daß der Prüfer immer positiv weiß, ob sich seine Feststellungen mit dem Endergebnis decken, oder nicht. Vorstellbar ist aber genauso, daß der Prüfer seine Prüfungsfeststellungen im Endergebnis so oberflächlich und schlampig verarbeitet, daß er einen unrichtigen Bericht oder Bestätigungsvermerk nur für möglich hält. Der Ansicht *Dierlamms* ist daher nicht zu folgen.

d) Qualifikation

Absatz 2 enthält einen Qualifikationstatbestand für die Fälle, in denen der Täter gegen Entgelt oder in der Absicht handelt, sich oder einen anderen zu bereichern oder zu schädigen. Der Begriff Entgelt ist in § 11 Abs. 1 Nr. 9 StGB – der über § 1 EGStGB hier anwendbar ist – als jede in einem Vermögensvorteil bestehende Gegenleistung legaldefiniert. Immaterielle und sonstige Begünstigungen sind kein Entgelt.[724] Wann oder ob der Täter das Entgelt erhält, ist irrelevant, entscheidend ist die Vereinbarung vor der Tat.[725] Außerdem muß zwischen Entgelt und strafbarer Handlung ein synallagmatischer Zusammenhang bestehen.[726]

---

721 *Hoffmann/Knierim* in BB 02, S. 2275 (2276); *Quedenfeld* in MüKo zum HGB § 332, Rn. 9; *Wiedmann* in Ebenroth/Boujong/Joost, HGB § 332, Rn. 9.

722 *Krekeler* in StraFo 1999, 217 (221).

723 *Dierlamm* in NStZ 2000, 130 (132).

724 *Eser* in Schönke/Schröder § 11, Rn. 71; *Lackner/Kühl* § 11, Rn. 22; *Radtke* in MüKo zum StGB § 11, Rn. 103.

725 *Otto* in Heymann, HGB, § 332, Rn. 33; *Quedenfeld* in MüKo zum HGB § 332, Rn. 45; *Tiedemann* in Scholz, GmbHG, § 85, Rn. 33.

726 *Gribbohm* in LK § 11, Rn. 107; *Radtke* in MüKo zum StGB § 11, Rn. 103; *Tiedemann* in Scholz, GmbHG, § 85, Rn. 33.

Der Täter will sich oder einen anderen bereichern, wenn er einen Vermögensvorteil erstrebt. Nicht erforderlich ist die Rechtswidrigkeit des Vermögensvorteils.[727]

Das Erfordernis der Schädigungsabsicht greift sehr weit aus. Geschädigt werden kann jede dritte Person, nicht nur die Kapitalgesellschaft oder der Konzern. Außerdem ist nicht erforderlich, daß es sich um einen materiellen Schaden handelt. Jede Art von Schaden ist ausreichend,[728] will man die Grenze zwischen Schädigungs- und Bereicherungsabsicht nicht verwischen. Denn bei der Bereicherungsabsicht muß dem erstrebten Vermögensvorteil ein Vermögensnachteil bei einer anderen Person gegenüberstehen.[729] Bei der Schädigungsabsicht braucht ein endgültiger Schaden nicht einzutreten. Mithin können immaterielle Schäden ebensowenig ausgeschlossen werden, wie Vorfeldschäden.

III. Anwendbarkeit des § 266 StGB neben § 332 HGB

Zu klären ist, ob § 332 HGB vor § 266 StGB Anwendungsvorrang genießt oder die handelsgesetzliche Regelung nach dem gesetzgeberischen Inhalt abschließend sein soll. Obwohl der Wortlaut keinerlei Anhaltspunkte für eine vorrangige Anwendung des § 332 HGB bietet und der Schutz unterschiedlicher Rechtsgüter – Vertrauen in die Wahrhaftigkeit von Prüfungsbericht und Bestätigungsvermerk[730] sowie ihre gewissenhafte Prüfung und Vermögen – eher Gegenteiliges vermuten läßt, sollen an dieser Stelle noch einige weitere Argumente aufgeführt werden.

Ausgangspunkt ist zunächst die Feststellung, daß die Verletzung der Berichtspflicht zum einen das Vertrauen in die Richtigkeit der Prüfungsleistung zerstört, zusätzlich aber in vielen Fällen auch zu einem Vermögensschaden führen kann.

Ein Argument für die parallele Anwendbarkeit beider Vorschriften erschließt sich, wenn man sich vergegenwärtigt, welche Verletzung für das Opfer im Vordergrund steht, wenn durch einen inhaltlich unrichtigen Bestätigungsvermerk ein Vermögensschaden beigebracht wird. Für die Gesellschaft dürfte der eigene Vermögensverlust, also die Verletzung des Rechtsgutes von § 266 StGB gravierender sein als der über § 332 HGB pönalisierte Vertrauensverlust in die Prü-

---

727 Streitig, wie hier *Quedenfeld* in MüKo zum HGB § 332, Rn. 46 mwN.; a. A. *Otto* in Heymann, HGB, § 332, Rn. 34 mwN.

728 Str.: wie hier *Quedenfeld* in MüKo zum HGB § 332, Rn. 48; *Schaal* in Rowedder/Schmidt-Leithoff, GmbHG, § 85, Rn. 28; *Tiedemann* in Scholz, GmbHG, § 85, Rn. 35; a. A. *Otto* in Heymann, HGB, § 332, Rn. 37 mwN.

729 *Winkeler*, Strafbarkeit inhaltlich unrichtiger Bestätigungsvermerke, S. 139.

730 *Dierlamm* in NStZ 2000, S. 130 (131).

fungsleistung. Das Bild vervollständigt sich also erst, wenn man neben § 332 HGB auch § 266 StGB für anwendbar erklärt. Beide Tatbestände unterscheiden sich maßgeblich darin, daß § 332 HGB als abstraktes Gefährdungsdelikt und § 266 StGB als Verletzungsdelikt ausgestaltet ist. § 332 HGB eröffnet in seinem Grundtatbestand eine Freiheitsstrafe von bis zu drei Jahren. Nur über die qualifizierte Bereicherungs- oder Schädigungsabsicht ist eine Freiheitsstrafe bis zu fünf Jahren möglich. Bei fünf Jahren setzt auch die Untreue an, wenn der Täter den Schaden vorsätzlich verursacht. Der Gesetzgeber wertet die beabsichtigte Schädigung also genauso hoch, wie den Schädigungsvorsatz. Man könnte deswegen der Auffassung sein, es bedürfe des Untreuetatbestandes neben § 332 HGB nicht mehr, da sich am Strafmaß ohnehin nichts ändert. Dagegen sprechen jedoch drei Gesichtspunkte.

Zunächst drückt sich für einen Täter, durch dessen Tat tatsächlich ein Schaden eingetreten ist, dieser in einer Verurteilung wegen Verletzung der Berichtspflicht gar nicht aus. Dem Täter wird die mit bestimmten Absichten vorgenommene gewissenlos falsche Buchführung vorgeworfen, daneben hat ein unter Umständen erheblicher Schaden des Unternehmens für das Urteil keine Bedeutung, denn selbst bei der Schädigungsabsicht kommt es auf den Eintritt des Erfolges nicht an. Die eigentliche Konsequenz seiner Handlung wird dem Täter also gar nicht vor Augen geführt.

Hinzu kommt, daß berufliches Fehlverhalten des Prüfers besonders schadensträchtig ist, da es, wenn es über Jahre andauert, zum Zusammenbruch selbst großer Unternehmen führen kann.[731] In Anbetracht dieses Zusammenhanges ist es nicht ausreichend, das Verhalten des Prüfers nur mit einem abstrakten Gefährdungsdelikt zu ahnden, das den Schaden schon vom Strafmaß her unberücksichtigt läßt. Denn die Schädigungsabsicht dürfte im Zweifel schwer nachzuweisen sein, so daß bei § 332 HGB die Höchststrafe bei drei Jahren liegt. Dagegen kann bei einem Vermögensverlust großen Ausmaßes gemäß § 266 Abs. 2 iVm § 263 Abs. 3 Nr. 2 StGB eine Freiheitsstrafe von bis zu zehn Jahren verhängt werden. Es ist also gerade nicht der Fall, daß § 266 StGB den Schadenseintritt pauschal genauso bewertet, wie § 332 HGB die Schädigungsabsicht. § 266 StGB läßt vielmehr eine Differenzierung zwischen geringeren und höheren Schäden zu.

Der dritte Gesichtspunkt betrifft den Vorsatz. Bereits oben[732] wurde deutlich gemacht, daß es für Wirtschaftsprüferfälle häufig entscheidend auf die Abgrenzung zwischen dolus eventualis und bewußter Fahrlässigkeit ankommt. Handelt der Täter nur mit dolus eventualis, so ist § 332 Abs. 2 HGB nicht mehr einschlägig, so daß es bei einer Höchststrafe von nur drei Jahren bleiben muß. Zudem

---

731 *Krekeler* in StraFo 1999, S. 217.
732 Vgl. auf 5. Teil, VII 2.

wird wieder der eingetretene Schaden nicht berücksichtigt. Dies zeigt, daß die Anwendung des § 266 StGB neben § 332 HGB nicht nur gerechtfertigt, sondern auch notwendig ist.

Eine weitere Schwierigkeit besteht im Hinblick auf den Täterkreis des § 332 HGB. Fraglich ist nämlich, ob sich neben dem ordnungsgemäß bestellten Abschlußprüfer auch der nicht ordnungsgemäß bestellte Prüfer strafbar macht. Zu denken ist etwa an einen vereidigten Buchprüfer, der entgegen § 319 Abs. 1 HGB zum Abschlußprüfer einer AG gewählt wird. Auch er soll tauglicher Täter des § 332 HGB sein.[733] Zwingend ist das aber, gerade was den Wortlaut angeht, nicht.[734] § 266 StGB umgeht dieses Problem, weil er an die Vermögensbetreuungspflicht und nicht an die Qualifikation des Prüfers und seine Berufszugehörigkeit anknüpft. § 266 StGB setzt also keinen ordnungsgemäß bestellten Prüfer voraus, sondern die Art der Bestellung ist gar nicht entscheidend.

Die parallele Anwendbarkeit beider Vorschriften wäre erst dann fraglich, wenn § 332 HGB dem § 266 StGB angenähert würde, wenn also etwa in einem Absatz 3 zu § 332 HGB als zusätzliche Qualifikation der tatsächliche Schadenseintritt genannt würde. Konkret ist dies bisher nicht diskutiert worden. Allerdings hat das Bundesministerium für Justiz 2003 unter der Überschrift „Die Bundesregierung stärkt Anlegerschutz und Unternehmensintegrität" auch zur Verschärfung der Strafvorschriften für Delikte im Kapitalbereich Ideen unterbreitet. So wurde für § 332 HGB die Anhebung des Strafrahmens für den Grundtatbestand und die Gewinnerzielungsabsicht vorgeschlagen. Desweiteren sollte der Verschuldensmaßstab in bestimmten gravierenden Fällen auf Leichtfertigkeit abgesenkt werden, ausdrücklich auch wegen der Schwierigkeit, den Vorsatz nachzuweisen.[735] Zur Umsetzung dieser Vorschläge ist es bisher nicht gekommen, so daß die Anwendung der Untreue jedenfalls derzeit notwendig ist, um Lücken zu schließen.

Letztlich sei noch angemerkt, daß die starre Einteilung in Tathandlungen und Tatobjekte notwendigerweise zu Lücken führt. So gilt § 332 HGB nicht für freiwillige Abschlußprüfungen und alle anderen Prüfungsleistungen. Für Gründungs- und Sonderprüfungen im Aktienrecht kommt dann als lex generalis nur noch

733 *Hoyos/H. P. Huber* in Beck`scher Bilanzkomm. § 332, Rn. 35; *Krekeler* in StraFo 1999, S. 217 (219); *Otto* in Heymann, HGB, § 332, Rn. 9 mwN.; *Quedenfeld* in MüKo zum HGB § 332, Rn. 6.

734 Zweifelnd zunächst *Winkeler*, Strafbarkeit inhaltlich unrichtiger Bestätigungsvermerke S. 77 ff., der nach eingehender Prüfung aber zum Ergebnis der übrigen Literatur gelangt.

735 www.bmj.de/enid/Corporate_Governance/Bundesregierung_staerkt_Anlegerschutz_und_Unternehmens-integritaet_ai.html. Zuletzt abgerufen am 26. 07. 2006.

§ 403 AktG in Betracht.[736] Für die Gründungsprüfung ist aber wiederum keine Untreue möglich. Gleiches gilt für die dem § 403 AktG entsprechenden Vorschriften der §§ 18 PublG, 314 UmwG, 150 GenG und § 137 VAG.

IV. Konkurrenzverhältnis von § 266 StGB zu § 332 HGB

Die verschiedenen Tatalternativen bilden eine einheitliche Verletzung der Berichtspflicht.[737] Kommt es durch die verschiedenen Varianten der unrichtigen Testierung in Absatz 1 zu einem Schaden, so kann daneben eine Untreue gegeben sein. In einem solchen Fall hat dieselbe Handlung mehrere Strafgesetze verletzt, so daß Tateinheit gemäß § 52 Abs. 1 StGB vorliegt,[738] obwohl es sich bei § 332 HGB um ein Gefährdungsdelikt handelt und § 266 StGB ein Verletzungsdelikt darstellt. Das Gefährdungsdelikt tritt hinter die Verletzungstat nämlich nur dann zurück, wenn es sich jeweils um dasselbe Rechtsgut handelt und die Gefährdung nicht über die Verletzung hinausreicht.[739] Auf abstrakte Gefährdungsdelikte trifft dies in der Regel nicht zu. Auch für § 332 HGB und § 266 StGB gilt, daß beide Tatbestände unterschiedliche Rechtsgüter schützen und das Vertrauen in Prüfungsbericht und Bestätigungsvermerk überindividuell neben dem Vermögen geschützt werden muß. Dies gilt auch, wenn mit Bereicherungs- oder Schädigungsabsicht gemäß § 332 Abs. 2 HGB gehandelt wurde.

---

736 *Bernsmann* in Anwaltkomm. zum Aktienrecht, § 403, Rn. 2.
737 *Otto* in Heymann, HGB, § 332, Rn. 43.
738 *Otto* in Heymann, HGB, § 332, Rn. 45.
739 *Jescheck/Weigend*, Lehrbuch des Strafrechts, § 69 II 2; *Stree/Sternberg-Lieben* in Schönke/Schröder Vorbem §§ 52 ff., Rn. 117.

8. Teil: Beispiele

I. Einleitung

Die folgenden Beispiele sollen die erarbeiteten Erkenntnisse durch ihren Bezug zur Praxis verständlicher machen. Dabei wird ausschließlich auf die Prüfungstätigkeit des Wirtschaftsprüfers einzugehen sein, da es bei der Gutachtertätigkeit – wie oben dargestellt – schon an einer Vermögensbetreuungspflicht fehlt, so daß der Untreuetatbestand allenfalls für Fälle der Beihilfe zum Tragen kommen kann. Möglich wäre es etwa, daß der Wirtschaftsprüfer ein gefälschtes Gutachten über angeblich lukrative Anlagemöglichkeiten erstellt, das dann ein Anlageberater gebraucht, um anvertraute Gelder eines Kunden zu veruntreuen.

Für die Fälle der Prüfungstätigkeit wird dann vermehrt auf Probleme und Gestaltungen bei der Tathandlung, dem Taterfolg und dem Vorsatz einzugehen sein und die Vermögensbetreuungspflicht anders als im theoretischen Teil der Arbeit eher in den Hintergrund rücken. Das liegt daran, daß sie ein Herrschaftszustand, eine Herrschaftsposition ist, deren Vorliegen im Rahmen der Prüfung von Gesellschaften oben bereits untersucht und bejaht wurde. Die Probleme verdichten sich eher bei der Verletzung, beim Schaden und beim Vorsatz, da besonders der Vorsatz als subjektives Element stark vom Einzelfall abhängig ist.

II. Untreuerelevante Konstellationen

1. Aufdeckung von Unterschlagungen[740]

a) Sachverhalt

Der Vorstand einer AG hatte raffinierte Fälschungen von Bilanzen vorgenommen, um Unterschlagungen zu vertuschen. Dem Vorgänger des derzeitigen Abschlußprüfers war während der laufenden Prüfung das Mandat entzogen worden. In unmittelbarer zeitlicher Nähe zu diesem Wechsel des Abschlußprüfers war der Aufsichtsratsvorsitzende zurückgetreten. Der derzeitige Prüfer findet unter dem

740 Der folgende Fall ist angelehnt an ein Urteil des OLG Düsseldorf vom 27. 06. 1996, abgedruckt in ZIP 1997, S. 787 - 791.

zu prüfenden Jahresabschluß ein versagtes Testat[741] des Amtsvorgängers. Der Vorstand verbietet dem Prüfer jedoch die Kontaktaufnahme mit dem Vorgänger.

Der Abschlußprüfer nimmt keine gezielte Prüfung auf Unterschlagungen vor; diese bleiben ihm infolgedessen verborgen und werden fortgesetzt, bis sie später im Zuge einer Innenrevision mehr zufällig aufgedeckt werden. Durch die mangelhafte Prüfung seitens des Abschlußprüfers erhöhte sich für die Gesellschaft der Betrag des unterschlagenen Vermögens.

b) Lösung

Untersucht wird die Strafbarkeit des letzten Abschlußprüfers hinsichtlich § 266 StGB und § 332 HGB.

Seine Vermögensbetreuungspflicht für das Vermögen der zu prüfenden Gesellschaft ist zu bejahen.[742] Im Hinblick auf die Tathandlung enthält der Fall jedoch das Problem, ob bei der Nichtaufdeckung von Unterschlagungen von einer Pflichtverletzung auszugehen ist. Im übrigen ist auf den Schädigungsvorsatz näher einzugehen.

Die Tathandlung wird durch Unterlassen begangen, was ausreichend ist.[743] Der Prüfer hat es versäumt, eine gezielte Prüfung nach Unterschlagungen vorzunehmen. Das Ausstellen des Testates durch aktives Tun war pflichtgemäß, weil der Prüfer genau das testiert hat, was sich ihm im Rahmen der Prüfung auch eröffnet hat. Hier stellt sich die Frage, wo der Pflichtenkreis eines Abschlußprüfers endet, wenn es sich um Unregelmäßigkeiten außerhalb des Prüfungsgegenstandes handelt. Das OLG Düsseldorf hat entschieden, daß bei besonderen Anhaltspunkten für eine Unterschlagung, diesen nachzugehen ist. „Grundsätzlich gehört die Aufdeckung von Unterschlagungen zum Funktionsbereich der Abschlußprüfung.“[744] Damit ist sie auch Teil der dem Abschlußprüfer zukommenden Vermögensbetreuungspflicht. Die Umfrage unter Wirtschaftsprüfern ergab jedoch ein anderes Bild. Seitens der Berufsangehörigen wurde darauf hingewiesen, daß der Wirtschaftsprüfer im Rahmen der gesetzlichen Abschlußprüfung Verluste nicht aufdecken kann, die auf mit krimineller Energie ausgeführte Handlungen zurückgehen und in den Büchern nicht oder falsch dargestellt werden. Daß der Prüfer

---

741 Der Wirtschaftsprüfer versagt das Testat bei wesentlichen Einwendungen, so etwa bei Verletzung wesentlicher Vorlage- und Auskunftspflichten oder wenn die Buchführung so mangelhaft ist, daß sie sich der Nachprüfung entzieht. (*Hopt/Merkt* in Baumbach/Hopt, HGB § 322, Rn. 8).

742 Vgl. oben 5. Teil, II 7.

743 Vgl. oben 5. Teil, IV 1 a).

744 Leitsatz (Auszug) aus dem Urteil des OLG Düsseldorf vom 27. 06. 1996 in ZIP 1997, S. 787.

Unregelmäßigkeiten außerhalb des Prüfungsgegenstandes im Einzelfall nicht erkennen kann, darf jedoch aus Rechtsschutzgründen nicht von vornherein dazu führen, daß der Pflichtenkreis des Prüfers auch nicht weiter reicht, als der Gegenstand selbst. Dann nämlich würden sich Straftäter innerhalb des Unternehmens umso sicherer fühlen. Zur genauen Grenzbestimmung des Pflichtenkreises ist jedoch entscheidend, was unter den besonderen Anhaltspunkten zu verstehen ist. Das OLG Düsseldorf hielt die im vorliegenden Fall dargestellten Anhaltspunkte für nicht ausreichend. Dies mag zum Teil dem Umstand geschuldet sein, daß die Gesellschaft nicht substantiiert genug vorgetragen hat, aus welchen Gründen im einzelnen Rückschlüsse auf mögliche Unterschlagungen hätten gezogen werden müssen. Dennoch verwundert die Entscheidung in Anbetracht der Häufung von Indizien.[745] So kann nach Ansicht des OLG Düsseldorf der Rücktritt eines Aufsichtsratsvorsitzenden verschiedene Gründe haben, muß also nicht zwingend auf Unregelmäßigkeiten hindeuten und eine Kontaktaufnahme mit dem Vorprüfer sei nicht möglich gewesen, da der Vorstand diesen nicht von seiner Verschwiegenheitspflicht entbunden habe. Auch, wenn der Abschlußprüfer unter den geschilderten Umständen einen schwierigen Stand hat, führt diese Rechtsprechung zu einer unannehmbaren Einschränkung des prüferischen Pflichtenkreises und damit zur Aufgabe des Vermögensschutzes der Gesellschaft. Zudem erschließt sich nicht, wann die Rechtsprechung nun die besonderen Anhaltspunkte annimmt, die für den Abschlußprüfer ein Hinweis auf Unterschlagungen sein müssen.[746] Viel eindeutiger wäre es, den Abschlußprüfer grundsätzlich bei jedem Anhaltspunkt zu Nachforschungen zu verpflichten, um die Abschlußprüfung nicht zu einer lästigen Nutzlosigkeit verkommen zu lassen. Es ist der Rechtsprechung jedoch darin zuzustimmen, daß eine gezielte Suche nach Unterschlagungen ohne Anhaltspunkte nicht zu fordern ist.[747]

Somit bleibt festzuhalten, daß die Aufdeckung der Unterschlagungen vorliegend in den Pflichtenkreis des Abschlußprüfers gefallen sind und er durch sein Untätigbleiben seine Vermögensbetreuungspflicht verletzt hat.

Hätte der Abschlußprüfer die Unterschlagungen aufgedeckt, wäre es nicht zu einem weiteren Vermögensverlust der Gesellschaft gekommen, so daß hier ein Schaden in Form einer endgültigen Einbuße zu bejahen ist.

745 So auch *Heni* in seiner Anmerkung zum Urteil in ZIP 1997, S. 791.

746 „Besondere Verdachtsmomente, die den Prüfer dazu verpflichten, verstärktes Augenmerk auf dolose Handlungen zu legen, liegen nach Ansicht des Gerichts vermutlich nur dann vor, wenn dem Prüfer ein Dossier über kriminelle Bilanzmanipulationen zugespielt wird, in dem bereits die genaue Fundstelle des versteckten Aktenordners im Vorstandsbüro offengelegt wird.“ *Heni*, Anmerkung in ZIP 1997, S. 791 (792).

747 OLG Düsseldorf, Urteil vom 27. 06. 1996 in ZIP 1997, S. 787 (788).

Fraglich ist jedoch, ob dem Wirtschaftsprüfer vorsätzliches Handeln vorgeworfen werden kann. Direkter Vorsatz ist zu verneinen, es kommt vielmehr auf die Abgrenzung zwischen dolus eventualis und bewußter Fahrlässigkeit an. Dolus eventualis läge vor, wenn der Wirtschaftsprüfer den als möglich angesehenen Erfolg einer Vermögensschädigung billigend in Kauf nehmen würde.[748] Ein Indiz dafür wäre das Streben nach einem außertatbestandlichen finanziellen Vorteil. Dies liegt hier zwar nicht vor, es entbindet allerdings auch nicht von einer eingehenden Prüfung. Vorliegend gibt es jedoch keine Anhaltspunkte, die darauf hindeuten, daß sich der Wirtschaftsprüfer mit dem Erfolg abfindet. Somit handelte er nicht vorsätzlich.

Im Ergebnis bleibt festzuhalten, daß sich der Abschlußprüfer nicht wegen Untreue strafbar macht.

Anzudenken wäre ferner, ob sich der Prüfer gemäß § 332 Abs. 1 HGB strafbar gemacht hat. Vorliegend handelt es sich um den Prüfer eines Jahresabschlusses im Sinne der Vorschrift. Dieser müßte entweder unrichtig berichtet, erhebliche Umstände verschwiegen oder einen unrichtigen Bestätigungsvermerk erteilt haben. Der Bericht ist nur dann unrichtig, wenn das mitgeteilte Ergebnis von den wirklichen Prüfungsfeststellungen abweicht.[749] Dem Prüfer sind die Unterschlagungen verborgen geblieben. Er erstellt also aufgrund fehlerhafter Feststellungen einen objektiv unrichtigen Bericht. Über die ihm bekannten Feststellungen berichtet er jedoch zutreffend und allein darauf und nicht auf die Abweichung von der Wirklichkeit kommt es an. Daher berichtet der Prüfer nicht unrichtig. Verschweigen kann der Prüfer nur Umstände, die ihm auch bekannt sind. Vorliegend war dem Prüfer bekannt, daß sein Vorgänger ein Testat versagt hatte und ihm die Kontaktaufnahme mit diesem Vorgänger verboten war. Diese Umstände müßten erheblich sein. Erheblich sind insbesondere solche Umstände, die die in § 317 und § 321 HGB normierten Pflichten betreffen. Gemäß § 321 Abs. 1 S. 3 HGB hat der Prüfer über Tatsachen zu berichten, die schwerwiegende Verstöße der gesetzlichen Vertreter gegen das Gesetz erkennen lassen. Wird dem Prüfer vom Vorstand die Kontaktaufnahme mit seinem Vorgänger verboten, so drängt sich besonders vor dem Hintergrund des versagten Testates der Verdacht auf, daß der Vorstand etwas verbirgt. Damit hat der Prüfer einen erheblichen Umstand im Sinne des § 332 Abs. 1, Alt. 2 HGB verschwiegen. Allerdings erteilt er keinen unrichtigen Bestätigungsvermerk gemäß § 332 Abs. 1, Alt. 3 HGB, da er ein uneingeschränktes Testat nach dem Ergebnis seiner oberflächlichen Prüfung abgeben durfte.

---

748 Vgl. oben 5. Teil, VII 1.

749 *Quedenfeld* in MüKo zum HGB § 332, Rn. 17.

Der Prüfer könnte subjektiv mit dolus eventualis gehandelt haben. Dies ist insbesondere dann der Fall, wenn er konkrete Anhaltspunkte dafür hat, daß erhebliche Vorgänge nicht entdeckt sind.[750] Dies ist zu bejahen, so daß sich der Prüfer gemäß § 332 Abs. 1, Alt. 2 HGB strafbar macht.

2. *Unordentliche Buchführung*[751]

a) Sachverhalt

Die zu prüfende Buchführung eines Unternehmens enthält eine Vielzahl im einzelnen nicht mehr feststellbarer Falschbuchungen und unterlassener Buchungen, so daß der Vermögensstand des Unternehmens nicht mehr nachvollzogen werden kann. Begründete Ansprüche sind fehlerhaft gebucht worden, so daß ohne eine Berichtigung ihr Verlust droht. Bei Fortführung dieser Praxis werden wirtschaftlich richtige Entscheidungen nicht mehr getroffen werden können. Der Prüfer weiß das, erteilt aber dennoch einen uneingeschränkten Bestätigungsvermerk, weil er dafür gesondert entlohnt wird. Infolgedessen können die Bücher erst so spät berichtigt werden, daß ein Vermögensverlust durch wirtschaftliche Fehlentscheidungen und den Verlust von Ansprüchen nicht mehr vermieden werden kann.

b) Lösung

Es soll die Strafbarkeit des Wirtschaftsprüfers nach § 266 StGB und § 332 HGB untersucht werden.

Die Verletzungshandlung liegt in der Erteilung des uneingeschränkten Bestätigungsvermerks. Näherer Erläuterung bedarf vorliegend der Schaden. Zum Zeitpunkt der rechtlichen Beurteilung ist noch keine rechnerisch ermittelbare Einbuße eingetreten, so daß es sich um einen Vorfeldschaden handeln könnte, der von der bloßen Vermögensgefährdung abzugrenzen ist.[752] Dabei könnte der Vorfeldschaden hier in zweifacher Hinsicht vorliegen. Zum einen, weil der Verlust von Ansprüchen droht und zum anderen, weil wirtschaftlich richtige Entscheidungen nicht mehr getroffen werden können. Nach der Rechtsprechung ist eine Vermögensgefährdung nur dann schadensbegründend, also Vorfeldschaden, wenn sie

750 *Quedenfeld* in MüKo zum HGB § 332, Rn. 33.
751 Vgl. hierzu BGH, Urteil vom 7. 12. 1965 in BGHSt 20, 304 sowie BGH, Beschluß vom 16. 2. 1996 in StV 1996, S. 431 (432).
752 Vgl. oben 5. Teil, V 6.

bereits zu einer gegenwärtigen Minderbewertung des Vermögens führt. Das bedeutet für Fälle der unordentlichen Buchführung, daß der Anspruch des Unternehmens, dessen Verlust droht, begründet sein muß.[753] Diese Rechtsprechung weist *Schröder* in einer Anmerkung zu dem zitierten Urteil zurück mit der Begründung, daß es ausreichend sein müsse, daß die Ansprüche mit hinreichender Erfolgsaussicht hätten geltend gemacht werden können.[754] Unabhängig von bestehenden Ansprüchen soll sogar dann eine schadensgleiche Vermögensgefährdung anzunehmen sein, wenn wirtschaftlich richtige Entscheidungen nicht mehr getroffen werden können.[755] Nach der hier vertretenen Auffassung hängt das Vorliegen eines Vorfeldschadens von der Vermeidemacht eines ordentlichen und gewissenhaften Geschäftsführers ab. In dem Moment, in dem dieser nicht mehr gegensteuern kann, liegt der Vorfeldschaden vor. Zuzustimmen ist der Rechtsprechung also darin, daß nur das Vorliegen unordentlicher Buchführung allein nicht schadensbegründend sein kann. Denn ordentliche Bücher haben ihren wirtschaftlichen Wert nur dadurch, daß sie eine vermögensmehrende oder -erhaltende Wirkung haben. Umgekehrt können unordentliche Bücher nicht schon aus sich selbst heraus einen Schaden darstellen. Im vorliegenden Fall ist damit ein Vorfeldschaden zu bejahen, wenn die Bücher nicht mehr so rechtzeitig berichtigt werden können, daß schwebende Ansprüche noch geltend gemacht und zukünftige Entscheidungen noch wirtschaftlich sinnvoll getroffen werden können. Dies ist nach den Angaben im Sachverhalt zu bejahen.

Für den somit vorliegenden Vorfeldschaden müßte das Verhalten des Prüfers aber auch kausal geworden sein. Dies ist nur dann der Fall, wenn der Zeitpunkt der Testatsausstellung vor dem Eintritt des Vorfeldschadens liegt;[756] wenn der Prüfer also mit Einschränkung oder Versagung des Bestätigungsvermerks noch dafür hätte sorgen können, daß die Bücher so berichtigt werden, daß der endgültige Verlust von Ansprüchen und die wirtschaftlichen Fehlentscheidungen abgewendet worden wären. Die Bücher wurden infolge des uneingeschränkten Bestätigungsvermerks erst so spät berichtigt, daß ein zukünftiger Schaden nicht mehr vermieden werden konnte. Somit ist die Kausalität zu bejahen.

Dem Prüfer ist die Fehlerhaftigkeit des Bestätigungsvermerks bewußt. Zudem weiß er, daß ein Anspruchsverlust und wirtschaftliche Fehlentscheidungen drohen; allerdings wird ihm wahrscheinlich nicht sicher bekannt sein, daß mit Ausstellung seines fehlerhaften Testats ein endgültiger Verlust nicht mehr vermieden werden kann. Damit konnte er den Erfolgseintritt – die Unvermeidbarkeit der

---

753 BGH, Urteil vom 7. 12. 1965 in BGHSt 20, 304.
754 *Schröder* in JR 1966, S. 185.
755 *Schröder* in JR 1966, S. 185 (186); zustimmend *Sax* in JZ 1977, S. 743 (749).
756 Vgl. oben 5. Teil, VI.

endgültigen Einbuße – nicht in sein Zielstreben aufnehmen, so daß dolus directus 1. Grades ausscheidet. Genauso kennt er den Erfolg nicht oder sieht ihn als sichere Folge seines Handelns voraus, so daß auch für dolus directus 2. Grades kein Raum ist. Die Unabwendbarkeit der endgültigen Einbuße hat der Wirtschaftsprüfer jedoch als möglich angesehen und um seines eigenen Vorteils Willen billigend in Kauf genommen. Damit ist ihm dolus eventualis vorzuwerfen.

Mangels Rechtfertigungs- oder Entschuldigungsgründen macht sich der Wirtschaftsprüfer vorliegend gemäß § 266 Abs. 1 StGB wegen Untreue strafbar.

Was die Strafbarkeit gemäß § 332 HGB betrifft, so ist festzustellen, daß der Prüfer erhebliche Umstände, nämlich die gesamte Unordentlichkeit der Bücher verschweigt. Er hätte auch kein uneingeschränktes Testat erteilen dürfen, so daß die erste und die zweite Alternative des § 332 Abs. 1 HGB zu bejahen sind. Der Prüfer handelte bezüglich beider Alternativen vorsätzlich. Vorliegend handelte der Prüfer zudem gegen Entgelt gemäß § 332 Abs. 2 HGB, so daß er auch die Qualifikation erfüllt.

Die Untreue und die Verletzung der Berichtspflicht stehen in Tateinheit gemäß § 52 HGB.[757]

3. *Chancen und Risiken der künftigen Entwicklung bei einem Vorvertrag mit weiteren Bedingungen*[758]

a) Sachverhalt

Im Lagebericht eines Unternehmens wird von dem Abschluß eines Projektvertrags berichtet, der dem Unternehmen im laufenden Jahr einen Großauftrag sichere. Ohne diesen Großauftrag würden sich Umsatz- und Gewinnprognose des Unternehmens deutlich reduzieren. Der Abschlußprüfer erfährt im Rahmen der Prüfung, daß es sich nur um einen Vorvertrag handelt, der an Bedingungen gebunden ist. So sollen vorher Änderungen am Produktionsverfahren durchgeführt werden. Diese können jedoch wegen der ohnehin schwierigen Lage des Unternehmens in der Kürze der Zeit nicht mehr realisiert werden. Um die prekäre Situation des Unternehmens nicht detailliert darstellen zu müssen, erwähnt der Lagebericht die Bedingungen nicht. Der Wirtschaftsprüfer erteilt ein uneingeschränktes Testat.

---

757 Vgl. oben 7. Teil IV.

758 Der Fall ist dem Aufsatz von *Hoffmann/Knierim* in BB 2002, 2275 ff. entnommen und leicht abgewandelt.

b) Lösung

Das vom vermögensbetreuungspflichtigen Wirtschaftsprüfer erteilte Testat ist objektiv unrichtig, da sich der nicht berichtete Umstand deutlich auf die Unternehmenslage auswirkt.[759] Die Ausfertigung des Testates ohne Einschränkung stellt somit eine pflichtwidrige Verletzung von Seiten des Wirtschaftsprüfers dar.

Was den Schaden anbelangt, so ist es wie im vorausgehenden Fall zu einer endgültigen Einbuße noch nicht gekommen. Es könnte jedoch ein Vorfeldschaden vorliegen, was ab dem Zeitpunkt zu bejahen wäre, ab dem der ordentliche und gewissenhafte Geschäftsführer keine Maßnahmen mehr ergreifen könnte, um die endgültige Einbuße zu verhindern.[760] Vorliegend ist es unmöglich, die Änderungen am Produktionsverfahren noch rechtzeitig durchzuführen, so daß die Bedingungen des Vertrages nicht eingehalten werden können. Ein Verlust des Großauftrags ist also unvermeidlich, so daß der Vorfeldschaden bereits eingetreten ist.

Allerdings ist fraglich, ob die Verletzungshandlung des Wirtschaftsprüfers für diesen Vorfeldschaden tatsächlich ursächlich geworden ist. Dann müßte die Ausstellung des Testates noch vor dem Vorfeldschaden liegen,[761] also zu einem Zeitpunkt, zu dem die wirtschaftliche Lage des Unternehmens die Änderung der Produktionsverfahren noch zugelassen hätte. Im Zeitpunkt der Prüfung ist der Großauftrag jedoch bereits verloren, so daß die Handlung des Prüfers in keinem kausalen Zusammenhang zum Vorfeldschaden steht.

Mangels Kausalität macht sich der Prüfer vorliegend nicht gemäß § 266 Abs. 1 StGB strafbar.

Der Prüfer macht sich vorliegend jedoch gemäß § 332 Abs. 1, Alt. 2 und 3 HGB strafbar. Er hat vorsätzlich erhebliche Umstände bei der Prüfung des Lageberichts verschwiegen. Außerdem erteilte er einen unrichtigen Bestätigungsvermerk.

Der Fall zeigt, daß die Erstellung eines falschen Testates den „Tod" eines Unternehmens unnötig in die Länge ziehen kann, so daß der Insolvenzantrag eventuell zu spät gestellt wird, weil die aussichtslose Situation erst bekannt wird, wenn es schon zu spät ist. Dadurch erleiden die Gläubiger entscheidende Nachteile, weil sich die Insolvenzmasse weiter verringert hat und die Gefahr besteht, daß das Insolvenzverfahren mangels Masse abgelehnt wird. Für den Schaden den die Gläubiger erleiden, kann der Wirtschaftsprüfer jedoch nicht über

759 *Hoffmann/Knierim* in BB 2002, S. 2275 (2276).
760 Vgl. oben 5. Teil, V 6.
761 Vgl. oben 5. Teil, VI.

§ 266 StGB bestraft werden, weil er ihnen gegenüber nicht vermögensbetreuungspflichtig ist.

4. Chancen und Risiken der Marktentwicklung

a) Sachverhalt

Im Lagebericht eines Unternehmens werden die Risiken aus der Entwicklung der Märkte als eher gering eingeschätzt. Eine Belastung des Unternehmens durch steigende Ölpreise infolge eines drohenden Irakkrieges und des Beginns der Hurrikansaison im Golf von Mexiko sei im Ganzen zwar nicht auszuschließen aber derzeit auch noch nicht in konkreten Ausmaßen absehbar. Dem Wirtschaftsprüfer fällt auf, daß zur Erstellung des Lageberichts nicht alle verfügbaren Informationen verwendet wurden, daß sich aber auch unter Berücksichtigung dieser keine andere Zukunftsprognose stellen läßt. Die fehlenden Unterlagen bleiben in seinem Testat daher unerwähnt.

b) Lösung

Die Möglichkeit steigender Ölpreise ist ein Risiko der künftigen Entwicklung für das Unternehmen, auf dessen Darstellung der Prüfer gemäß § 317 Abs. 2 S. 2 HGB einzugehen hat. Berichtspflichtig sind auch solche Risiken, die sich nicht bestandsgefährdend auswirken, die das Unternehmen aber zukünftig wesentlich und nachhaltig belasten können.[762] Aufgabe des Prüfers ist dabei unter anderem festzustellen, ob für alle Risiken die verfügbaren Informationen verwendet wurden.[763] Dies war vorliegend nicht der Fall, was der Prüfer in seinem Testat jedoch unerwähnt läßt. Darin liegt eine Verletzung seiner Vermögensbetreuungspflicht.

Zweifelhaft ist jedoch, ob schon von einem Vorfeldschaden gesprochen werden kann. Eine nähere Gefahr läge überhaupt nur dann vor, wenn Abwehrmaßnahmen in Betracht gezogen werden müßten. Vorliegend jedoch ist eine für das Unternehmen negative Entwicklung des Ölpreises allenfalls zu vermuten, Maßnahmen können zum gegenwärtigen Zeitpunkt aber noch nicht getroffen werden; eine andere Prognose läßt sich auch bei Auswertung aller Unterlagen nicht stellen. Eine derart entfernte Gefahr reicht für einen Vermögensnachteil nicht aus.

---

762 *Ebke* in MüKo zum HGB § 317, Rn. 53.
763 BT-Drucks. 13/9712, S. 27.

Somit fehlt es an einem Schaden und der Wirtschaftsprüfer macht sich nicht wegen Untreue strafbar.

Strafbar macht er sich jedoch gemäß § 332 Abs. 1, Alt. 2 HGB, weil er vorsätzlich erhebliche Umstände verschwiegen hat. Erheblich sind insbesondere alle Umstände, die die in § 317 HGB normierten Pflichten betreffen, also auch Umstände, die das Unternehmen zukünftig wesentlich belasten können.

5. Chancen und Risiken der künftigen Entwicklung bei einem Werbeverbot

a) Sachverhalt

Das geprüfte Unternehmen ist unter anderem in der Zigaretten- und Tabakherstellung tätig, fertigt daneben aber auch andere Produkte. Es ist sicher, daß es demnächst zur Einführung eines Werbeverbotes für Tabakprodukte und -waren seitens der EU kommen wird mit der absehbaren Folge eines Rückgangs der Nachfrage. Der Lagebericht greift diese Veränderung der Rahmenbedingungen nicht auf, obwohl es möglich wäre den unternehmerischen Schwerpunkt verstärkt auf die anderen Marktsegmente zu legen, um einen Verlust in der Tabaksparte auszugleichen. Ein Verlust ist zu befürchten, weil fehlende Werbung eine Marke in Vergessenheit geraten läßt und die im Werbeverbot verkörperte Botschaft gegen das Rauchen potentielle Konsumenten abschreckt. Der Wirtschaftsprüfer hält den Einfluß des Werbeverbotes für nicht so gravierend und äußert sich im Prüfungsbericht dazu nicht. Das Werbeverbot hat eine erhebliche Zurückhaltung der Konsumenten zur Folge und es kommt für das Unternehmen zu einem empfindlichen Umsatzeinbruch.

b) Lösung

Der Wirtschaftsprüfer müßte, um sich gemäß § 266 Abs. 1 StGB strafbar machen zu können, zunächst seine Vermögensbetreuungspflicht verletzt haben. Das wäre dann der Fall, wenn eine berichtspflichtige Tatsache im Lagebericht fehlen würde und der Wirtschaftsprüfer hierzu keine Ausführungen in seinem Testat gemacht hätte. Bei dem Tabakwerbeverbot handelt es sich um ein Risiko für die künftige Entwicklung des Unternehmens. Da das Unternehmen zumindest auch den Handel mit Tabakwaren betreibt, waren wesentliche Rückwirkungen zu erwarten. Dies löst die Berichtspflicht aus.[764] Der Wirtschaftsprüfer hat die im Lagebericht

---

764 *Ebke* in MüKo zum HGB § 317, Rn. 51, 52.

fehlenden Informationen unerwähnt gelassen und damit seine Vermögensbetreuungspflicht verletzt.

Der Schaden besteht mit dem Umsatzeinbruch in einer rechnerischen Einbuße. Die Handlung des Wirtschaftsprüfers müßte für diesen Schaden ursächlich geworden sein. Zum Zeitpunkt der Prüfung wäre es noch möglich gewesen, die Ausrichtung des Unternehmens so zu verändern, daß der Verlust vermieden worden wäre. Hätte der Wirtschaftsprüfer also auf die fehlenden Angaben hingewiesen, wären Aufsichtsrat und Vorstand gewarnt gewesen. Im Prozeß müßte nachgewiesen werden, daß die Ergebnisse des Wirtschaftsprüfers auch beherzigt worden wären. Im vorliegenden Fall ist dies aber plausibel, denn Vorstand und Aufsichtsrat können kein Interesse daran haben, Maßnahmen zu unterlassen, die dem Unternehmen nützlich sind. Das Verhalten des Wirtschaftsprüfers ist damit auch kausal für den Schaden.

Letztlich müßte der Wirtschaftsprüfer vorsätzlich gehandelt haben. Von direktem Vorsatz ist nicht auszugehen, möglicherweise handelt es sich jedoch um einen Fall des dolus eventualis. Nach der Schilderung des Sachverhaltes hält der Wirtschaftsprüfer den Einfluß des Werbeverbotes für nicht so gravierend, schätzt ihn also falsch ein. In diesem Fall wird er letztlich auf das Ausbleiben des Erfolges vertraut haben, so daß es sich nur um bewußte Fahrlässigkeit handelt. Vorliegend hält der Prüfer seine objektiv falsche Einschätzung im übrigen subjektiv für richtig. Damit unterliegt er ohnehin einem Tatbestandirrtum und ein möglicher Vorsatz entfällt gemäß § 16 Abs. 1 S. 1 StGB.[765]

Er macht sich nicht gemäß § 266 Abs. 1 StGB strafbar.

Der Prüfer macht sich vorliegend auch nicht gemäß § 332 Abs. 1 HGB strafbar. Daß er nicht auf das Werbeverbot eingeht, stellt ein Verschweigen erheblicher Umstände dar. Der Wirtschaftsprüfer hat gemäß § 321 Abs. 1 S. 3 HGB nämlich über Tatsachen zu berichten, die eine Beeinträchtigung der Entwicklung des Unternehmens ernsthaft zur Folge haben können. Die Berichtspflicht besteht nicht erst dann, wenn der Bestand bereits wesentlich beeinträchtigt ist.[766] Durch das Verschweigen wird der Prüfungsbericht unvollständig und damit unrichtig. Der Prüfer handelte jedoch nicht bedingt vorsätzlich, weil er die Erheblichkeit der Umstände irrtümlich falsch eingeschätzt hat.

765 Vgl. oben 5. Teil, VII 3.

766 *Ebke* in MüKo zum HGB § 321, Rn. 27.

6. *Strafbarkeit eines nicht ordnungsgemäß bestellten Prüfers*

a) Sachverhalt

Wie wäre in Fall 5 zu entscheiden, wenn der Prüfer nicht ordnungsgemäß bestellt worden wäre oder gemäß § 319 Abs. 1 HGB von der Prüfung ausgeschlossen gewesen wäre?

b) Lösung

Es könnte zunächst daran zu denken sein, daß es in diesem Fall an der Vermögensbetreuungspflicht fehlt. Die Vermögensbetreuungspflicht knüpft jedoch an rein tatsächliche Umstände an, stellt also auf die Tätigkeit und nicht auf die Person ab.[767] Damit ist derjenige, der etwa eine Abschlußprüfung durchführt auch dann vermögensbetreuungspflichtig, wenn rechtliche Gründe entgegenstehen. Demgemäß besteht die Vermögensbetreuungspflicht umgekehrt dann nicht, wenn der Prüfer zwar bestellt wird, seine Tätigkeit aber nie ausübt.

Sollte der rechtliche Mangel dazu führen, daß der Geschäftsbesorgungsvertrag mit dem Prüfer unwirksam ist, so basiert die Vermögensbetreuungspflicht nicht auf einem Rechtsgeschäft, sondern auf einem tatsächlichen Treueverhältnis.[768] Rechtliche Mängel können den Vertrag lediglich anfänglich oder rückwirkend unwirksam werden lassen oder sein Entstehen ganz verhindern, schlagen aber nicht auf das tatsächliche Herrschaftsverhältnis durch. Das strafrechtliche Schutzbedürfnis besteht weiter.[769]

Die zusätzlichen Angaben in der Abwandlung führen also nicht dazu, daß Fall 5 hinsichtlich § 266 StGB anders zu entscheiden wäre.

Dagegen wirft die Strafbarkeit gemäß § 332 Abs. 1 HGB Probleme auf. Der Täter muß Abschlußprüfer sein. Dies können gemäß § 319 Abs. 1 S. 1 HGB nur Wirtschaftsprüfer oder Wirtschaftsprüfungsgesellschaften sein. Wird dagegen verstoßen oder der Wirtschaftsprüfer nicht ordnungsgemäß bestellt, so fehlt es – folgt man dem Wortlaut der Norm – an einem tauglichen Täter.[770] Dagegen ist einzuwenden, daß § 332 HGB auch das Vertrauen der Öffentlichkeit in die ordnungsgemäße Prüfungsleistung schützen soll. Fällt die Öffentlichkeit auf einen faktischen Abschlußprüfer herein und ist seine Prüfung fehlerhaft, so ist sie

---

767 Vgl. oben Seite 207.
768 Vgl. oben 3. Teil, II 1.
769 *Schünemann* in LK § 266, Rn. 63.
770 Vgl. oben Seite 207.

schutzwürdig. Das kann aber dann nicht gelten, wenn es sich um einen erkennbar nicht wirksam bestellten Abschlußprüfer handelt.

So macht sich auch der nicht wirksam bestellte Abschlußprüfer grundsätzlich gemäß § 332 Abs. 1 HGB strafbar, es sei denn, der Öffentlichkeit waren die Mängel in der Bestellung erkennbar. Hier scheitert seine Strafbarkeit daran, daß ihm wie in Fall 5 der Vorsatz fehlt.

7. Unvermögen des Prüfers

a) Sachverhalt

Weil der Prüfer beruflich lange pausiert hat, fehlt es ihm an Erfahrung, nicht aber an Aufträgen. Obwohl er ahnt, daß ein weiterer Prüfungsauftrag für sein Team zeitlich nur noch schwer zu bewältigen ist, sagt er dem Unternehmen seine Arbeit zu. Im Rahmen der Prüfungsplanung verschätzt er sich beim Prüfungsumfang und bemißt die benötigte Zeit zu knapp. Durch die aufkommende Hektik unterlaufen ihm handwerkliche Fehler, wodurch das Unternehmen einen Schaden erleidet, weil der Prüfer drohende Gefahren nicht erkennt, die anderenfalls noch hätten abgewendet werden können.

b) Lösung

Die Vermögensbetreuungspflicht des Prüfers ist zu bejahen.[771] Allerdings müßte er diese auch verletzt haben. Tatbestandlich relevant ist in dieser Hinsicht nur ein Verhalten, das innerhalb des durch die Vermögensbetreuungspflicht begründeten Aufgabenkreises liegt.[772] Die fehlende Erfahrung und das dadurch bedingte Unvermögen des Prüfers sind lediglich Feststellungen über seine Eignung, also Vorfragen, vergleichbar der Zulassung zur Prüfung gemäß § 319 Abs. 2 und Abs. 3 HGB.[773] Wie im vorangegangenen Fall kann darin keine Verletzung gesehen werden. Die Tathandlung ist vorliegend aber nicht das allgemeine Unvermögen des Prüfers, sondern die Aufnahme der Tätigkeit trotz Unvermögens, die die Nichterkennung der eingetretenen drohenden Gefahren zur Folge hatte. Für das Unternehmen hat sich damit ein im Pflichtenkreis des Prüfers liegendes Verhalten schädigend ausgewirkt. Es wäre Aufgabe des Prüfers gewesen, die drohenden

771 Vgl. oben 5. Teil, II 7.
772 OLG Hamm, Urteil vom 22. 5. 1973 in NJW 1973, S. 1809 (1810 f.); *Burkhardt* in NJW 1973, S. 2190.
773 Vgl. oben Seite 147.

Gefahren aufzudecken und darauf aufmerksam zu machen. Der Schwerpunkt der Pflichtwidrigkeit liegt in positivem Tun, nämlich in der Aufnahme der Tätigkeit trotz Unvermögens.

Durch das Verhalten des Prüfers ist der Gesellschaft auch ein Schaden entstanden, weil bei rechtzeitiger Erkennung im Rahmen der Prüfung die Gefahr noch hätte abgewendet werden können.

Fraglich ist jedoch, ob der Prüfer vorsätzlich gehandelt hat. Vorliegend weiß er lediglich, daß der neue Prüfungsauftrag zeitlich schwer zu bewältigen sein wird. Aber selbst, wenn er den Schaden für möglich gehalten hätte, wäre davon auszugehen, daß er auf einen guten Ausgang vertraute, weil es sich nur um die Überschätzung eigener Fähigkeiten handelt.[774]

Dem Wirtschaftsprüfer fehlt es damit am Vorsatz; so daß er sich nicht wegen Untreue strafbar gemacht hat.

Für die Strafbarkeit gemäß § 332 Abs. 1 HGB fehlt es ebenso am Vorsatz. Insbesondere hat der Prüfer keine Kenntnis davon, welche Fehler ihm konkret infolge der Hektik unterlaufen sind.

8. Überprüfung des Risikoüberwachungssystems (§ 317 Abs. 4 HGB)

a) Sachverhalt

Der Wirtschaftsprüfer hat bei einer börsennotierten Aktiengesellschaft gemäß § 317 Abs. 4 HGB das Risikoüberwachungssystem zu überprüfen. Dabei stellt er fest, daß es zur Risikoerkennung ungeeignet ist. Trotzdem geht er nicht auf Maßnahmen ein, die erforderlich wären, das interne Überwachungssystem zu verbessern, weil er für sein Schweigen einen finanziellen Zuschuß erhält. Einige Zeit später realisieren sich Risiken, die hätten erkannt und beseitigt werden können, wenn das Risikoüberwachungssystem für seine bestimmungsgemäßen Aufgaben geeignet gewesen wäre. Die Gesellschaft erleidet einen Schaden.

b) Lösung

Der Prüfer hat vorliegend eine Vermögensbetreuungspflicht;[775] diese müßte er verletzt haben. Er geht im Prüfungsbericht nicht darauf ein, daß das Überwachungssystem – wie er festgestellt hat – seine Aufgaben nicht erfüllen kann. Hier-

774 Vgl. oben Seite 186.
775 Vgl. oben 5. Teil, II 7.

zu ist er gemäß § 321 Abs. 4 S. 2 HGB aber verpflichtet.[776] Dadurch hat er innerhalb seines Aufgabenkreises seine Vermögensbetreuungspflicht verletzt.

Dieses Verhalten war ursächlich für die Realisierung von Risiken, die eigentlich hätten erkannt und beseitigt werden können und der Gesellschaft ist ein Schaden entstanden.

Der Wirtschaftsprüfer müßte letztlich vorsätzlich gehandelt haben. In Betracht kommt bedingter Vorsatz. Der Wirtschaftsprüfer erstrebt hier vorwiegend seinen eigenen Vorteil in Gestalt des erhöhten Honorars. Dabei könnte er den als möglich erachteten Untreueerfolg billigend in Kauf genommen und sich aus Gleichgültigkeit mit ihm abgefunden haben. Im Rahmen der Prüfung des Risikoüberwachungssystems führt der Prüfer eine branchenbezogene Risikoermittlung durch.[777] Daher weiß er, daß zukünftige Risiken möglich und keinesfalls auszuschließen sind. Diese Risiken zu erkennen, um dann zum Wohl des Unternehmens handeln zu können, ist Sinn des Überwachungssystems. Der Wirtschaftsprüfer hat also als Nebenfolge bewußt in Kauf genommen, daß auf Risiken nicht mehr adäquat reagiert werden kann, weil sie nicht rechtzeitig erkannt werden und es so zum Schaden kommen kann. Er hat sich ob seines eigenen Vorteils Willen mit dem möglichen Erfolg abgefunden. Sein außertatbestandliches Ziel – den finanziellen Vorteil zu erlangen – hat er über das Unternehmenswohl gestellt. Damit ist dolus eventualis zu bejahen.

Der Wirtschaftsprüfer macht sich in diesem Fall wegen Untreue strafbar.

Desweiteren hat der Wirtschaftsprüfer vorsätzlich erhebliche Umstände bewußt verschwiegen. Denn gemäß § 317 Abs. 4 HGB hatte er die Pflicht zu beurteilen, ob das eingerichtete Risikoüberwachungssystem seine Aufgaben erfüllen kann. Das Verschweigen hat seinen Bestätigungsvermerk zudem unrichtig gemacht. Für diese Tathandlungen hat er eine über sein übliches Honorar hinausgehende Gegenleistung erhalten. Damit erfüllt er auch den Qualifizierungstatbestand gemäß § 332 Abs. 2 HGB.

Beide verwirklichten Tatbestände stehen in Tateinheit gemäß § 52 StGB.[778]

---

776 *Ernst* in Wpg 1998, S. 1025 (1027).
777 *Wiedmann* in Ebenroth/Boujong/Joost, HGB § 317, Rn. 26.
778 Vgl. oben 7. Teil, IV.

9. *Fehlende Unterlagen*

a) Sachverhalt

Während der Abschlußprüfung stellt der Prüfer fest, daß Unterlagen fehlen. Auch auf mehrfache Nachfrage werden sie nicht vorgelegt; es heißt, sie seien beim Umzug des Unternehmens verlorengegangen. Auf Unregelmäßigkeiten deutet in der Tat nichts hin, es gibt für den Prüfer keinen Grund an der Auskunft zu zweifeln. Der Prüfer erteilt ein uneingeschränktes Testat und verschweigt auch die Umstände der Prüfung. Die fehlenden Unterlagen hatten wider Erwarten aber doch einen kriminellen Hintergrund, der erst nach weiteren Unterschlagungen aufgedeckt werden kann.

b) Lösung

Seine Vermögensbetreuungspflicht verletzt der Prüfer vorliegend dadurch, daß er auf die fehlenden Unterlagen mit keinem Wort eingeht, sondern ein uneingeschränktes Testat erteilt. Der Gesellschaft entsteht ein Schaden, weil es durch die fehlenden Unterlagen ermöglicht wurde, für eine gewisse Zeit weiterhin Unterschlagungen zu begehen. Hätte der Wirtschaftsprüfer die Umstände der Prüfung öffentlich gemacht, hätte die entstandene Aufmerksamkeit dazu geführt, daß weitere Vergehen in dem Maße nicht mehr möglich gewesen wären.

Fraglich ist jedoch, ob man dem Wirtschaftsprüfer den Vorwurf machen kann, den Schaden vorsätzlich herbeigeführt zu haben. Um bedingt vorsätzlich gehandelt zu haben, hätte der Wirtschaftsprüfer den Erfolg wenigstens für möglich halten müssen.[779] Laut Sachverhalt gab es aber keinen Grund, an der Auskunft des Unternehmens zu zweifeln. Daß Unterlagen bei Umzügen verlorengehen, ist durchaus plausibel, weitere Anhaltspunkte für Unterschlagungen haben sich dem Abschlußprüfer nicht eröffnet. Wie bereits in Fall 1 dargestellt wurde,[780] ist eine gezielte Suche nach Unterschlagungen ohne Anhaltspunkte nicht erforderlich.

Somit fehlte es dem Wirtschaftsprüfer an der für den bedingten Vorsatz erforderlichen Wissenskomponente. Er hat keine Untreue begangen.

Werden – wie vorliegend – für die Prüfung erforderliche Unterlagen nicht vorgelegt, handelt es sich um einen erheblichen Umstand im Sinne des § 332 Abs. 1, Alt. 2 HGB, der sogar eine Einschränkung des Bestätigungsvermerks

779 Vgl. oben 5. Teil, VII 1.
780 Vgl. Seite 210.

nach sich ziehen kann.[781] Damit hat der Prüfer vorliegend auch einen unrichtigen Bestätigungsvermerk gemäß § 332 Abs. 1, 3. Alt. HGB erteilt. Diese Möglichkeit mußte er auch erkennen. Er mußte nämlich damit rechnen, daß sich in den Unterlagen noch Vorgänge finden, über die er berichten muß. Er hat ohne die Unterlagen seinen Bericht erstattet und das Verschweigen erheblicher Umstände und einen unrichtigen Bestätigungsvermerk damit billigend in Kauf genommen. Der Prüfer macht sich gemäß § 332 Abs. 1, Alt. 2 und 3 HGB strafbar.

10. Übernahme von Angaben ohne Prüfung

a) Sachverhalt

Der Wirtschaftsprüfer wird als Sonderprüfer tätig um Vorgänge der Geschäftsführung zu untersuchen. Der Vorstand legt die entsprechenden Unterlagen auf Verlangen vor und sorgt für die benötigten technischen Hilfsmittel. Dem Sonderprüfer kommen zum Teil Bedenken gegen die Geschäftsführungspraxis. Trotzdem verzichtet er bei Fragen von erheblicher Bedeutung auf eine notwendige Prüfung und übernimmt prüffähige Angaben und Unterlagen ungeprüft. Dadurch erleidet die Gesellschaft einen Schaden.

b) Lösung

Den Sonderprüfer verbindet mit der Gesellschaft ein Werkvertrag mit Geschäftsbesorgungscharakter[782]; zudem führt er seine Tätigkeit selbständig aus, so daß ihn in gleicher Weise wie den Abschlußprüfer eine Vermögensbetreuungspflicht trifft.[783] Diese hat er verletzt, indem er prüffähige Angaben und Unterlagen ungeprüft übernommen hat. Dadurch ist der Gesellschaft ein Schaden entstanden.

Der Wirtschaftsprüfer müßte vorsätzlich gehandelt haben. Bedingter Vorsatz wäre ihm vorzuwerfen, wenn er den als möglich erkannten Schaden billigend in Kauf genommen hätte.[784] Obwohl er Bedenken hinsichtlich der Geschäftsführung hat, intensiviert er seine Prüfung nicht, sondern setzt im Gegenteil das Vermögen

781 *Ebke* in MüKo zum HGB § 322, Rn. 23.
782 *Hüffer*, AktG § 142, Rn. 25.
783 Vgl. oben auf Seite 104, wonach der Wirtschaftsprüfer nur als Gründungsprüfer keine Vermögensbetreuungspflicht hat.
784 Vgl. oben 5. Teil, VII 1.

der Gesellschaft einer Verlustgefahr aus, die sich dann auch realisierte. Damit handelte er bedingt vorsätzlich und eine Untreuestrafbarkeit ist zu bejahen.[785]

Eine Strafbarkeit gemäß § 332 HGB ist zu verneinen, da es sich beim Sonderprüfer nicht um einen Abschlußprüfer handelt.[786] Der Sonderprüfer macht sich jedoch vorliegend gemäß § 403 Abs. 1 AktG strafbar.

11. Freiwillige Prüfung

a) Sachverhalt

Der Wirtschaftsprüfer führt eine freiwillige Abschlußprüfung in einer Gesellschaft durch, die klein im Sinne des § 267 Abs. 1 HGB ist und damit gemäß § 316 Abs. 1 S. 1 HGB nicht den Pflichtprüfungen unterfällt. Aufgrund zahlreicher Anhaltspunkte hat er Bedenken, ob die Bücher gesetzeskonform geführt sind. Trotzdem übernimmt er wie in Fall 10 prüffähige Angaben ungeprüft. Dadurch erleidet die Gesellschaft einen Schaden.

b) Lösung

An der Strafbarkeit wegen Untreue ändert sich nichts. Der Abschlußprüfer ist vermögensbetreuungspflichtig[787] und wie in Fall 10 verletzt er das Vermögen der Gesellschaft bedingt vorsätzlich, indem er prüffähige Angaben ungeprüft übernimmt.

Der Prüfer macht sich jedoch auch hier nicht gemäß § 332 Abs. 1 HGB strafbar, da dieser auf freiwillige Prüfungen nicht anwendbar ist.[788] Im Unterschied zu Fall 10 fehlt es zudem an einer Strafbarkeit gemäß § 403 Abs. 1 AktG. Denn § 403 AktG erfaßt nur die Sonderprüfer nach § 142 AktG und die Gründungsprüfer nach § 33 AktG.[789]

---

785 Zudem ist das beschriebene Verhalten des Wirtschaftsprüfers als sittenwidrig zu bezeichnen und verpflichtet ihn auch zum Schadensersatz gemäß § 826 BGB; OLG Düsseldorf, Urteil vom 27. 6. 1996 in ZIP 1997, S. 787 (791).

786 Vgl. insbesondere § 315 S. 1 Nr. 1 AktG, wonach ein Sonderprüfer bestellt werden kann, wenn der Abschlußprüfer den Bestätigungsvermerk einschränkt oder versagt.

787 Vgl. oben 5. Teil, II 7.

788 *Ruß* in HK-HGB, § 332, Rn. 1; *Winkeler*, Strafbarkeit inhaltlich unrichtiger Bestätigungsvermerke, S. 208.

789 *Geßler*, AktG § 403, Rn. 15.

9. Teil: Zusammenfassung

Die Prüfungstätigkeit ist die Kernkompetenz des Wirtschaftsprüfers. Daneben tritt er als Gutachter, Berater oder Treuhänder auf. Für die Treuhand- und die Beratungstätigkeiten läßt sich die Strafbarkeit wegen Untreue einzelfallunabhängig nicht darstellen. Daher beschränkt sich die vorliegende Arbeit auf die abstrakte Darstellung der Untreuestrafbarkeit im Hinblick auf die Prüfungs- und die Gutachtertätigkeit.

Untreue ist die vorsätzliche Schädigung fremden Vermögens von innen heraus. Rechtsgut ist daher ausschließlich das Vermögen. Mit dem Strafanspruch wird aber nicht nur der Vermögensschaden, sondern auch ein mitverwirklichter Vertrauensbruch geahndet. Da der Vertrauensbruch den Tatbestand alleine nicht verwirklichen kann, ist das Vertrauen nicht Rechtsgut, wohl aber Schutzgut, das bei der Auslegung der Tatbestandsmerkmale zu berücksichtigen ist. Die Vertrauensbeziehung zwischen Täter und Opfer ist auch der maßgebliche Grund dafür, weshalb die Untreue im Wirtschaftsstrafrecht große Bedeutung hat. Denn die Kombination von Vermögensmitteln und Vertrauen ist entscheidender Bestandteil im Wirtschaftsleben.

Inhaltlich enthält § 266 StGB zwei Tatbestände; den Mißbrauchs- und den Treubruchstatbestand. Weil der Wirtschaftsprüfer sowohl im Rahmen der Prüfungs- wie auch der Gutachtentätigkeit nicht die Befugnis hat, über fremdes Vermögen zu verfügen, kommt für ihn nur der Treubruchstatbestand in Betracht. Zentrales Merkmal des Treubruchstatbestandes ist die Vermögensbetreuungspflicht, die sowohl eine betreuende, wie auch eine verdrängende Komponente enthält. Um der betreuenden Komponente gerecht zu werden ist Voraussetzung, daß die Tätigkeit fremdnützig ausgestaltet und zudem von gewisser Bedeutung ist.

Im Rahmen der gewissen Bedeutung kommt es allein auf die Selbständigkeit an. Merkmale wie Eigenverantwortlichkeit, Dauer oder Umfang tragen inhaltlich nichts bei, sondern führen selbst mangels ausreichender Bestimmtheit zu Anwendungsunsicherheit. Selbständig handelt, wer zunächst in Ansehung einer Alternative eine vermögenswirksame Entscheidung treffen kann. Hinzukommen muß sodann, daß er bezüglich der Entscheidung keine festen Bahnen, etwa aufgrund von Vorgaben oder nachträglicher Kontrolle vorfindet. Zu kritisieren ist in diesem Zusammenhang die Rechtsprechung, die von einer Definition der Selbständigkeit absieht, das Kriterium zunehmend geringer schätzt und sich mit einer Einteilung in Berufsgruppen begnügt.

Die Tätigkeit ist fremdnützig ausgestaltet, wenn sie wirtschaftlicher Art ist und den Geschäftsherrn entlastet, indem sie ihm Aufgaben abnimmt, für die er zuvor selbst zu sorgen hatte.

Der verdrängenden Komponente wird der Täter nur gerecht, wenn er Interner ist. Dabei kommt es auf eine formell interne Stellung nicht an, Voraussetzung ist, daß er materiell Interner ist. Dies ist zu bejahen, wenn sein Handeln die Machtverhältnisse zulasten des Vermögensinhabers verschiebt. Erforderlich ist, daß der Täter für einen Beobachter entweder selbst als Vermögensinhaber oder als mit der Vermögenssorge Beauftragter erscheint.

Die Untreuestrafbarkeit des Wirtschaftsprüfers hinsichtlich seiner Prüfungstätigkeit ist wie folgt zusammenzufassen: Die fremdnützige Typisierung ist für den Wirtschaftsprüfer wesentlicher Inhalt seiner Tätigkeit, soweit ein zivilrechtlicher Vertrag zugrundeliegt. Daran fehlt es bei der Gründungsprüfung, so daß eine Vermögensbetreuungspflicht für den Gründungsprüfer nicht in Betracht kommt. Für alle anderen Prüfungen gilt, daß der Wirtschaftsprüfer selbständig handelt, weil er die Wahl der Mittel und der Methoden hat, mit denen er die Buchführung überprüft. Zudem eröffnen ihm zahlreiche Normen Ermessen. Der Wirtschaftsprüfer ist auch materiell Interner, weil es mit der Fehleraufdeckung seine Aufgabe ist, Schaden von der Gesellschaft zu wenden und er historisch betrachtet den Aufsichtsrat aus dessen vermögensfürsorgerischer Position zum Teil verdrängt hat. Der Wirtschaftsprüfer ist somit bezüglich seiner Prüfungstätigkeit vermögensbetreuungspflichtig, allerdings nur im Hinblick auf das Vermögen der Gesellschaft und nicht gegenüber Anteilseignern oder Dritten.

Die Vermögensbetreuungspflicht wird durch sämtliche unrichtigen Testate verletzt. Ein tatbestandsausschließendes Einverständnis von den Organen der Gesellschaft kommt nicht in Betracht, weil es entweder gesetzeswidrig wäre oder ein Fall der Kollusion vorläge.

Hinsichtlich des Schadens spielen Gefährdungen eine wichtige Rolle. Diese sind dann als Schaden zu werten, wenn der Gefährdete nicht mehr imstande ist, die Schadensrelevanz des ursächlichen Ereignisses noch abzuschirmen. Daher ist die Tathandlung des Wirtschaftsprüfers nur kausal, wenn sie noch vor der schadensgleichen Vermögensgefährdung liegt. Dogmatisch sauber ist es, nicht von einer schadensgleichen Vermögensgefährdung, sondern von einem Vorfeldschaden zu sprechen.

Der Vorsatz des Wirtschaftsprüfers richtet sich nach den allgemeinen Grundsätzen. Entscheidungserheblich ist häufig die Abgrenzung zwischen dolus eventualis und bewußter Fahrlässigkeit. Ob der Wirtschaftsprüfer über das Prüfungshonorar hinaus noch einen anderweitigen finanziellen Vorteil erstrebt, kann als Indiz zugunsten des Vorsatzes gewertet werden.

Im Rahmen der Gutachtertätigkeit fehlt es dem Wirtschaftsprüfer an der Vermögensbetreuungspflicht. Als Sachverständigengutachter sowie als Schiedsgutachter ist die Tätigkeit nicht fremdnützig typisiert. Als Parteiengutachter ist er nicht materiell Interner.

Die Anwendbarkeit des § 266 StGB für die Prüfungstätigkeit wird nicht durch § 332 HGB ausgeschlossen. § 332 HGB berücksichtigt als Gefährdungsdelikt nicht den Schadenseintritt und weist zudem Lücken auf, weil er auf freiwillige Prüfungen nicht anwendbar ist.

Literaturverzeichnis

Adler / Düring / Schmalz, Rechnungslegung siehe *Forster*, Karl-Heinz

Allgemeines Landrecht für die Preußischen Staaten von 1794 siehe *Hattenhauer*, Hans

Alwart, Heiner: Über die Hypertrophie eines Unikums (§ 265a StGB) in JZ 1986, 563

Ammon, Hermann: Die Untreue, Tübingen, 1894 (zitiert: Ammon, Die Untreue)

Anwaltkommentar zum Aktienrecht siehe *Heidel*, Thomas (Hrsg.)

Arloth, Frank: Zur Abgrenzung von Untreue und Bankrott bei der GmbH in NStZ 1990, 570

Arzt, Gunther: Zur Untreue durch befugtes Handeln, in: Festschrift für Hans-Jürgen Bruns zum 70. Geburtstag (Hrsg. Wolfgang Frisch, Werner Schmidt), Köln, 1978, S. 365 (zitiert: *Arzt* in FS für Bruns 1978)

Arzt, Gunther / *Weber*, Ulrich: Strafrecht, Besonderer Teil, Bielefeld, 2000 (zitiert: *Arzt/Weber*, StrR BT)

Ballwieser, Wolfgang: Die Unabhängigkeit des Wirtschaftsprüfers – eine Analyse von Beratungsverbot und externer Rotation in: Der Wirtschaftsprüfer als Element der Corporate Governance (Hrsg. Marcus Lutter), Düsseldorf, 2001, S. 99 (zitiert: *Ballwieser*, Der Wirtschaftsprüfer als Element der Corporate Governance)

Ballwieser, Wolfgang / *Coenenberg*, Adolf G. / *Wysocki*, Klaus v.: Handwörterbuch der Rechnungslegung und Prüfung, 3. Auflage, Stuttgart, 2002 (zitiert: *Bearbeiter* in HwRP)

Baumann, Jürgen / *Weber*, Ulrich / *Mitsch*, Wolfgang: Strafrecht, Allgemeiner Teil, 11. Auflage, Bielefeld, 2003 (zitiert: *Baumann/Weber/Mitsch*, StrR AT)

Baumbach, Adolf / *Hopt*, Klaus: Handelsgesetzbuch, 32. Auflage, München, 2006 (zitiert: *Bearbeiter* in Baumbach/Hopt, HGB)

Baumbach, Adolf / *Hueck*, Alfred: GmbH – Gesetz, 18. Auflage, München, 2006 (zitiert: *Bearbeiter* in Baumbach/Hueck, GmbHG)

Baums, Theodor: Stellungnahme zur Aktienrechtsreform 1997 in AG 1997, Sonderheft, 26

Beck`scher Bilanzkommentar siehe *Förschle*, Gerhart

Berner, Albert Friedrich: Lehrbuch des Deutschen Strafrechtes, 18. Auflage, Leipzig, 1898 (zitiert: *Berner*, Lehrbuch des Deutschen Strafrechtes 1898)

BGB-Handkommentar siehe *Dörner*, Heinrich

Binding, Karl: Lehrbuch des Gemeinen Deutschen Strafrechts, Besonderer Teil, Erster Band, 2. Auflage, Leipzig, 1902 (zitiert: *Binding*, Lehrbuch des Gemeinen Deutschen Strafrechts)

Bockelmann, Paul: Der Unrechtsgehalt des Betruges in: Festschrift für Eduard Kohlrausch zum 70. Geburtstag (Hrsg. Klaus Bockelmann, Georg Dahm u. a.), Berlin, 1944, S. 226 (zitiert: *Bockelmann* in FS für Kohlrausch 1944)

–: Die Behandlung unvollkommener Verbindlichkeiten im Vermögensstrafrecht in: Festschrift für Edmund Mezger zum 70. Geburtstag (Hrsg. Karl Engisch, Reinhart Maurach), München und Berlin, 1954, S. 363 (zitiert: *Bockelmann* in FS für Mezger 1954)

–: Zum Begriff des Vermögensschadens beim Betrug in JZ 1952, 461

Böcking, Hans Joachim: Die öffentliche Aufgabe des Wirtschaftsprüfers – Untersuchungs- und Redepflicht versus verbale Verschleierung in: Der Wirtschaftsprüfer als Element der Corporate Governance (Hrsg. Marcus Lutter), Düsseldorf, 2001, S. 53 (zitiert: *Böcking*, Der Wirtschaftsprüfer als Element der Corporate Governance)

Bork, Reinhard: Allgemeiner Teil des Bürgerlichen Gesetzbuchs, Tübingen, 2001 (zitiert: *Bork*, AT des BGB)

Bringewat, Peter: Scheckkartenmißbrauch und nullum crimen sine lege in GA 1973, 353

Brox, Hans: Allgemeiner Teil des BGB, 29. Auflage, Köln, 2005 (zitiert: *Brox*, Allg. Teil des BGB)

Bruns, Hans-Jürgen: Gilt die Strafrechtsordnung auch für und gegen Verbrecher untereinander? in: Festschrift für Edmund Mezger zum 70. Geburtstag (Hrsg. Karl Engisch, Reinhart Maurach), München und Berlin, 1954, S. 335 (zitiert: *Bruns* in FS für Mezger 1954)

–: Anmerkung zum Urteil des BGH vom 17. 11. 1955 in NJW 1956, 151

Buchner, Robert: Wirtschaftliches Prüfungswesen, 2. Auflage, München, 1997 (zitiert: *Buchner*, Wirtschaftliches Prüfungswesen)

–: Der Wirtschaftsprüfer, Beruf und Berufsorganisation, Herne, Berlin, 1985 (zitiert: *Buchner*, Der Wirtschaftsprüfer)

Burkhardt, Björn: Zu einer restriktiven Interpretation der Treubruchshandlung – Bemerkungen zum Urteil des OLG Hamm in NJW 1973, 1809 – in NJW 1973, 2190

Cartier, Robert: Der objektive Tatbestand der strafbaren „Untreue“, Bern, 1902 (zitiert: *Cartier*, Der objektive Tatbestand der strafbaren „Untreue“)

Cherkeh, Rainer T.: Betrug (§ 263 StGB), verübt durch Doping im Sport, Frankfurt a. M., 2000 (zitiert: *Cherkeh*, Betrug (§ 263 StGB), verübt durch Doping im Sport)

Cramer, Peter: Vermögensbegriff und Vermögensschaden im Strafrecht, Bad Homburg, 1968 (zitiert: *Cramer*, Vermögensbegriff und Vermögensschaden im Strafrecht)

Dallinger, Wilhelm: Aus der Rechtsprechung des Bundesgerichtshofes in Strafsachen in MDR 1967, 173

Der Wirtschaftsprüfer als Element der Corporate Governance siehe *Ballwieser*, Wolfgang

Dierlamm, Alfred: Verletzung der Berichtspflicht gemäß § 332 HGB – eine Analyse des gesetzlichen Tatbestandes in NStZ 2000, 130

–: Untreue – ein Auffangtatbestand? in NStZ 1997, 534

Dieterich, Wilhelm: Kernfragen der Entwicklung des Wirtschaftsprüferberufs in Wpg 1981, 538

Dörner, Dietrich: Ändert das KonTraG die Anforderungen an den Abschlußprüfer? in DB 1998, 1

Dörner, Dietrich / *Oser*, Peter: Erfüllen Aufsichtsrat und Wirtschaftsprüfer ihre Aufgaben? in DB 1995, 1085

Dörner, Heinrich / *Ebert*, Ina u. a. (Autoren): BGB-Handkommentar, 4. Auflage, Baden-Baden, 2005 (zitiert: *Bearbeiter* in BGB Handkommentar)

Dunkel, Wolfgang: Nochmals: Der Scheckkartenmißbrauch in strafrechtlicher Sicht in GA 1977, 329

Ebenroth, Carsten Thomas / *Boujong*, Karlheinz / *Joost*, Detlev: Handelsgesetzbuch (zitiert: *Bearbeiter* in Ebenroth/Boujong/Joost, HGB)

–: Band 1 (§§ 1 - 342a HGB), München, 2001

Ebke, Werner F.: Keine Dritthaftung des Pflichtprüfers für Fahrlässigkeit nach den Grundsätzen des Vertrages mit Schutzwirkung für Dritte in BB 1997, 1731

Ebke, Werner F.: Abschlußprüfer, Bestätigungsvermerk und Drittschutz in JZ 1998, 991

Engelhardt, Otto: Die Untreue, Würzburg, 1902 (zitiert: *Engelhardt*, Die Untreue)

Erman, Bürgerliches Gesetzbuch siehe *Westermann*, Harm Peter (Hrsg.)

Ernst, Christoph: KonTraG und KapAEG sowie aktuelle Entwicklungen zur Rechnungslegung und Prüfung in der EU in Wpg 1998, 1025

Escher-Weingart, Christina: Die gewandelte Rolle des Wirtschaftsprüfers als Partner des Aufsichtsrates nach den Vorschriften des KonTraG in NZG 1999, 909

Fahl, Christian: Vermögensschaden beim Betrug in JA 1995, 198

Fleischer, Holger: Zur Leitungsaufgabe des Vorstands im Aktienrecht in ZIP 2003, 1

Fliedner, Ortlieb: Die verfassungsrechtlichen Grenzen mehrfacher staatlicher Bestrafungen aufgrund desselben Verhaltens – Ein Beitrag zur Auslegung des Art. 103 Abs. 3 GG – in AöR 99 (1974), 242

Förschle, Gerhart / *Ellrott,* Helmut u. a. (Hrsg.): Beck`scher Bilanzkommentar Handels- und Steuerbilanz, §§ 238 - 339 HGB, §§ 342 - 342e HGB, 6. Auflage, München, 2006 (zitiert: *Bearbeiter* in Beck`scher Bilanzkomm.)

Förschle, Gerhart / *Glaum,* Martin / *Mandler,* Udo: Gesetz zur Kontrolle und Transparenz im Unternehmensbereich: Umfrage unter Führungskräften börsennotierter Unternehmungen in DB 1998, 889

Förschle, Gerhart / *Peemöller,* Volker H. (Hrsg.): Wirtschaftsprüfung und Interne Revision, Heidelberg, 2004 (zitiert: *Förschle/Peemöller,* Wirtschaftsprüfung und Interne Revision)

Forster, Karl-Heinz: MG, Schneider, Balsam und die Folgen – was können Aufsichtsräte und Abschlußprüfer gemeinsam tun? – in AG 1995, 1

–: Abschlußprüfung nach dem Regierungsentwurf des KonTraG in Wpg 1998, 41

Forster, Karl-Heinz / *Goerdeler,* Reinhard u. a.: Adler/Düring/Schmalz, Rechnungslegung und Prüfung der Unternehmen; Kommentar zum HGB, AktG, GmbHG, PublG nach den Vorschriften des Bilanzrichtliniengesetzes (zitiert: ADS)

–: Teilband 6 (Vorbem. zu §§ 238 - 241 HGB, §§ 238 - 251 HGB), 6. Auflage, Stuttgart, 1998

–: Teilband 7: (§§ 316 - 330 HGB), 6. Auflage, Stuttgart, 2000

Foth, Heinrich: Betrug und illegales Rechtsgeschäft in GA 1966, 33

Franzheim, Horst: Zur Untreue-Strafbarkeit von Rechtsanwälten wegen falscher Behandlung von fremden Geldern in StV 1986, 409

–: Zur Strafbarkeit des Komplicen- und Dirnenlohnbetruges – Ein Beitrag zum Begriff des Vermögensschadens – in GA 1960, 269

Funke, Rainer: Aktienrechtsreform 1997: Aufsichtsrat und Abschlußprüfer in ZIP 1997, 1602

Gallas, Wilhelm: Der Betrug als Vermögensdelikt in: Festschrift für Eberhard Schmidt zum 70. Geburtstag (Hrsg. Paul Bockelmann, Wilhelm Gallas), Göttingen, 1961, S. 401 (zitiert: *Gallas* in FS für Schmidt 1961)

Geerds, Detlev: Schadensprobleme beim Betrug in Jura 1994, 309

Gelhausen, Hans Friedrich: Reform der externen Rechnungslegung und ihrer Prüfung durch den Wirtschaftsprüfer in AG 1997, Sonderheft, 73

Geppert, Klaus: Zur Abgrenzung von bedingtem Vorsatz und bewußter Fahrlässigkeit in Jura 1986, 610

Geßler, Ernst / *Hefermehl,* Wolfgang / *Eckardt,* Ulrich / *Kropff,* Bruno: Aktiengesetz Kommentar (zitiert: *Bearbeiter* in Geßler/Hefermehl/Kropff, AktG)

–: Band 1 (§§ 1 - 75 AktG), München 1983, 1984

Geßler, Jörg H.: Aktiengesetz, Kommentar, Loseblattsammlung (zitiert: *Geßler*, AktG)
–: Band I (§§ 1 - 179a AktG), Frankfurt am Main, Stand 06/06
–: Band II (§§ 180 - 410 AktG) Frankfurt am Main, Stand 06/06
Glanegger, Peter / *Güroff*, Georg u. a.: Heidelberger Kommentar zum Handelsgesetzbuch, 6. Auflage, Heidelberg, 2002 (zitiert: *Bearbeiter* in HK-HGB)
Göbel, Stefan: Risikoorientierte Abschlußprüfung in: Theorie und Praxis der Wirtschaftsprüfung (Hrsg. Martin Richter), Berlin, 1997, S. 41 (zitiert: *Göbel* in Theorie und Praxis der Wirtschaftsprüfung)
Gössel, Karl Heinz: Strafrecht, Besonderer Teil (zitiert: *Gössel*, StrR BT Band 2)
–: Band 2, Heidelberg, 1996
Gribbohm, Günter: Treubruch und Vermögensnachteil bei der Untreue – OLG Braunschweig, NJW 1965, 1193 – in JuS 1965, 389
Grünwald, Gerald: Zu den besonderen persönlichen Merkmalen (§ 28 StGB) in: Gedächtnisschrift für Armin Kaufmann (Hrsg. Gerhard Dornseifer, Eckhard Horn, Georg Schilling u. a.), Köln, Berlin, 1989, S. 555 (zitiert: *Grünwald* in Gedächtnisschrift für Kaufmann 1989)
Grunewald, Barbara: Gesellschaftsrecht, 6. Auflage, Tübingen, 2005 (zitiert: *Grunewald*, Gesellschaftsrecht)
Güntge, Georg-Friedrich: Untreueverhalten durch Unterlassen in wistra 1996, 84
Gutmann, Alexander: Der Vermögensschaden beim Betrug im Licht der neueren höchstrichterlichen Rechtsprechung (I) in MDR 1963, 3
Handwörterbuch der Rechnungslegung und Prüfung siehe *Ballwieser*, Wolfgang / *Coenenberg*, Adolf G. / *Wysocki*, Klaus
Hardwig, Werner: Beiträge zur Lehre vom Betruge in GA 1956, S. 6
Hartung, Fritz: Anmerkung zum Urteil des BGH vom 17. 11. 1955 in JZ 1956, S. 572
Hattenhauer, Hans / *Bernert*, Günther: Allgemeines Landrecht für die Preußischen Staaten von 1794, 2. Auflage, Kriftel, Berlin, 1994 (zitiert: *Hattenhauer*, Allgemeines Landrecht für die Preußischen Staaten von 1794)
Hefendehl, Roland: Vermögensgefährdung und Exspektanzen, Berlin, 1994 (zitiert: *Hefendehl*, Vermögensgefährdung und Exspektanzen)
Heidel, Thomas (Hrsg.): Anwaltkommentar zum Aktienrecht, Bonn, 2003 (zitiert: *Bearbeiter* in Anwaltkomm. zum Aktienrecht)
Heidelberger Kommentar zum Handelsgesetzbuch siehe *Glanegger*, Peter
Heinitz, E.: Anmerkung zum Urteil des BGH vom 20. 2. 1968 in JR 1968, 387
Hellmann, Uwe: Verdeckte Gewinnausschüttungen und Untreue des GmbH-Geschäftsführers in wistra 1989, 214

Hellwig, Hans-Jürgen: Beratungsverträge des Abschlußprüfers – Genehmigungspflicht analog § 114 AktG und Publizitätspflicht analog § 125 Abs. 1, S. 3 AktG in ZIP 1999, 2117

Helmschrott, Harald / *Buhleier*, Claus: Der Beruf des Wirtschaftsprüfers – Tätigkeit, Bewerbung und Berufseinstieg –, München, Wien, 1998 (zitiert: *Helmschrott/Buhleier*, Der Beruf des Wirtschaftsprüfers)

Heni, Bernhard: Zur Risikolage des Abschlußprüfers bei Mißachtung des Selbstprüfungsverbots in DStR 1997, 1210

–: Anmerkung zum Urteil des OLG Düsseldorf vom 27. 6. 1996 in ZIP 1997, 791

Henze, Hartwig: Prüfungs- und Kontrollaufgaben des Aufsichtsrates in der Aktiengesellschaft in NJW 1998, 3309

Herrmann, Friedrich: Die Untreue des § 266 Str. G. B. und die verwandten Tatbestände in den Nebengesetzen, Köln, 1926 (zitiert: *Herrmann*, Die Untreue des § 266 Str. G. B. und die verwandten Tatbestände in den Nebengesetzen)

Heymann, Handelsgesetzbuch-Kommentar siehe *Horn*, Norbert

Hillenkamp, Thomas: Risikogeschäft und Untreue in NStZ 1981, 161

Hirschfeld, Hans Josef: Veruntreuung und Untreue, Jena, 1927 (zitiert: *Hirschfeld*, Veruntreuung und Untreue)

Hirte, Heribert: Berufshaftung – Ein Beitrag zur Entwicklung eines einheitlichen Haftungsmodels für Dienstleistungen –, München, 1996 (zitiert: *Hirte*, Berufshaftung)

Hoffmann, Volker H. / *Knierim*, Thomas C.: Falsche Berichterstattung des Abschlußprüfers in BB 2002, 2275

Hoffmann-Becking, Michael (Hrsg.): Münchener Handbuch des Gesellschaftsrechts (zitiert: *Bearbeiter* in MüHdG)

–: Band 4 (Aktiengesellschaft), 2. Auflage, München 1999

Hofmann, Rolf: Interne Revision und Wirtschaftsprüfung als Instrumente gegen dolose Handlungen im Unternehmen in DB 1989, 1354

Hommelhoff, Peter: Die neue Position des Abschlußprüfers im Kraftfeld der aktienrechtlichen Organisationsverfassung in BB 1998, 2567

Hopt, Klaus: Vom Aktien- und Börsenrecht zum Kapitalmarktrecht? in ZHR 1977 (Band 141), 389

Horn, Norbert: Die Haftung des Vorstands der AG nach § 93 AktG und die Pflichten des Aufsichtsrates in ZIP 1997, 1129

Horn, Norbert: Heymann, Handelsgesetzbuch-Kommentar (zitiert: *Bearbeiter* in Heymann, HGB)

–: Band 3 (§§ 238 - 342a HGB), 2. Auflage, Berlin, 1999

Hübner, Heinz: Allgemeiner Teil des Bürgerlichen Gesetzbuchs, 2. Auflage, Berlin, New York, 1996 (zitiert: *Hübner*, AT des BGB)

Hueck, Götz / *Windbichler*, Christine: Gesellschaftsrecht, 20. Auflage, München, 2003 (zitiert: *Hueck/Windbichler*, GesR)
Hüffer, Uwe: Aktiengesetz, 7. Auflage, München, 2006 (zitiert: *Hüffer*, AktG)
IDW PS siehe Institut der Wirtschaftsprüfer in Deutschland e. V.
Institut der Wirtschaftsprüfer in Deutschland e. V. (Hrsg.): IDW Prüfungsstandards, IDW Stellungsnahmen zur Rechnungslegung (zitiert: IDW PS)
–: Band 1 (IDW PS), Düsseldorf, Stand 04/06
Institut der Wirtschaftsprüfer in Deutschland e. V. (Hrsg): WP Handbuch (zitiert: WP Handbuch 2006)
–: Band I, 13. Auflage, Düsseldorf, 2006
Jähnke, Burkhard / *Laufhütte*, Heinrich Wilhelm / *Odersky*, Walter: Leipziger Kommentar – Strafgesetzbuch (zitiert: *Bearbeiter* in LK)
–: Band 1 (§§ 1 - 31 StGB), 11. Auflage, Berlin, 2003
–: Band 6 (§§ 223 - 263a StGB), 11. Auflage, Berlin, 1994 - 2002
–: Band 7 (§§ 264 - 302 StGB), 11. Auflage, Berlin, 1995 - 2002
Jauernig, Othmar: BGB – Bürgerliches Gesetzbuch, Kommentar, 11. Auflage, München, 2004 (zitiert: *Bearbeiter* in Jauernig BGB)
Jescheck, Hans-Heinrich / *Ruß*, Wolfgang / *Willms*, Günther: Leipziger Kommentar – Strafgesetzbuch (zitiert: *Bearbeiter* in LK, 10. Auflage)
–: Band 6 (§§ 263 - 302a StGB), 10. Auflage, Berlin, New York, 1988
Jescheck, Hans-Heinrich / *Weigend*, Thomas: Lehrbuch des Strafrechts, Allgemeiner Teil, 5. Auflage, Berlin, 1996 (zitiert: *Jescheck/Weigend*, Lehrbuch des Strafrechts)
Joecks, Wolfgang: Studienkommentar StGB, 6. Auflage, München, 2005 (zitiert: *Joecks* in Studienkommentar StGB)
Joecks, Wolfgang / *Miebach*, Klaus: Münchener Kommentar zum Strafgesetzbuch (zitiert: *Bearbeiter* in MüKo zum StGB)
–: Band 1 (§§ 1 - 51), München, 2003
–: Band 3 (§§ 185 - 262), München, 2003
Jordan, Adolf-Dietrich: Untreue und Betrug durch Zweckverfehlung in JR 2000, 133
Jürgenmeyer, Michael: Das Unternehmensinteresse, Heidelberg, 1983 (zitiert: *Jürgenmeyer*, Das Unternehmensinteresse)
Kargl, Walter: Die Mißbrauchskonzeption der Untreue (§ 266 StGB) in ZStW 2001 (Band 113), 565
Kindhäuser, Urs: Strafrecht, Allgemeiner Teil, 1. Auflage, Baden-Baden, 2005 (zitiert: *Kindhäuser*, Strafrecht Allg. Teil)
–: Anmerkung zum Beschluß des OLG Karlsruhe vom 17. 1. 1996 in JR 1997, 301

–: Strafgesetzbuch, Lehr- und Praxiskommentar, 2. Auflage, Baden-Baden, 2005 (zitiert: *Kindhäuser* in LPK-StGB)

Kindhäuser, Urs / *Neumann,* Ulfried / *Paeffgen,* Hans-Ulrich (Hrsg.): Nomos Kommentar zum Strafgesetzbuch (zitiert: *Bearbeiter* in Nomos-Kommentar)

–: Band 1 (§§ 1 - 145d StGB), 2. Auflage, 2005

–: Band 2 (§§ 146 - 358 StGB), 2. Auflage, 2005

Kölner Kommentar zum Aktiengesetz siehe *Zöllner*, Wolfgang (Hrsg.)

König, Heinrich: Die Untreue im geltenden deutschen Strafrecht (§ 266 StGB) und in den Entwürfen, Marburg, 1928 (zitiert: *König*, Die Untreue im geltenden deutschen Strafrecht (§ 266 StGB) und in den Entwürfen)

Köstlin, Christian Reinhold: Abhandlungen aus dem Strafrechte, Tübingen, 1858 (zitiert: *Köstlin*, Abhandlungen aus dem Strafrechte 1858)

Koller, Ingo / *Roth*, Wulf-Henning / *Morck*, Winfried: Handelsgesetzbuch, Kommentar, 5. Auflage, München, 2005 (zitiert: *Bearbeiter* in Koller/Roth/Morck, HGB)

Konrad, Adolf: Die Untreue des Bevollmächtigten, Erlangen, 1900 (zitiert: *Konrad*, Die Untreue des Bevollmächtigten)

Kragler, Jürgen: Wirtschaftsprüfung und externe Qualitätskontrolle, Baden-Baden, 2002 (zitiert: *Kragler*, Wirtschaftsprüfung und externe Qualitätskontrolle)

Krause, Erich: Die Untreue des Bevollmächtigten, Greifswald, 1921 (zitiert: *Krause*, Die Untreue des Bevollmächtigten)

Krekeler, Wilhelm: Strafbarkeit des Abschlußprüfers in StraFo 1999, 217

Krey, Volker: Deutsches Strafrecht, Allgemeiner Teil (zitiert: *Krey*, Dt. StrR AT 1)

–: Band 1, 2. Auflage, Stuttgart, 2004

Krey, Volker / *Hellmann*, Uwe: Strafrecht, Besonderer Teil (zitiert: *Krey/Hellmann*, StrR BT Band 2)

–: Band 2, Vermögensdelikte, 14. Auflage, Stuttgart, 2005

Kropff, Bruno / *Semler*, Johannes: Münchener Kommentar zum Aktiengesetz (zitiert: *Bearbeiter* in MüKo zum AktG)

–: Band 1 (§§ 1 – 53 AktG), 2. Auflage, München, 2000

–: Band 8 (§§ 278 – 328 AktG), 2. Auflage, München, 2000

Kubiciel, Michael: Gesellschaftsrechtliche Pflichtwidrigkeit und Untreuestrafbarkeit in NStZ 2005, 353

Kühl, Kristian: Umfang und Grenzen des strafrechtlichen Vermögensschutzes in JuS 1989, 503

Kuhls, Clemens / *Meurers*, Th. / *Maxl*, P. u.a.: Steuerberatungsgesetz – Praktikerkommentar mit Schwerpunkten zum Berufsrecht der Steuerberater, 2. Auflage, Herne, Berlin, 2004 (zitiert: *Bearbeiter* in Steuerberatungsgesetz, Praktikerkommentar)

Labsch, Karl Heinz: Grundprobleme des Mißbrauchstatbestandes (§§ 266 Abs. 1, 1. Alt. StGB) in Jura 1987, 343

–: Strafrecht: Ein billiger Blumengruß in JuS 1981, 45

Lackner, Karl / *Kühl*, Kristian: Strafgesetzbuch mit Erläuterungen, 25. Auflage, München, 2004 (zitiert: *Lackner/Kühl*)

Lampe, Ernst-Joachim: Unternehmensaushöhlung als Straftat in GA 1987, 241

Lamprecht, Rolf: Befangenheit an sich: Über den Umgang mit einem prozessualen Grundrecht in NJW 1993, 2222

Leffson, Ulrich: Wirtschaftsprüfung, 4. Auflage, Wiesbaden, 1988 (zitiert: *Leffson*, Wirtschaftsprüfung)

Lehr- und Praxiskommentar siehe *Kindhäuser*, Urs

Leipziger Kommentar – Strafgesetzbuch siehe *Jähnke*, Burkhard

Leipziger Kommentar – Strafgesetzbuch, 10. Auflage siehe *Jescheck*, Hans-Heinrich

Lenckner, Theodor: Zum Problem des Vermögensschadens (§§ 253, 263 StGB) beim Verlust nichtiger Forderungen in JZ 1967, 105

–: Vermögensschaden und Vermögensgefährdung beim sogenannten Eingehungsbetrug in JZ 1971, 320

Loitlsberger, Erich: Treuhand- und Revisionswesen, 2. Auflage, Stuttgart, 1966 (zitiert: *Loitlsberger*)

Lück, Wolfgang: Wirtschaftsprüfung und Treuhandwesen, 2. Auflage, Stuttgart, 1991 (zitiert: *Lück*, Wirtschaftsprüfung und Treuhandwesen)

–: Lexikon der Rechnungslegung und Abschlußprüfung, 4. Auflage, München, 1998 (zitiert: *Lück*, Lexikon der Rechnungslegung und Abschlußprüfung)

Luthmann, Walter: Zur Frage der Untreue im Rahmen rechts- oder sittenwidriger Abmachungen in NJW 1960, 419

Lutter, Marcus: Defizite für eine effiziente Aufsichtsratstätigkeit und gesetzliche Möglichkeiten der Verbesserung in ZHR 1995 (Band 159), 287

Marten, Kai-Uwe / *Quick*, Reiner / *Ruhnke*, Klaus: Wirtschaftsprüfung – Grundlagen des betrieblichen Prüfungswesens nach nationalen und internationalen Normen –, 2. Auflage, Stuttgart, 2003 (zitiert: *Marten/Quick/Ruhnke*, Wirtschaftsprüfung)

Matt, Holger: Strafrecht Allgemeiner Teil I, München, 1996 (zitiert: *Matt*, StrR AT I)

Mattheus, Daniela: Die gewandelte Rolle des Wirtschaftsprüfers als Partner des Aufsichtsrates nach dem KonTraG in ZGR 1999, 682

Maunz, Theodor / Dürig, Günter: Grundgesetz Kommentar (zitiert: *Bearbeiter* in Maunz/Dürig GG Kommentar)

–: Band VI (Art. 100 - 146 GG), München, Stand 03/06

Maurach, Reinhart / *Schroeder*, Friedrich-Christian / *Maiwald*, Manfred: Strafrecht, Besonderer Teil (zitiert: *Maurach/Schroeder/Maiwald*, StrR BT, Teilband 1)

–: Teilband 1 (Straftaten gegen Persönlichkeits- und Vermögenswerte), 9. Auflage, Heidelberg, 2003

Merkel, Adolf: Die Lehre vom strafbaren Betruge, Kriminalistische Abhandlungen II, Leipzig, 1867 (zitiert: *Merkel*, Die Lehre vom strafbaren Betruge, Krim. Abh. II, 1867)

Meyer, Dieter: Die mißbräuchliche Benutzung der Scheckkarte – Betrug oder Untreue? – BGHSt 24, 386 in JuS 1973, 214

Mitsch, Wolfgang: Strafrecht Besonderer Teil 2, Vermögensdelikte (Kernbereich) (zitiert: *Mitsch*, StrR BT/Teil 2, Teilband 1)

–: Teilband 1, 2. Auflage, Berlin, Heidelberg, 2003

Mohrbotter, Kurt: Die Anwartschaften im System des Betrugstatbestandes in GA 1971, 321

Mosiek, Marcus: Risikosteuerung im Unternehmen und Untreue in wistra 2003, 370

Müller-Christmann, Bernd: Problematik des Vermögensschadens beim Betrug im Falle eines vereinbarten Rücktrittsrechts – BGH, NJW 1987, 388 – in JuS 1988, 108

Müller-Gugenberger, Christian / *Bieneck*, Klaus: Wirtschaftsstrafrecht – Handbuch des Wirtschaftsstraf- und -ordnungswidrigkeitenrechts, 4. Auflage, Münster, Köln, 2006 (zitiert: *Bearbeiter* in Müller-Gugenberger/Bieneck, Wirtschaftsstrafrecht)

Münch, Ingo von / *Kunig*, Philip: Grundgesetz-Kommentar (zitiert: *Bearbeiter* in Münch/Kunig GG-Kommentar)

–: Band 3 (Art. 70 - 146 GG), 5. Auflage, München, 2003

Münchener Handbuch des Gesellschaftsrechts siehe *Hoffmann-Becking*, Michael (Hrsg.)

Münchener Kommentar zum Aktiengesetz siehe *Kropff*, Bruno

Münchener Kommentar zum Bürgerlichen Gesetzbuch siehe *Rebmann*, Kurt

Münchener Kommentar zum Handelsgesetzbuch siehe *Schmidt*, Karsten (Hrsg.)

Münchener Kommentar zum Strafgesetzbuch siehe *Joecks*, Wolfgang

Muhler, Manfred: Darlehen von GmbH-Gesellschaftern im Strafrecht in wistra 1994, 283

Munz, Eva-Maria: Haushaltsuntreue, Berlin, 2001 (zitiert: *Munz*, Haushaltsuntreue)

Musielak, Hans-Joachim: Grundkurs ZPO, 8. Auflage, München, 2005 (zitiert: *Musielak*, Grundkurs ZPO)

–: Kommentar zur Zivilprozeßordnung, 4. Auflage, München, 2005 (zitiert: *Bearbeiter* in Musielak, ZPO)

Naucke, Wolfgang: Anmerkung zum Beschluß des BGH vom 9. 8. 1984 in StV 1985, 187

Naumann, Klaus-Peter: Das IDW als Berufsorganisation für den gesamten Wirtschaftsprüferberuf in Wpg 2003, 25

Nelles, Ursula: Untreue zum Nachteil von Gesellschaften, Berlin, 1991 (zitiert: *Nelles*, Untreue zum Nachteil von Gesellschaften)

Nirk, Rudolf: Zur Justitiabilität unternehmerischer Entscheidungen des Aufsichtsrates in: Festschrift für Karlheinz Boujong zum 65. Geburtstag (Hrsg. Carsten Thomas Ebenroth, Dieter Hesselberger, Manfred Eberhard Rinne), München, 1996, S. 393 (zitiert: *Nirk* in FS für Boujong 1996)

Nomos-Kommentar zum StGB siehe *Kindhäuser*, Urs (Hrsg.)

Otto, Harro: Grundkurs Strafrecht, Die einzelnen Delikte, 7. Auflage, Berlin, New York, 2005 (zitiert: *Otto*, Grundkurs Strafrecht BT)

–: Schadenseintritt und Verjährungsbeginn, in: Festschrift für Karl Lackner zum 70. Geburtstag (Hrsg. Wilfried Küper), Berlin, New York, 1987, S. 715 (zitiert: *Otto* in FS für Lackner 1987)

–: Vermögensgefährdung, Vermögensschaden und Vermögenswertminderung in Jura 1991, 494

Palandt, Otto: Bürgerliches Gesetzbuch, 65. Auflage, München, 2006 (zitiert: *Bearbeiter* in Palandt)

Pawlik, Michael: Das unerlaubte Verhalten beim Betrug, Köln, 1999 (zitiert: *Pawlik*, Das unerlaubte Verhalten beim Betrug)

Prittwitz, Cornelius: Die Ansteckungsgefahr bei AIDS – Ein Beitrag zur objektiven und subjektiven Zurechnung von Risiken (Teil II) – in JA 1988, 486

Rebmann, Kurt / *Säcker*, Franz Jürgen / *Rixecker*, Roland: Münchener Kommentar zum Bürgerlichen Gesetzbuch (zitiert: Bearbeiter in MüKo zum BGB)

–: Band 1 (§§ 1 – 240 BGB), 4. Auflage, München, 2001

–: Band 2a (§§ 241 – 432 BGB), 4. Auflage, München, 2003

–: Band 4 (§§ 611 – 704 BGB), 4. Auflage, München, 2005

–: Band 5 (§§ 705 – 853 BGB), 4. Auflage, München, 2004

Rengier, Rudolf: Strafrecht, Besonderer Teil I, Vermögensdelikte, 8. Auflage, München, 2006 (zitiert: *Rengier*, StrafR BT I)

Richter, Hans: Zur Strafbarkeit externer „Sanierer" konkursgefährdeter Unternehmen in wistra 1984, 97

Richter, Martin (Hrsg.): Vertrauenskrise in der Wirtschaftsprüfung, Podiums- und Plenardiskussion in: Entwicklungen der Wirtschaftsprüfung, Bielefeld, 2003, S. 277 (zitiert: *Richter*, Vertrauenskrise in der Wirtschaftsprüfung)

Riemann, Thomas: Vermögensgefährdung und Vermögensschaden, Heidelberg, 1989 (zitiert: *Riemann*, Vermögensgefährdung und Vermögensschaden)

Rotsch, Thomas: Der Vermögensverlust großen Ausmaßes bei Betrug und Untreue in ZStW 2005 (Band 117), 577

Rowedder, Heinz / *Schmidt-Leithoff*, Christian: Gesetz betreffend die Gesellschaften mit beschränkter Haftung (GmbHG) – Kommentar, 4. Auflage, München, 2002 (zitiert: *Bearbeiter* in Rowedder/Schmidt-Leithoff, GmbHG)

Roxin, Claus: Strafrecht Allgemeiner Teil (zitiert: *Roxin*, StrafR AT, Band I)

–: Band I, 4. Auflage, München, 2006

Rudolphi, Hans-Joachim / *Horn*, Eckhard u. a.: Systematischer Kommentar zum StGB, Loseblattsammlung (zitiert: *Bearbeiter* in SK)

–: Band 2 (§§ 201 - 266b StGB), Neuwied, Stand 04/06

Rürup, Lebrecht: Prüfung des Jahresabschlusses und des Lageberichts durch Aufsichtsrat und Abschlußprüfer, in: Festschrift für Wolfgang Dieter Budde (Hrsg: Gerhart Förschle, Klaus Kaiser, Adolf Moxter), München, 1995, S. 543 (zitiert: *Rürup* in FS für Budde 1995)

Samson, Erich: Grundprinzipien des strafrechtlichen Vermögensbegriffs in JA 1989, 510

Satzger, Helmut: Die Untreue des Vermieters im Hinblick auf eine Mietkaution in Jura 1998, 570

Sax, Walter: Überlegungen zum Treubruchstatbestand des § 266 StGB in JZ 1977, 702 und 743

Schellhammer, Kurt: Zivilprozeß, 11. Auflage, Heidelberg, 2004 (zitiert: *Schellhammer*, Zivilprozeß)

Schindler, Joachim / Rabenhorst, Dirk: Auswirkungen des KonTraG auf die Abschlußprüfung in BB 1998, 1886

Schmidt, Karsten (Hrsg.): Münchener Kommentar zum Handelsgesetzbuch (zitiert: *Bearbeiter* in MüKo zum HGB)

–: Band 4 (§§ 238 - 342a HGB), München, 2001

–: Gesellschaftsrecht, 4. Auflage, Köln, 2002 (zitiert: *Schmidt*, GesR)

Schönke, Adolf / *Schröder*, Horst: Strafgesetzbuch (Kommentar), 27. Auflage, München, 2006 (zitiert: *Bearbeiter* in Schönke/Schröder)

Scholz, Franz: Kommentar zum GmbHG (zitiert: *Bearbeiter* in Scholz, GmbHG)

–: Band 1 (§§ 1 - 44 GmbHG), 9. Auflage, Köln, 2000

–: Band 2 (§§ 45 - 87 GmbHG), 9. Auflage, Köln, 2002

Schomburg, Wolfgang: Anmerkung zum Urteil des BGH vom 6. 3. 1984 in wistra 1984, 143

Schramm, Edward: Untreue und Konsens, Berlin, 2005 (zitiert: *Schramm*, Untreue und Konsens)

Schreiber, Hans-Ludwig / *Beulke,* Werner: Untreue durch Verwendung von Vereinsgeldern zu Bestechungszwecken – BGH, NJW 1975, 1234 in JuS 1977, 656

Schröder, H.: Anmerkung zum Urteil des BGH vom 7. 12. 1965 in JR 1966, 185

Schüppen, Aktuelle Fragen der Wirtschaftsprüfer-Haftung in DB 1998, 1317

Schwennicke, Andreas: Die allgemeinen Strafrechtslehren im Allgemeinen Landrecht für die Preußischen Staaten von 1794 und ihre Entwicklung in der Rechtsprechung bis zum preußischen Strafgesetzbuch von 1851, in: 200 Jahre Allgemeines Landrecht für die preußischen Staaten (Hrsg. Barbara Dölemeyer, Heinz Mohnhaupt), Frankfurt am Main, 1995, S. 79 (zitiert: *Schwennicke,* 200 Jahre Allgemeines Landrecht für die Preußischen Staaten)

Seibert, Ulrich: Das Gesetz zur Kontrolle und Transparenz im Unternehmensbereich (KonTraG) – Die aktienrechtlichen Regelungen im Überblick in: Reform des Aktienrechts, der Rechnungslegung und der Prüfung (Hrsg. Dietrich Dörner, Dieter Menold, Norbert Pfitzer, Peter Oser), 2. Auflage, Stuttgart, 2003, S. 239 (zitiert: *Seibert* in Reform des Aktienrechts, der Rechnungslegung und der Prüfung)

Soergel, Carl: Die Grenzen gerichtlicher Weisungsbefugnis dem Sachverständigen gegenüber in: Festschrift für Karlmann Geiß zum 65. Geburtstag (Hrsg. Hans Erich Brandner, Horst Hagen, Rolf Stürner), Köln, 2000, S. 179 (zitiert: *Soergel* in FS für Geiß 2000)

Soergel, Hs. Th. / *Siebert,* W.: Bürgerliches Gesetzbuch mit Einführungsgesetz und Nebengesetzen (zitiert: *Bearbeiter* in Soergel, BGB)

–: Band 1 (§§ 1 - 103 BGB), 13. Auflage, Stuttgart, 2000

Sonnen, Bernd-Rüdeger: Die soziale Zweckverfehlung als Vermögensschaden beim Betrug in JA 1982, 593

Sowada, Christoph: Anmerkung zum Beschluß des BGH vom 23. 8. 1995 in JR 1997, 28

Staudinger, Julius von: Kommentar zum Bürgerlichen Gesetzbuch mit Einführungsgesetz und Nebengesetzen, (zitiert: *Bearbeiter* in Staudinger)

–: Zweites Buch (§§ 652 – 704 BGB), 13. Bearbeitung, Berlin 1995

–: Buch 2 (§§ 315 – 326 BGB), Neubearbeitung, Berlin, 2004

Sternberg-Lieben, Irene: „Selbsttore eines Vereinskassierers" in JA 1997, 124

Steuerberatungsgesetz, Praktikerkommentar siehe *Kuhls,* Clemens

Systematischer Kommentar zum StGB siehe *Rudolphi,* Hans-Joachim

Tenckhoff, Jörg: Anmerkung zum Beschluß des BGH vom 28. 4. 1987 in JR 1988, 126

Tiedemann, Klaus: Der Wechsel von Strafnormen und die Rechtsprechung des Bundesgerichtshofes in JZ 1975, 692

–: Untreue bei Interessenkonflikten – Am Beispiel der Tätigkeit von Aufsichtsratmitgliedern –, in: Festschrift für Herbert Tröndle zum 70. Geburtstag (Hrsg: Hans-Heinrich Jescheck, Theo Vogler), Berlin, New York, 1989, S. 319 (zitiert: *Tiedemann* in FS für Tröndle 1989)

–: Grundfragen bei der Anwendung des Konkursstrafrechts in NJW 1977, 777

Tröndle, Herbert / *Fischer*, Thomas: Strafgesetzbuch und Nebengesetze, 53. Auflage, München, 2006 (zitiert: *Tröndle/Fischer*)

Volk, Klaus: Napoleon und das deutsche Strafrecht in JuS 1991, 281

Wabnitz, Heinz Bernd / *Janovsky*, Thomas (Hrsg.): Handbuch des Wirtschafts- und Steuerstrafrechts, 2. Auflage, München, 2004 (zitiert: *Bearbeiter* in Wabnitz/Janovsky, Handbuch des Wirtschafts- und Steuerstrafrechts)

Wegenast, Martin O.: Mißbrauch und Treubruch – Zum Verhältnis der beiden Tatbestände in § 266 StGB –, Berlin, 1992 (zitiert: *Wegenast*, Mißbrauch und Treubruch)

Weißenberger, Barbara E.: Kundenbindung und Vertrauen in der Beziehung zwischen Wirtschaftsprüfer und Mandant: eine informationsökonomische Analyse in: Theorie und Praxis der Wirtschaftsprüfung (Hrsg: Martin Richter), Berlin, 1997, S. 71 (zitiert: *Weißenberger* in Theorie und Praxis der Wirtschaftsprüfung)

Wessels, Johannes / *Beulke*, Werner: Strafrecht, Allgemeiner Teil – Die Straftat und ihr Aufbau –, 35. Auflage, Heidelberg, 2005 (zitiert: *Wessels/Beulke*, StrR AT)

Wessels, Johannes / *Hillenkamp*, Thomas: Strafrecht, Besonderer Teil/2, Straftaten gegen Vermögenswerte, 28. Auflage, Heidelberg, 2005 (zitiert: *Wessels/Hillenkamp*, StrR BT 2)

Westermann, Harm Peter (Hrsg.): Erman, Bürgerliches Gesetzbuch (zitiert: *Bearbeiter* in Erman, BGB)

–: Band 1 (§§ 1 - 811 BGB), 11. Auflage, Köln, 2004

Wiedmann, Harald: Ansätze zur Fortentwicklung der Abschlußprüfung in Wpg 1998, 338

Wimmer, Richard: Die zivil- und strafrechtlichen Folgen mangelhafter Jahresabschlüsse bei GmbH und KG in DStR 1997, 1931

Winkeler, Thilo: Strafbarkeit inhaltlich unrichtiger Bestätigungsvermerke, Berlin, 2000 (zitiert: *Winkeler*, Strafbarkeit inhaltlich unrichtiger Bestätigungsvermerke)

WP Handbuch 2006 siehe Institut der Wirtschaftsprüfer in Deutschland e. V. (Hrsg.)

Wolf, Gerhard: Die Strafbarkeit der rechtswidrigen Verwendung öffentlicher Mittel, Frankfurt am Main, 1998 (zitiert: *Wolf,* Die Strafbarkeit der rechtswidrigen Verwendung öffentlicher Mittel)

Zieschang, Frank: Der Einfluß der Gesamtrechtsordnung auf den Umfang des Vermögensschutzes durch den Betrugstatbestand in: Festschrift für Hans Joachim Hirsch zum 70. Geburtstag (Hrsg. Thomas Weigend, Georg Küpper), Berlin, New York, 1999, S. 831 (zitiert: *Zieschang* in FS für Hirsch 1999)

Zöllner, Wolfgang (Hrsg.): Kölner Kommentar zum Aktiengesetz (zitiert: *Bearbeiter* in Kölner Komm. zum AktG)

–: Band 1 (§§ 1 - 75 AktG), 2. Auflage, Köln, Berlin, 1988

FSC
www.fsc.org
MIX
Papier | Fördert gute Waldnutzung
FSC® C083411

Kolibri 360 GmbH
Ferdinand-Jühlke-Straße 7
99095 Erfurt, Deutschland
produktsicherheit@kolibri360.de

Druck:
CPI Druckdienstleistungen GmbH
im Auftrag der
Kolibri 360 GmbH
Ferdinand-Jühlke-Str. 7
99095 Erfurt